活动理论视角的 MOOCs 系统研究

吴 冰 著

科学出版社

北 京

内 容 简 介

MOOCs 近年来在全球范围内快速发展。针对 MOOCs 缺乏系统性研究的现状，本书基于活动理论视角，构建系统全面的研究框架。第一，探究 MOOCs 学习者的采纳和持续使用意愿的影响因素。第二，研究 MOOCs 教师群体多样性对课程评论与评分的影响，由此探究教师获取效能的影响因素。第三，基于指数随机图模型探究 MOOCs 学习论坛中知识扩散的影响机理，由此研究基于学习者动态偏好和多维能力的 MOOCs 个性化混合推荐。第四，构建 MOOCs 系统成功模型，由此采用模糊集定性比较分析方法，研究 MOOCs 热门课程的形成机制。

本书可供管理科学、信息管理、教育研究及教育信息技术等领域的研究人员，以及 MOOCs 平台管理者与建设者、MOOCs 教师与学习者参考阅读。

图书在版编目（CIP）数据

活动理论视角的 MOOCs 系统研究 / 吴冰著. —— 北京：科学出版社，2024. 8. —— ISBN 978-7-03-079185-6

Ⅰ. G434

中国国家版本馆 CIP 数据核字第 20247W7U98 号

责任编辑：郝　悦 / 责任校对：王晓茜
责任印制：张　伟 / 封面设计：有道文化

科学出版社 出版
北京东黄城根北街 16 号
邮政编码：100717
http://www.sciencep.com

北京科印技术咨询服务有限公司数码印刷分部印刷
科学出版社发行　各地新华书店经销
*

2024 年 8 月第 一 版　开本：720 × 1000　1/16
2024 年 8 月第一次印刷　印张：13 1/4
字数：270 000
定价：142.00 元
（如有印装质量问题，我社负责调换）

前　言

　　随着信息技术的发展以及终身教育理念的推动，大规模开放在线课程（massive open online courses，MOOCs）作为在线课程的一种新形式应运而生。MOOCs 以前所未有的开放性和透明性，提供了一种全新的知识传播模式和学习方式，人们可以在世界上任何地方参与课程学习。学习者通过 MOOCs 平台提供的与线下课程类似的作业评估体系和考核方式，按时完成作业，通过考试后还能获得授课教师签署的课程证书，由此，MOOCs 为传统高等教育的发展和全世界教育公平的实现带来了巨大的机遇。截至 2022 年 11 月，中国 MOOCs 数量已经达到 6.2 万门，注册用户达 4.02 亿人，学习者达 9.79 亿人次，在校大学生获得 MOOCs 学分认定 3.52 亿人次，MOOCs 数量和学习者数量均居世界第一。

　　数字化革命已经成为高等教育改革与发展的主题，世界各国纷纷在数字战略总体框架、教育战略重点领域和高等教育专项规划中积极谋划，大力推进高等教育数字化战略行动。MOOCs 具有灵活、开放、免费和其他优质特征，强调知识应当突破地域、文化、经济等因素的限制，实现全人类的免费共享，在此基础上，MOOCs 教学还融入了多种创新性教学元素。由此，MOOCs 平台突破了时空与规模的限制，实现了教育资源的共享，MOOCs 学习者可以根据自己的学习需求，结合自身的认知水平，选择合适的学习资源展开自主的在线学习（E-Learning）。但 MOOCs 的发展也存在一些问题，例如，MOOCs 教学缺乏传统课堂中互相感染和及时互动的氛围，仅有不足 10% 的学习者坚持完成 MOOCs 学习；MOOCs 教学组织形式以结构化的知识传授为主，并不完全适合分布式认知和高阶思维能力培养。MOOCs 深度融合高等教育与信息科技，打破了学习方式在时间和空间上的界限，创造了社会学习模式。由此，基于社会学习的 MOOCs 教学模式既支持正式学习方式也支持碎片化学习方式，社交学习成为 MOOCs 平台的关键属性。

　　为有效地协同 MOOCs 用户，使用先进的信息技术和工具，以提供优质的在线课程，活动理论视角的 MOOCs 系统分析应运而生。本书将 MOOCs 教学活动视为具有共同目标的集体活动，基于活动理论视角，研究 MOOCs 教学活动系统的核心成分（包括 MOOCs 主体、MOOCs 客体和 MOOCs 共同体）、MOOCs 教学活动系统的次要成分（包括 MOOCs 工具、MOOCs 规则和 MOOCs 分工），以及 MOOCs 教学活动系统的核心成分与次要成分之间的关联，为 MOOCs 提供系统全面的研究框架。深入理解作为 MOOCs 主体的 MOOCs 学习者对 MOOCs 采纳和持续使用的行为意愿；关注作为 MOOCs 共同体的 MOOCs 教师群体多样性与教师效能；进一步研究作为 MOOCs 工具的 MOOCs 学习论坛、MOOCs 评论论坛和 MOOCs 推荐算法；在此基础上，深入研究 MOOCs 质量评价。通过对 MOOCs 教学活动进行系统性研究，为 MOOCs 平台的可持续发展、MOOCs 建设与管理提供理论依据。

活动理论视角的 MOOCs 系统研究重点包括以下四方面的内容。

（1）MOOCs 主体研究。分别研究作为 MOOCs 主体的 MOOCs 学习者在 MOOCs 采纳和 MOOCs 持续使用两个阶段的行为意愿。在 MOOCs 采纳阶段，采用元分析研究方法，整合技术接受模型（technology acceptance model，TAM）和计划行为理论（theory of planned behavior，TPB），增加 MOOCs 学习者内在动机的度量，同时考虑 MOOCs 学习者的文化背景，为 MOOCs 采纳行为意愿研究构建一个系统全面的理论框架。在 MOOCs 持续使用阶段，整合 TAM、任务-技术适配（task-technology fit，TTF）模型、MOOCs 特征和社会动机，以确定与 MOOCs 采纳和 MOOCs 效用这两个阶段相关的影响因素是否影响，以及在多大程度上影响 MOOCs 持续使用意愿，由此全面理解 MOOCs 持续使用意愿。

（2）MOOCs 共同体研究。从 MOOCs 教师群体多样性和教师效能两个方面，分别研究作为 MOOCs 共同体的 MOOCs 教师。首先，将 MOOCs 专项课程教师持续开课时长多样性和教师授课领域多样性作为教师群体多样性，将 MOOCs 专项课程的评论量和评分作为教师群体多样性的效标，构建带有时间变量的多层线性模型（hierarchical linear modeling，HLM），研究 MOOCs 专项课程教师群体多样性如何影响教师群体授课绩效，以及 MOOCs 教师群体多样性随时间的变化趋势，有助于有效利用 MOOCs 教师群体多样性的价值。其次，将 MOOCs 教师获得的课程评价和互动评价作为教师效能，基于 MOOCs 教师专业资本（包括社会资本、决策资本和人力资本）视角，结合社会交换理论，将精品授课比例和授课学科分类分别作为调节变量和控制变量，构建多元回归模型，定量分析 MOOCs 教师效能的影响因素，有助于深刻理解学科类别和教师专业资本对 MOOCs 教师效能的影响，为制定有效的教学策略以提升 MOOCs 教师效能提供理论依据。

（3）MOOCs 工具研究。从 MOOCs 学习论坛反馈对学习进度的影响、MOOCs 学习论坛参与对课程评论的影响、MOOCs 学习论坛的知识扩散影响机理、MOOCs 个性化混合推荐四个方面，研究作为 MOOCs 工具的 MOOCs 学习论坛、MOOCs 评论论坛，以及 MOOCs 个性化混合推荐算法。首先，基于社会认知理论，研究 MOOCs 学习论坛反馈对 MOOCs 学习者学习进度的影响，以推进 MOOCs 学习者的学习进程。其次，整合 MOOCs 学习论坛和评论论坛，基于自我决定理论，研究 MOOCs 学习者在评论论坛的课程评论长度影响因素，以提高 MOOCs 学习者参与课程评论的自主性。再次，应用指数随机图模型（exponential random graph models，ERGMs），从 MOOCs 学习论坛中知识扩散网络结构、节点属性及其交互的角度进行多维度建模与仿真，全面揭示 MOOCs 学习论坛中知识扩散网络形成的社会化过程和内在机理。最后，基于心理测量学中的多维项目反应理论和艾宾浩斯遗忘曲线，根据 MOOCs 学习者的课程评分、课程属性和课程特质，提出基于 MOOCs 学习者动态偏好和多维能力的 MOOCs 个性化混合推荐算法，以提升 MOOCs 学习者的学习体验。

（4）MOOCs 客体研究。从 MOOCs 系统成功模型、MOOCs 网络口碑及 MOOCs 热门课程三个方面，研究作为 MOOCs 客体的 MOOCs 质量。首先，将 MOOCs 教师和 MOOCs 学习者视角整合为 MOOCs 用户视角，结合 MOOCs 平台特征，将 MOOCs 质量评价作为 MOOCs 系统收益，构建 MOOCs 系统成功模型，探索 MOOCs 质量评价体系。其次，基于信息不对称理论（asymmetric information theory），从 MOOCs 评论论坛的群体规模和群体认可，以及 MOOCs 学习论坛的群体内部关系出发，研究 MOOCs 网络口碑对课程注册量和完成量的影响机理，有助于推广与传播优质的 MOOCs，以及推进 MOOCs 学习者的学习进程。最后，基于 MOOCs 教学设计、声誉机制和口碑效应，从 MOOCs 安排、MOOCs 师资配备和 MOOCs 学习者评论三个维度选取研究变量，构建 MOOCs 热门课程的模糊集定性比较分析研究模型，以探究 MOOCs 热门课程的形成机理。

本书依托 2018 年作者主持的全国教育科研项目"Web 挖掘基于用户视角的 MOOCs 质量评价研究"（项目编号为 BFA180064）。作者从 2002 年开始进行此方面的跟踪和研究，2003 年参与国家自然科学基金面上项目"企业知识管理系统柔性评价与柔性决策模型"；2008 年主持中国博士后基金项目"集群供应链的知识网络模型研究"，主持江苏省博士后基金项目"集群供应链的知识网络模型研究"，主持全国教育科学规划国家一般项目"集群供应链中知识网络优化理论与仿真研究"；2011 年主持国家自然科学基金面上项目"SNS 企业知识社区 E-Learning 行为演化模型"；2013 年主持上海市浦江人才计划项目"基于 Web2.0 的 E-Learning 协作研究"；2017 年主持上海市哲学社会科学规划一般课题"大规模开放在线课程持续使用的影响因素与发展策略研究"。本书是上述项目研究的部分成果。MOOCs 教学活动是具有共同目标的集体活动，以先进的信息技术和工具为媒介，以提供优质在线课程为目标，与此同时，MOOCs 教学活动会受到所在社会和组织的制约。由此，本书基于活动理论构建 MOOCs 教学活动的系统性研究框架，以探究在特定社会环境中的 MOOCs 教学活动要素，以及这些活动要素之间的相互关系。

本书借鉴和参考了国内外同行的现有成果及经验，并以参考文献的形式一一标出，谨在此对相关学者表示诚挚的谢意。撰写一部专著需要大量的研究成果来支撑，对作者来说是很有挑战性的工作，由于作者的知识和水平有限，本书难免会有疏漏和不足，恳请广大读者批评指正。

作　者

2023 年 1 月

目　　录

第1章　绪论 ··· 1
　　1.1　概述 ··· 1
　　1.2　国内外 MOOCs 研究现状 ·· 2
　　1.3　MOOCs 研究理论 ··· 7
　　1.4　小结 ·· 10
　　参考文献 ·· 11
第2章　MOOCs 采纳行为意愿的元分析 ······························· 13
　　2.1　概述 ·· 13
　　2.2　文献综述 ·· 13
　　2.3　研究假设与模型构建 ··· 15
　　2.4　研究设计 ·· 18
　　2.5　元分析结果 ··· 20
　　2.6　研究总结与未来研究方向 ····································· 23
　　参考文献 ·· 25
第3章　TAM 和 TTF 模型的 MOOCs 持续使用意愿研究 ········· 29
　　3.1　概述 ·· 29
　　3.2　文献综述 ·· 29
　　3.3　研究假设与模型构建 ··· 30
　　3.4　研究设计 ·· 33
　　3.5　数据分析 ·· 34
　　3.6　研究总结与未来研究方向 ····································· 39
　　参考文献 ·· 42
第4章　MOOCs 教师群体多样性对课程评论量和评分的影响研究 ········· 44
　　4.1　概述 ·· 44
　　4.2　文献综述 ·· 44
　　4.3　研究假设与模型构建 ··· 45
　　4.4　数据收集与处理 ··· 49
　　4.5　实证分析 ·· 55
　　4.6　研究总结与未来研究方向 ····································· 64
　　参考文献 ·· 66

第 5 章　专业资本视角的 MOOCs 教师效能影响因素研究 ……………… 68
5.1　概述 …………………………………………………………………… 68
5.2　文献综述 ……………………………………………………………… 68
5.3　研究假设与模型构建 ………………………………………………… 71
5.4　数据收集和变量说明 ………………………………………………… 74
5.5　实证分析 ……………………………………………………………… 76
5.6　研究启示与未来研究方向 …………………………………………… 84
参考文献 …………………………………………………………………… 86

第 6 章　MOOCs 学习论坛反馈对学习进度的影响研究 ………………… 89
6.1　概述 …………………………………………………………………… 89
6.2　文献综述 ……………………………………………………………… 89
6.3　研究假设与模型构建 ………………………………………………… 90
6.4　数据获取与分析 ……………………………………………………… 93
6.5　研究启示与未来研究方向 …………………………………………… 97
参考文献 …………………………………………………………………… 98

第 7 章　MOOCs 学习论坛参与对课程评论的影响研究 ………………… 100
7.1　概述 …………………………………………………………………… 100
7.2　文献综述 ……………………………………………………………… 100
7.3　研究假设与模型构建 ………………………………………………… 102
7.4　数据获取与分析 ……………………………………………………… 104
7.5　研究启示与未来研究方向 …………………………………………… 108
参考文献 …………………………………………………………………… 110

第 8 章　基于指数随机图模型的 MOOCs 学习论坛知识扩散影响机理研究 … 112
8.1　概述 …………………………………………………………………… 112
8.2　文献综述 ……………………………………………………………… 113
8.3　研究假设与模型构建 ………………………………………………… 115
8.4　数据收集与用户属性获取 …………………………………………… 119
8.5　知识扩散影响机理分析 ……………………………………………… 121
8.6　研究总结与未来研究方向 …………………………………………… 124
参考文献 …………………………………………………………………… 126

第 9 章　基于 MOOCs 学习者动态偏好和多维能力的课程个性化混合推荐研究 ………………………………………………………………… 130
9.1　概述 …………………………………………………………………… 130
9.2　文献综述 ……………………………………………………………… 130
9.3　混合推荐模型框架 …………………………………………………… 133
9.4　Coursera 平台 MOOCs 的混合推荐 ………………………………… 138

  9.5 研究总结与未来研究方向 ……………………………………………… 140
  参考文献 ………………………………………………………………………… 141
第 10 章 用户视角的 MOOCs 系统成功模型 ……………………………………… 143
  10.1 概述 …………………………………………………………………… 143
  10.2 文献综述 ……………………………………………………………… 143
  10.3 研究假设与模型构建 ………………………………………………… 145
  10.4 实证研究 ……………………………………………………………… 147
  10.5 数据分析 ……………………………………………………………… 149
  10.6 研究总结与未来研究方向 …………………………………………… 152
  参考文献 ………………………………………………………………………… 154
第 11 章 MOOCs 网络口碑对课程注册量与完成量的影响研究 ………………… 157
  11.1 概述 …………………………………………………………………… 157
  11.2 文献综述 ……………………………………………………………… 158
  11.3 研究假设与模型构建 ………………………………………………… 160
  11.4 数据获取及变量定义 ………………………………………………… 163
  11.5 计量模型建立及数据分析 …………………………………………… 164
  11.6 研究总结与未来研究方向 …………………………………………… 167
  参考文献 ………………………………………………………………………… 171
第 12 章 基于模糊集定性比较分析的 MOOCs 热门课程形成路径研究 ……… 174
  12.1 概述 …………………………………………………………………… 174
  12.2 文献综述 ……………………………………………………………… 174
  12.3 模型构建 ……………………………………………………………… 176
  12.4 定性比较分析 ………………………………………………………… 181
  12.5 研究结论 ……………………………………………………………… 188
  12.6 研究启示与未来研究方向 …………………………………………… 190
  参考文献 ………………………………………………………………………… 193
第 13 章 本书总结及进一步研究方向 …………………………………………… 196
  13.1 本书总结 ……………………………………………………………… 196
  13.2 进一步研究方向 ……………………………………………………… 198

第1章 绪　　论

1.1　概　　述

随着互联网科技的发展和人们对优质教育资源需求的递增，2008年，大规模开放在线课程（massive open online courses，MOOCs）平台应运而生。MOOCs通常分为两类：xMOOC和cMOOC①。本书的研究对象是xMOOC，这是MOOCs应用最广泛的模式，类似由教师预定义所有教学内容的传统课程[1]。

MOOCs的特点在于大规模、开放和自组织，学习者可以根据兴趣选择课程进行学习。MOOCs具有新颖的课程模式、多元的师生交互方式，以及克服时间和地域限制的参与形式，吸引了全世界的学习者注册并参加课程的学习。优质、便捷、开放和共享的MOOCs正在为教学带来更多可能，改变了教师、学生和学校之间传统的教与学关系。作为"互联网+教育"形式的一种在线课程，MOOCs展示了与传统在线教育模式的巨大差异，代表了开放全球教育资源的最新阶段。一方面，MOOCs为教师提供了接触全球大量学生的机会，拓宽了课程的受众面及规模，打破了教学的时间和空间限制。另一方面，MOOCs由具有共同目标的教学和学习群体组成[2]，社交学习成为MOOCs平台的关键属性。

MOOCs深度融合高等教育与信息科技，虽然打破了学习方式在时间和空间上的界限，创造了社会学习模式，以满足个人学习者的专业和职业发展需要，但是面临着较高的辍学率，平均而言，参加MOOCs的学习者中只有不到10%的学习者完成了课程[3]。考虑MOOCs高辍学率和低完成率的问题，许多研究的关注点集中在MOOCs学习和MOOCs教学的质量问题上。一方面，由于脱离线下教学的约束与面对面的监督、缺乏课堂氛围、师生沟通不足、学习者兴趣驱动不足，MOOCs的使用和效果受到了影响，MOOCs学习者能否坚持完成选课，很大程度上取决于学习者自身的求知欲和自律性。另一方面，完成率可能不是评估MOOCs学习的最佳指标[4]，学习者参与MOOCs的原因各不相同，好奇心和工作晋升是最常见的激励因素[5]，课程完成者往往对MOOCs内容更感兴趣，而课程非完成者往往将MOOCs作为一种学习体验[6]。此外，发达国家的MOOCs学习者主要基于个人兴趣选择MOOCs学习，发展中国家的MOOCs学习者主要是为了职业发

---

① x指eXtended，译为扩展；c指Connectivist，译为关联

展需求而选择 MOOCs 学习[7]。

2020 年前后，新冠疫情的暴发使 MOOCs 平台得到了更广泛的应用，在全世界以前所未有的方式促进了数字化教学活动的开展。截至 2022 年 11 月，中国 MOOCs 数量达到 6.2 万门，注册用户达 4.02 亿人，学习者达 9.79 亿人次，在校大学生获得 MOOCs 学分认定 3.52 亿人次，MOOCs 数量和学习者数量均居世界首位。

综上所述，MOOCs 给全球高等教育带来了机遇和挑战，将深刻改变高等教育全球化的竞争模式，关系到国家教育发展的战略格局。由此，MOOCs 的发展与人类如何在新工业革命背景下充分利用新兴科技，全方位改革现有的教育思想、教学模式、教学方法及教学管理相关。

1.2 国内外 MOOCs 研究现状

本节通过分别检索科学网（Web of Science）数据库的英文文献和中文社会科学引文索引（Chinese social sciences citation index，CSSCI）数据库的中文文献，对 MOOCs 国内外的研究现状及发展动态展开综述研究。

1.2.1 检索 Web of Science 数据库

选择 Web of Science 核心合集的科学引文索引（science citation index，SCI）和社会科学引文索引（social sciences citation index，SSCI）检索，以 MOOC*为标题，时间范围为 2018～2022 年，检索得到 722 条发文记录。其中，SSCI 检索的发文数为 560 篇，占发文总数的 77.6%；科学引文索引扩展版（science citation index expanded，SCI-Expanded）检索的发文数为 375 篇，占发文总数的 51.9%；同时被 SSCI 和 SCI 检索的发文数占发文总数的 29.5%。

按出版年份对 722 条 SSCI/SCI 发文记录进行分析，如图 1.1 所示。按照发文数排序，2020 年的发文数最多，为 171 篇，占发文总数的 23.7%；2021 年和 2022 年的发文数有所减少，分别为 148 篇和 146 篇，占发文总数的 20.5%和 20.2%；2018 年的发文数最少，为 118 篇，占发文总数的 16.3%；相较于 2018 年，2019 年的发文数有所增加，达到 139 篇，占发文总数的 19.3%。

按发文国家对 722 条 SSCI/SCI 发文记录进行分析，如图 1.2 所示。发文数排名前五的国家中，中国的发文数最多，为 232 篇，占发文总数的 32.1%，将近达到发文总数的 1/3；其次是美国和西班牙，发文数（占比）分别为 135 篇（18.7%）和 106 篇（14.7%）；最后是英国和澳大利亚，发文数（占比）分别为 47 篇（6.5%）和 34 篇（4.7%）。

第1章 绪　　论

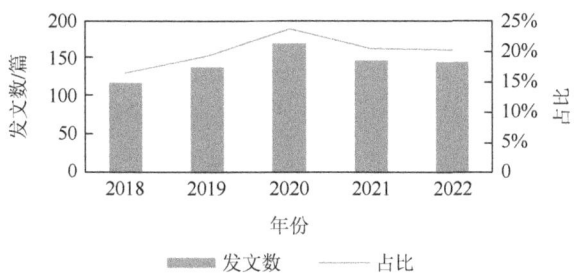

图 1.1　SSCI/SCI 出版年份

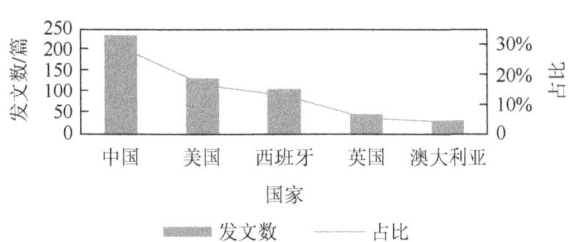

图 1.2　SSCI/SCI 排名前五的国家

按基金资助机构对 722 条 SSCI/SCI 发文记录进行分析，发文数排名前五的基金资助机构中，中国国家自然科学基金委员会资助的发文数最多，为 74 篇，占发文总数的 10.3%；其次是欧盟委员会，其资助的发文数为 39 篇，占发文总数的 5.4%；再次是西班牙政府和欧盟委员会联合研究中心，其资助的发文数（占比）分别为 21 篇（2.9%）和 20 篇（2.8%）；最后是美国国家科学基金会，其资助的发文数为 14 篇，占发文总数的 1.9%。综合发文数排名前五的国家和基金资助机构进行分析，中国作为发文数最多的国家，其 32%的发文都受到中国国家自然科学基金委员会的资助；美国和西班牙作为发文数排名第二和第三的国家，美国 10.3%的发文受到美国国家科学基金会的资助，西班牙 19.8%的发文受到西班牙政府的资助。由此说明中国国家自然科学基金委员会对 MOOCs 研究领域的重视和支持，这有助于提高中国在 MOOCs 研究领域的国际影响力。

按发文作者对 722 条 SSCI/SCI 发文记录进行分析，发文数排名前十的作者中有 5 位来自西班牙马德里卡洛斯三世大学（Universidad Carlos Ⅲ de Madrid, Spain），发文数分别为 14 篇、12 篇、9 篇、8 篇和 8 篇，共计 51 篇，占发文总数的 7.1%；来自美国韦恩州立大学（Wayne State University, USA）的 Zhu MN 发文数为 10 篇，占发文总数的 1.4%；来自西班牙穆尔西亚大学（Universidad de Murcia, Spain）的 Ruiperez-valiente JA 发文数为 9 篇，占发文总数的 1.2%；来自美国印第安纳大学（Indiana University, USA）的 Bonk CJ 和来自中国同济大学

(Tongji University，China）的 Wu B 发文数（占比）均为 8 篇（1.1%）；来自法国图卢兹大学（University of Toulouse，France）的 Perez-sanagustin M 的发文数为 7 篇，占发文总数的 1.0%。由此可见西班牙马德里卡洛斯三世大学对 MOOCs 研究领域的投入与重视。

按研究方向对 722 条 SSCI/SCI 发文记录进行分析，发文数排名前十的研究方向中，教育研究方向的发文数最多，为 376 篇，占发文总数的 52.1%；其次是计算机科学和工程研究方向，发文数（占比）分别为 214 篇（29.6%）和 99 篇（13.7%）；再次是科学技术其他主题、电信、环境科学生态学、心理学和信息科学图书馆学研究方向，发文数（占比）分别为 51 篇（7.1%）、45 篇（6.2%）、43 篇（6.0%）、28 篇（3.9%）和 22 篇（3.0%）；发文数相对较少的研究方向是商业经济学和语言学，发文数（占比）分别为 18 篇（2.5%）和 13 篇（1.8%）。由此说明在 MOOCs 研究领域，教育研究是学科的基石，计算机科学和工程研究是必不可少的工具。

1.2.2 检索 CSSCI 数据库

检索 CSSCI 数据库，以 MOOC/慕课为标题，时间范围为 2018～2022 年，检索得到 348 条发文记录。其中，北大核心的发文数为 309 篇，占 CSSCI 发文总数的 88.8%。

按出版年份对 348 条 CSSCI 发文记录进行分析，如图 1.3 所示。2018 年的发文数最多，为 115 篇，占发文总数的 33%；此后发文数逐年递减，2019 年、2020 年和 2021 年的发文数（占比）分别为 95 篇（27.3%）、69 篇（19.8%）和 50 篇（14.4%）；2022 年的发文数降至最低，为 19 篇，占发文总数的 5.5%。由此说明 MOOCs 研究发文数在国内逐年递减，这是由于很多国内作者将论文发在国外 SCI/SSCI 期刊上，以提高国际影响力。

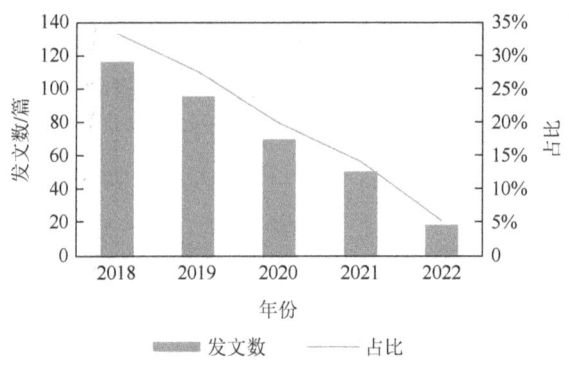

图 1.3　CSSCI 出版年份

按资助基金对 348 条 CSSCI 发文记录进行分析，如图 1.4 所示。发文数排名前五的资助基金中，国家社会科学基金资助的发文数最多，为 47 篇，占发文总数的 13.5%；其次是全国教育科学规划课题，其资助的发文数为 20 篇，占发文总数的 5.7%；再次是国家自然科学基金和教育部人文社会科学研究项目，其资助的发文数（占比）分别为 18 篇（5.2%）和 15 篇（4.3%）；最后是中央高校基本科研业务费专项资金项目，其资助的发文数为 5 篇，占发文总数的 1.4%。由此说明在 MOOCs 研究领域，相较于国家自然科学基金，国家社会科学基金对 CSSCI 发文的支持作用更大。

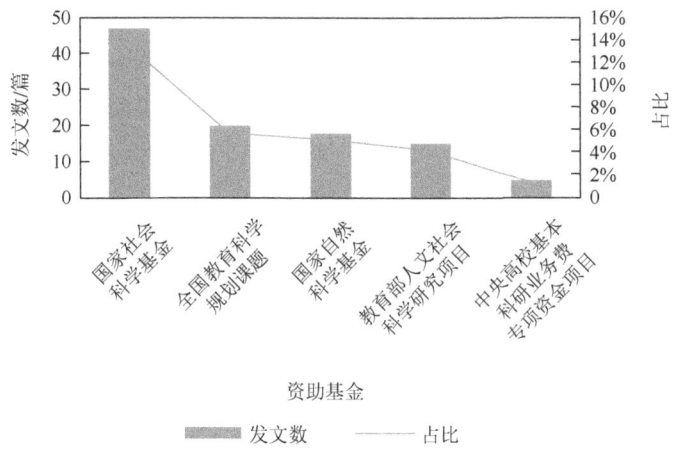

图 1.4　CSSCI 排名前五的资助基金

按学科类别对 348 条 CSSCI 发文记录进行分析，发文数排名前五的学科中，首先是教育理论与教育管理学科和计算机软件及计算机应用学科，其发文数（占比）分别为 307 篇（88.2%）和 258 篇（74.1%）；其次是高等教育学科和图书情报与数字图书馆学科，其发文数（占比）分别为 82 篇（23.6%）和 56 篇（16.1%）；最后是外国语言文字学科，其发文数最少，为 28 篇，占发文总数的 8.0%。由此说明 MOOCs 领域的 CSSCI 发文与 SSCI/SCI 发文的研究方向都是教育学科与计算机学科的有机结合。

1.2.3　国内外研究评述

综合以上对国外 SSCI/SCI 数据库和国内 CSSCI 数据库的检索分析，目前在 MOOCs 领域尚缺乏系统性研究，具体体现在以下五个方面。

1. 缺乏系统全面的研究框架

随着互联网技术的发展，MOOCs 改变了全球教育资源的竞争格局，其大规模开放在线的特点对传统的教育模式提出了新的挑战，但目前对 MOOCs 缺乏系统全面的研究框架。在规则制约和分工协作的 MOOCs 教学活动系统中，MOOCs 学习者构成活动主体，MOOCs 教师构成活动共同体，MOOCs 服务构成活动工具，MOOCs 质量构成活动客体。因此，本书基于活动理论视角，对 MOOCs 教学活动要素展开系统性研究。

2. 缺乏对 MOOCs 使用行为意愿的阶段性分析

MOOCs 使用行为通常包括两个阶段：第一阶段是用户对 MOOCs 的采纳行为意愿；第二阶段是用户对 MOOCs 的持续使用意愿，以实现 MOOCs 的效用。目前对 MOOCs 采纳行为意愿的研究受限于研究样本，可能出现研究结果不一致的情形[8,9]，因此本书采用元分析方法研究 MOOCs 的采纳行为意愿。与此同时，目前集成 MOOCs 采纳和 MOOCs 效用的研究缺乏，因此本书集成 TAM 和 TTF 模型[10]，深入探究 MOOCs 持续使用意愿的影响因素。

3. 缺乏对 MOOCs 教师群体的关注

教师是 MOOCs 的重要组成部分，MOOCs 教师群体多样性直接影响 MOOCs 质量，但目前对 MOOCs 教师群体多样性及其对课程评价的定量研究缺乏，因此本书以 MOOCs 教师群体为研究视角，构建带有时间变量的多层线性模型，以 MOOCs 专项课程教师群体为实证研究对象，探究教师群体多样性对课程评价的影响[11]。与此同时，MOOCs 教师能够通过 MOOCs 平台获得效能，但目前对 MOOCs 教师如何获得效能的研究缺乏，因此本书基于专业资本视角，应用多元回归模型探究 MOOCs 教师群体如何通过社会交换获得课程评价和互动评价的效能[12]。

4. 缺乏对 MOOCs 工具的多层次分析

MOOCs 提供了一个开放和免费的在线学习环境，学习者倾向于通过 MOOCs 来追踪学习的目标和兴趣，社交学习是在 MOOCs 平台学习的关键要素，MOOCs 教学活动需要有效的 MOOCs 工具，但现有研究对 MOOCs 工具缺乏多层次分析，因此本书首先探究 MOOCs 学习论坛反馈对学习进度的影响[13]；其次，整合 MOOCs 学习论坛和 MOOCs 评论论坛的相关信息，探究 MOOCs 学习论坛参与对课程评论的影响[14]；再次，应用指数随机图模型，研究 MOOCs 学习论坛中知识扩散网络形成的内在机理[15]；最后，基于用户动态偏好和多维能力，研究 MOOCs 个性化混合推荐算法，以提升 MOOCs 学习体验。

5. 缺乏对 MOOCs 质量的多维度探究

MOOCs 目前已成为全球高校争夺国际教育市场的一个热点，但国内外对 MOOCs 质量评价研究仍主要采用传统在线网络课程评价方式，因此本书从多维度探究 MOOCs 质量。首先，本书集成 MOOCs 教师和学习者视角，构建基于用户角度的 MOOCs 系统成功模型[2]；其次，从网络口碑角度，研究 MOOCs 网络口碑对课程注册量与完成量的影响[16]；最后，应用模糊集定性比较分析[17]，探究 MOOCs 热门课程形成路径，从而为提升 MOOCs 质量提供理论依据。

1.3 MOOCs 研究理论

1.3.1 活动理论

活动理论是社会文化活动与社会历史的研究成果，强调了活动在知识技能内化过程中的桥梁作用。活动是活动理论中分析的基本单位，活动系统包含三个核心成分（主体、客体和共同体），以及三个次要成分（工具、规则和分工）。活动系统的核心成分与次要成分之间相互关联[18]。

MOOCs 教学活动是具有共同目标的集体活动，以先进的信息技术和工具为媒介，以提供优质在线课程为目标。与此同时，MOOCs 教学活动会受到所在社会和组织的制约，包括教学环境中的习俗和规则、社会组织和分工，以及更广泛的生产、消费、分配和交换的社会模式。由此，活动理论为研究 MOOCs 教学活动提供了一个系统性的概念框架，如图 1.5 所示。在特定社会环境中，MOOCs 教学活动系统的核心成分包括 MOOCs 主体、MOOCs 共同体和 MOOCs 客体；MOOCs 教学活动系统的次要成分包括 MOOCs 规则、MOOCs 分工和 MOOCs 工具；MOOCs 教学活动系统的核心成分与次要成分之间相互关联，以实现 MOOCs 价值为核心。

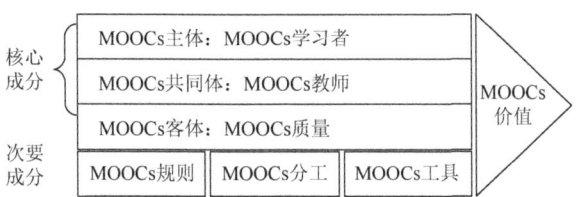

图 1.5 活动理论视角的 MOOCs 系统概念框架

1.3.2 指数随机图模型

指数随机图模型是一类专门针对关系数据的网络统计模型,可以识别出存在于观测网络中的关系模式,以及可用于解释网络关系形成的网络成员特征[19]。由此,将指数随机图模型应用于探究 MOOCs 学习论坛知识扩散研究,有助于揭示知识网络形成的潜在机理。

1. 指数随机图模型基本概念

(1)二元组。二元组由网络节点对及其联系组成,两个节点可以相互连接,也可以不连接。二元组是网络中最简单、最基本的单元,是对网络结构分析的基础[20]。

(2)三元组。三元组由网络中任意三个节点及其联系组成,三个节点可以相互连通,也可以部分连通或者不连通。无权重无向网络中,共有 8 种类型的三元组[20]。

(3)构型。构型由相互连接的节点和边构成[20]。

(4)观测网络。观测网络是从实际网络中收集数据而构造的一种网络,具有实际网络的统计特征,是实际网络的子集[20]。

(5)同构假设。若模型对每个构型均计算参数值,那么指数随机图模型中参数将非常多,由此引入同构假设,以解决指数随机图模型参数过多的问题。合理的同构假设不仅可以显著地减少指数随机图模型参数,而且不影响指数随机图模型对真实网络模拟的准确性。但同构假设只单纯地针对网络结构,对网络节点属性而言则为异构。

(6)内生结构依赖。网络中节点连接依赖关系与网络拓扑结构相关的部分定义为内生结构依赖,其与节点的属性特征无关[20]。不同的内生结构依赖形成了不同的指数随机图模型。

(7)外生属性。网络内生结构依赖和外生属性共同决定了网络中任意两个节点的连通性,绝大多数网络同时具有内生结构依赖与外生属性特征。在社会网络形成过程中,网络内生结构依赖与外生属性对网络连接会产生影响,指数随机图模型可以有效地综合考虑两者在网络形成中的作用[15]。

(8)网络参量和参数。指数随机图模型中网络构型对应的统计量定义为网络参量[20]。指数随机图模型通过伪极大似然估计或马尔可夫链蒙特卡罗极大似然估计对网络参量进行计算,由此得到的数值称为参数。网络参量和参数的不同组合形式构成了不同的指数随机图模型。

2. 指数随机图模型一般形式

指数随机图模型的一般形式如下[20]:

$$\Pr(Y=y) = \frac{1}{k}\exp\{\sum_A \eta_A \cdot g_A(y)\} \tag{1.1}$$

（1）Y 是利用指数随机图模型生成的网络，可以是有向网络，也可以是无向网络；y 是从实际网络中提取的观测网络。

（2）对于每个节点对 (i,j)，Y_{ij} 表示节点对 (i,j) 是否连接，当 $Y_{ij}=1$ 时，节点对 (i,j) 有连接，否则，节点对 (i,j) 没有连接，y_{ij} 是 Y_{ij} 的一个观测值。

（3）k 是使式（1.1）满足适当概率分布的归一化参量；$\sum_A$ 表示基于构型 A，构型是指一组节点的集合；η_A 是构型 A 的参数；$g_A(y)$ 是与构型 A 对应的统计参量。

不同的构型描述了不同的指数随机图模型，通过式（1.1）可计算出特定图 y 的生成概率，特定图的统计值及对应于构型的参数（包括互惠连接和三角形）都会影响该概率值。指数随机图模型可以涵盖网络中各种可能的结构规律，从而累积形成网络中不同的构型。通过对网络参量的合理限制，可以较好地对观测网络进行参数估计，表述网络中存在各种结构的效果[20]。

1.3.3 模糊集定性比较分析方法

与传统定量的实证研究方法相比，定性比较分析[21]在关注问题和提出解决方案的方式上有所不同。回归分析用于发现独立变量对结果的影响，定性比较分析的研究重点是探索哪些条件组合能够导致特定的结果，关注点在于导致结果的变量组合，而不是独立变量的作用。

定性比较分析着重研究同类案例中问题的成因和内部形成机制，采用组态思维对案例结果进行研究分析，将案例看作不同属性组合的结果，研究如何组合多个前因变量来解释结果变量[22]，并且通过案例研究进一步分析变量组合和最终结果的因果关系。除了确定性的因果关系，定性比较分析也适用于研究不确定性的充分关系与必要关系，但是由于实际案例具有复杂性，定性比较分析可能发现在实际案例中具有众多的因果路径，因此在路径分析中需要明确核心条件和辅助条件[23]。

此外，定性比较分析区别于单变量的净效应研究，基于整体的视角与组态的思维来看待社会问题[24]，用组态的方法将研究对象进行不同组合，深入分析研究对象中不同要素之间的相互依赖和相互作用对最终结果的影响。因此，定性比较分析采用整体视角，整合案例和变量研究的优势，研究多重并发的因果关系，为社会科学领域的研究提供了定性和定量相结合的研究方法。

目前主要的定性比较分析方法有清晰集定性比较分析方法、多值集定性比较分析方法和模糊集定性比较分析方法。在社会科学领域的相关研究中，模糊集定性比较分析方法更加符合研究对象的实际情况[24, 25]，因此本书采用模糊集定性比较分析方法来研究MOOCs热门课程的形成机制。

1.4 小　　结

随着计算机和信息技术的发展，MOOCs研究越来越重视与自然科学和社会科学的学科交叉，本书的研究思路与技术路线如图1.6所示。

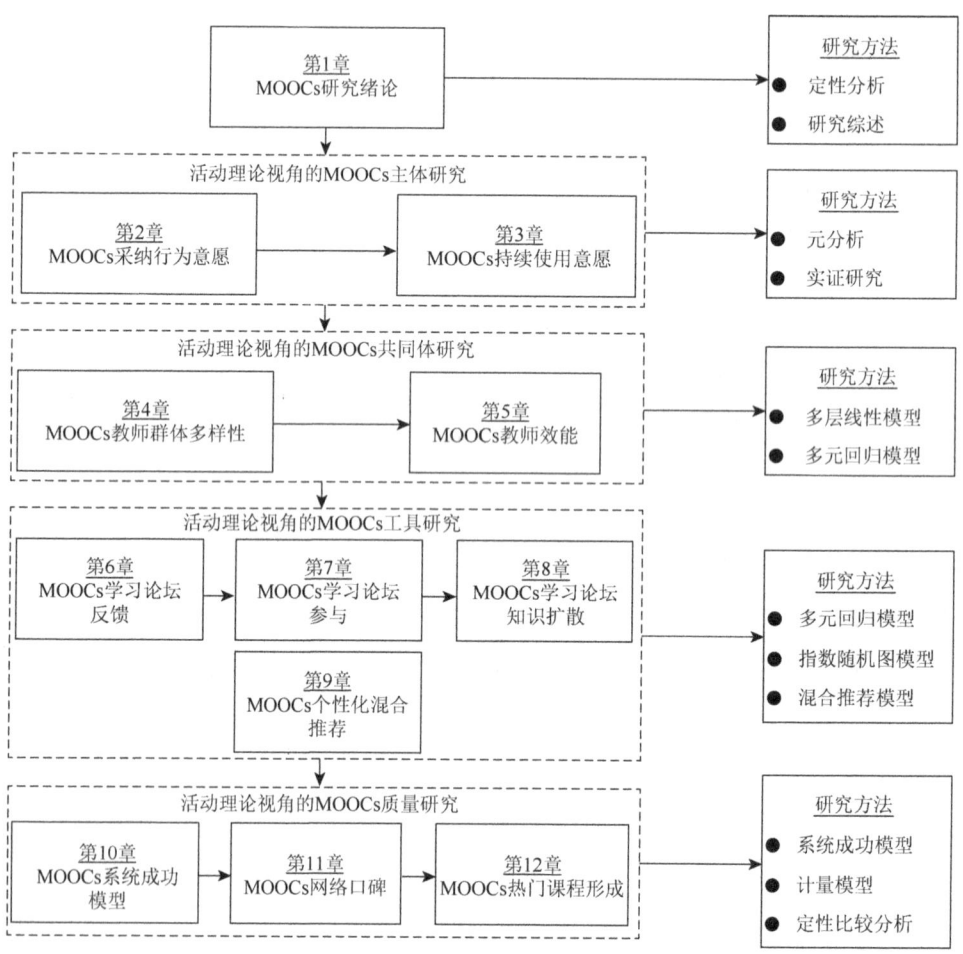

图1.6　研究思路与技术路线

参 考 文 献

[1] Hew K F, Cheung W S. Students' and instructors' use of massive open online courses (MOOCs): Motivations and challenges[J]. Educational Research Review, 2014, 12: 45-58.

[2] 吴冰, 杜宁. Web 挖掘基于信息系统成功模型的 MOOCs 质量评价影响因素[J]. 教育进展, 2019, 9 (4): 454-465.

[3] Bartolomé-Pina A R, Steffens K. Are MOOCs promising learning environments? [J] Comunicar, 2015, 22 (44): 91-99.

[4] Jordan K. Massive open online course completion rates revisited: Assessment, length and attrition[J]. International Review of Research in Open and Distributed Learning, 2015, 16 (3): 341-358.

[5] Alraimi K M, Zo H, Ciganek A P. Understanding the MOOCs continuance: The role of openness and reputation[J]. Computers & Education, 2015, 80: 28-38.

[6] Chang R I, Hung Y H, Lin C F. Survey of learning experiences and influence of learning style preferences on user intentions regarding MOOCs[J]. British Journal of Educational Technology, 2015, 46 (3): 528-541.

[7] 姜蔺, 韩锡斌, 程建钢. MOOCs 学习者特征及学习效果分析研究[J]. 中国电化教育, 2013 (11): 54-59, 65.

[8] 吴冰, 吴灿灿. 中外 MOOCs 文献比较研究[J]. 教育进展, 2019, 9 (3): 375-387.

[9] 吴冰, 赛争奇. MOOCs 采纳行为意图的元分析[J]. 社会科学前沿, 2022, 11 (12): 5159-5168.

[10] Wu B, Chen X H. Continuance intention to use MOOCs: Integrating the technology acceptance model (TAM) and task technology fit (TTF) model[J]. Computers in Human Behavior, 2017, 67: 221-232.

[11] Wu B, Zhou Y N. The impact of MOOC instructor group diversity on review volume and rating—Coursera specialization as an example[J]. IEEE Access, 2020, 8: 111974-111986.

[12] Wu B, Chen W. Factors affecting MOOC teacher effectiveness from the perspective of professional capital[J]. Behaviour & Information Technology, 2023, 42 (5): 498-513.

[13] 吴冰. 慕课讨论区反馈对学习者学习进度的影响研究[J]. 高教发展与评估, 2021, 37 (4): 33-43, 108-109.

[14] Wu B. Influence of MOOC learners discussion forum social interactions on online reviews of MOOC[J]. Education and Information Technologies, 2021, 26 (3): 3483-3496.

[15] Wu B, Wu C C. Research on the mechanism of knowledge diffusion in the MOOC learning forum using ERGMs[J]. Computers & Education, 2021, 173: 104295.

[16] Wu B, Li P. Influence of MOOCs eWOM on the number of registrations and completions[J]. IEEE Access, 2020, 8: 158826-158838.

[17] Wu B, Wang Y F. Formation mechanism of popular courses on MOOC platforms: A configurational approach[J]. Computers & Education, 2022, 191: 104629.

[18] Seloni L. Activity theory as an analytical framework to understand expertise in L2 writing instruction[J]. Journal of Second Language Writing, 2022, 58: 100940.

[19] Wu B, Jiang S, Chen H. The impact of individual attributes on knowledge diffusion in web forums[J]. Quality & Quantity, 2015, 49 (6): 2221-2236.

[20] 詹宁·K·哈瑞斯. 指数随机图模型导论[M]. 杨冠灿, 译. 上海: 格致出版社, 2016.

[21] 杜运周, 贾良定. 组态视角与定性比较分析（QCA）: 管理学研究的一条新道路[J]. 管理世界, 2017 (6): 155-167.

[22] 张明,杜运周. 组织与管理研究中 QCA 方法的应用:定位、策略和方向[J]. 管理学报,2019,16(9):1312-1323.

[23] Ragin C C. The Comparative Method：Moving Beyond Qualitative and Quantitative Strategies[M]. Oakland：University of California Press，2019.

[24] Ragin C C. Fuzzy-set Social Science [M]. Chicago：University of Chicago Press，2000.

[25] Park Y，Mithas S. Organized complexity of digital business strategy：A configurational perspective. MIS Quarterly，2020，44（1）：85-127.

第 2 章　MOOCs 采纳行为意愿的元分析

2.1　概　　述

随着 MOOCs 的发展,针对 MOOCs 应用的实证研究逐渐增多,研究背景、样本量和样本特征的差异可能导致研究结果不一致且缺乏有效整合,因此,需要采用元分析方法综合评价研究结果。与实证研究方法相比,元分析方法更加系统化,通过对多项相互独立、有共同目标的研究结果进行定量合并分析,能够得出一个普适性的结论。随着社会科学量化研究的不断加深,从 20 世纪 70 年代起,元分析方法已经逐渐渗透到社会科学领域。元分析方法的优点如下[1]:第一,由于整合了多项研究成果,元分析方法可以有效地降低甚至排除单一研究结果中存在的测量误差和抽样误差,从而提升统计功效,提高结论的论证强度;第二,对于同一个研究问题,各研究可能出现不一致的结果,利用元分析方法可以评价各研究结果之间的不一致性,从而得到全面科学的结论;第三,通过在汇总性研究中发现一些隐藏的效应或关系,元分析方法可以发现一些尚未研究的新问题[2]。

针对 MOOCs 采纳行为意愿领域的元分析研究缺乏的现状,本章综合现有 MOOCs 采纳影响因素的实证研究,从 TAM 和 TPB 出发,增加 MOOCs 学习者内在动机的度量;考虑 MOOCs 学习者来自全球,不同文化背景的学习者的价值取向、思维方式和社会规范千差万别,因此本章将文化背景作为调节变量,采用元分析为 MOOCs 采纳行为意愿研究构建一个系统全面的理论框架。

2.2　文　献　综　述

1. MOOCs 采纳的国内外研究现状

针对 MOOCs 采纳影响因素的研究,一类是从动机理论角度研究用户采纳 MOOCs 的动机因素,将 MOOCs 采纳的动机分为兴趣、目标和信念三个因素[3];另一类是从技术平台角度研究用户采纳 MOOCs 的技术接受因素。

基于动机理论从内部动机和外部动机的角度进行分析,通过调研发现,MOOCs 采纳的主要动机包括当前工作学习需要、职业未来发展需要,以及对课程内容主题感兴趣[4]，大部分学习者学习 MOOCs 的目的是希望能够从中获取新知识和新技能[5]。因此，拓展知识面、实现个人成长和专业发展，以及获得自我效能是 MOOCs 采纳的主要动机因素[6]。进一步从动机角度研究 MOOCs 采纳影响因素的研究表明，绩效期望、努力期望、社会影响和激励是 MOOCs 采纳的四个核心影响因素[7, 8]。在此基础上，集成 TPB 和自我决定理论的实证研究结果表明，使用态度和感知行为控制是 MOOCs 采纳的重要决定因素[9]。

从技术平台角度，学者通过构建基于 TAM 的 MOOCs 学习行为影响因素模型，探究主观规范、学习适用性、学习绩效和感知有用性与学习意愿之间的关系[10]，尤其对于不易获得高质量教育机会的学习者，MOOCs 的开放性、便利性和灵活性是 MOOCs 采纳的主要原因[11]。此外，社会临场感、教学临场感及社会认知对 MOOCs 采纳有显著正向影响[12]，这是由于对学习者来说，MOOCs 的价值主要体现在 MOOCs 提供了高质量的课程视频、持续更新的教学资源、合理设置的课程学时、方便获取的教学测试[13]。与此同时，MOOCs 学习者的互动参与、教师知识水平及交流互动会对 MOOCs 学习行为有显著正向影响[14]。其中，MOOCs 学习者的互动参与度与课程完成率有正相关关系[15]；MOOCs 教师与学习者之间的交流互动对 MOOCs 学习者的感知有用性有显著正向影响[16]。

2. MOOCs 采纳的现有研究评述

目前相关研究主要采用与技术接受相关的理论模型，研究单一平台学习者的 MOOCs 采纳行为。由于学习者样本通常来自不同的国家，不同的文化背景可能导致不同的 MOOCs 采纳行为[17]。例如，在一些国家的研究表明，感知满意度是影响 MOOCs 使用意愿的最重要因素[18]，而在另一些国家的研究表明，感知有用性是影响 MOOCs 使用意愿的最重要因素[19]。虽然现有研究对 MOOCs 采纳行为的成因进行了解释和预测，但研究结论存在不一致性，难以对学术和实践产生更广泛的指导。此外，由于 MOOCs 学习者与学习环境之间具有交互作用，需要综合考虑 MOOCs 学习者的内在动机。

基于元分析方法，对 MOOCs 采纳行为意愿的影响因素进行整合，对不同地区和不同样本的研究进行系统比较，有助于提升 MOOCs 采纳研究模型的解释度。但现有研究对于 MOOCs 采纳的元分析较少，在相近的在线学习研究领域，通过元分析研究发现，第一，在线学习与面对面学习没有显著差异，融合了两种方式的混合学习效果最佳[20]；第二，使用态度、感知便利性和感知娱乐性[21]对在线学习用户使用行为的影响最大[22]；第三，在线学习者的自我效能对在线学习采纳有显著影响[23]。因此，有必要对 MOOCs 采纳行为意愿的影响因素进行元分析研究，在综合分析相关实证研究的基础上，构建系统完整的研究模型，以得到更具普遍意义的研究结论。

2.3 研究假设与模型构建

2.3.1 研究假设

1. TAM 相关假设

由使用态度决定的行为意愿是衡量信息系统使用意愿的最重要因素，而感知有用性和感知易用性都会影响使用态度[24]。

采用 TAM 研究在线学习者的使用行为。研究发现，感知易用性对学习者使用在线学习系统的感知有用性有积极影响，感知易用性和感知有用性直接影响学习者的使用态度和行为意愿，并且学习者的使用态度对其行为意愿具有影响[25,26]。在 MOOCs 情境中，MOOCs 感知有用性是 MOOCs 学习者相信通过 MOOCs 学习能够提高学习成绩的程度；MOOCs 感知易用性体现在 MOOCs 易于访问、导航清晰及界面清晰的设计要素中，MOOCs 感知易用性会极大地降低 MOOCs 学习者对 MOOCs 学习的感知复杂性[27]，由此 MOOCs 使用态度对 MOOCs 行为意愿有积极影响。因此，本章提出以下研究假设。

H2.1 MOOCs 感知有用性对 MOOCs 使用态度有正向影响。
H2.2 MOOCs 感知有用性对 MOOCs 采纳行为意愿有正向影响。
H2.3 MOOCs 感知易用性对 MOOCs 感知有用性有正向影响。
H2.4 MOOCs 感知易用性对 MOOCs 使用态度有正向影响。
H2.5 MOOCs 感知易用性对 MOOCs 采纳行为意愿有正向影响。
H2.6 MOOCs 使用态度对 MOOCs 采纳行为意愿有正向影响。

2. TPB 相关假设

TPB 将个人信念和行为联系在一起。感知行为控制是指个体预期采取特定行为时所能感受到的可控程度，反映了个体以往的经验和所预期的阻碍；主观规范是指个体在是否实施特定行为的决策中所感知到的环境压力，反映了社会规范对个体行为决策的影响[28]。

个体预期拥有的资源和机会越多、挑战与阻碍越少，对其自身行为的感知控制就越强。实证研究发现，在 MOOCs 情境中，学习者的使用态度和感知行为控制对其使用意愿有显著影响[10]，此外，行为意愿还受到主观规范的直接影响[29]。因此，本章提出以下研究假设。

H2.7 MOOCs 感知行为控制对 MOOCs 采纳行为意愿有正向影响。
H2.8 MOOCs 主观规范对 MOOCs 采纳行为意愿有正向影响。

3. 内在动机相关假设

影响个体行为意愿的动机可分为外在动机和内在动机[30]。其中，外在动机是指个体行为因受到外部激励而产生的动机；内在动机侧重个体在特定行为过程中因感受到愉悦情绪而产生的动机。在 TAM 中，感知易用性和感知有用性侧重使用信息技术产品而获得的实质效益，可体现为节省时间、操作方便、易于上手或提高工作效率，属于外部动机。与此同时，在使用信息技术产品的过程中所感受的自我效能和愉悦情绪属于内在动机。因此，针对 TAM 缺乏内在动机的度量[31]，本章纳入反映内在动机的自我效能和感知愉悦，更全面地理解 MOOCs 采纳行为意愿。

自我效能是个体依靠自身能力完成特定行为或达到特定成就的信念和自信程度，代表对自身能力的判断，会影响个体的行为和环境选择，还会影响个体为了完成目标付出的努力和坚持程度[32]。在线学习的相关研究表明，自我效能会直接影响学习者参与远程教育活动[33]，是系统采纳的先决条件[34]。因此，本章提出以下研究假设。

H2.9 MOOCs 学习自我效能对 MOOCs 采纳行为意愿有正向影响。

感知愉悦是个体因采用特定系统而产生愉快的感知[35]。在线学习的相关研究表明，感知愉悦可以增强学习者对在线学习的采纳意愿[36-38]，95%的学习者在使用 MOOCs 之前表示采用 MOOCs 学习是因为乐趣与愉悦，而在使用 MOOCs 之后，仍有 87%的学习者表示 MOOCs 的学习过程带来了乐趣与愉悦[39]。因此，本章提出如下研究假设。

H2.10 MOOCs 学习感知愉悦对 MOOCs 采纳行为意愿有正向影响。

4. 文化背景相关假设

与传统教育一样，MOOCs 教育根植于文化背景[40]，不同的文化背景会影响 MOOCs 的采纳行为意愿。这是因为基于不同的文化信仰和价值观[41]，会形成多样化的教学实践，不同文化背景下的 MOOCs 学习者有着不同的学习风格、思维方式，以及信息技术使用偏好和文化认同[42]。此外，认知理论认为，行为研究需要充分考虑社会文化环境对认知的影响与作用[43]。

文化背景可以划分为个人主义文化和集体主义文化[44]。在个人主义文化中，正式和非正式的文化机制都强调了发展个人独特偏好和潜力的重要性；在集体主义文化中，正式和非正式的文化机制都提倡人与人之间相互协作的重要性[45]。

学习者的在线学习行为会受到环境的影响[46,47]，文化背景对学习者的在线学习行为有显著影响[48]。个人主义文化和集体主义文化是典型的文化背景。在个人主义文化中，人们偏好从各种来源自行寻求信息，其他社会成员的观点并不重要[49]；在集体主义文化中，由于集体主义文化起着约束和引导作用，社会成员之间的协同互动成为信息传递的重要方式。针对不同文化背景的 MOOCs 学习者，MOOCs 采纳行为意愿会存在差异。因此，本章将文化背景作为调节变量，提出以下假设。

H2.11 MOOCs 学习者的文化背景对 MOOCs 采纳行为意愿的影响因素具有调节作用。

2.3.2 模型构建

从技术接受角度，TAM 认为感知有用性、感知易用性和使用态度三者交互作用，从而影响行为意愿[50, 51]；从计划行为角度，TPB 认为行为意愿由感知行为控制、主观规范共同决定[52]，对主观规范和感知行为控制的意图共同塑造了个人的行为意图和行为。鉴于 TAM 强调实用价值，缺乏对内在动机的度量[53]，需要纳入自我效能和感知愉悦，本章集成 TAM 和 TPB 作为研究 MOOCs 采纳的理论基础，增加度量学习者内在动机的自我效能和感知愉悦。此外，考虑文化背景会影响学习者的采纳行为和学习活动[54]，纳入文化背景作为 MOOCs 采纳的调节变量，构建 MOOCs 采纳行为意愿研究模型，如图 2.1 所示。

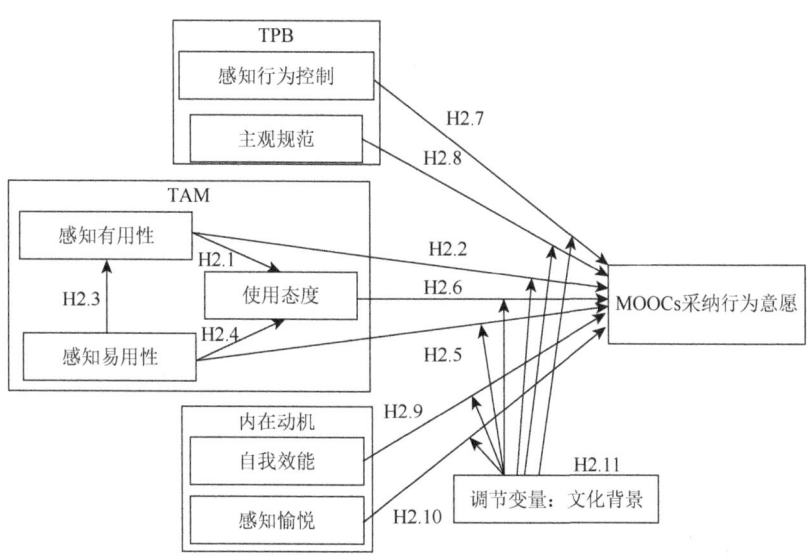

图 2.1 MOOCs 采纳行为意愿研究模型

行为意愿是指个体对于采取特定行为的主观可能性判定，反映了个体对采取特定行为的意愿。理性行为理论认为行为意愿是个体采取特定行为最直接的决定因素，也是预测实际行为的有效变量，其他因素都通过行为意愿来间接影响实际行为，个体行为意愿越强烈，就越倾向于某项特定行为[55]。因此，MOOCs 采纳行为意愿研究模型旨在更全面地解释 MOOCs 采纳行为意愿的影响因素。

2.4 研究设计

1. 数据收集与纳入标准

本章使用"MOOC""MOOCs""massive open online courses""慕课"和"采纳""接受""采用""影响""accept""acceptance""adopt""adoption""influence""affect"的关键词组合，通过谷歌（Google）学术、中国知识基础设施工程（China National Knowledge Infrastructure，CNKI，又称中国知网）和 Web of Science 搜索各类文献，包括期刊论文、会议论文、学位论文和学术报告。截至 2021 年，检索到的中文和英文参考文献共 158 篇。

对检索到的所有参考文献进行筛选，以确保完全符合以下四个标准：①属于关于 MOOCs 采纳的研究，并且研究对象是 MOOCs 学习者；②属于基于问卷调查的实证研究；③包含至少一个图 2.1 所示的研究模型中的相关系数；④研究对象可以区分为集体主义文化和个人主义文化的文化背景。满足上述要求的文献有 43 篇，其中，期刊论文和学位论文分别为 31 篇和 12 篇。

2. 文献编码规则

第一，样本量取值为纳入文献中参与问卷调查的样本数量；第二，纳入文献中 MOOCs 用户类型是学习者；第三，为了检验文化背景的调节作用，对 MOOCs 用户的文化背景进行分类，将北美国家和西欧国家的 MOOCs 用户划分为倾向个人主义文化，而将亚洲、中美洲、南美洲和非洲的 MOOCs 用户划分为倾向集体主义文化[1]；第四，由于相同的研究变量在不同的文献中可能有不同的命名，为了保证研究的一致性，将意义相近的研究变量统一编码为与研究假设相同的变量；第五，记录因变量、自变量和相关系数，或其他可转换为效应值的因果关系指标；第六，以独立样本为单位进行编码，如果一项研究按不同指标分别进行统计，产生多个相关系数，取多个相关系数的算术平均值。

3. 文献分析

本章使用 R 软件①，安装并加载相关程序包（包括 meta、ggplot2、reshape2），进行数据分析和图形绘制，包括以下主要步骤。

（1）对所有的研究路径进行描述性分析，以检查每个研究路径在 MOOCs 采

---

① R 软件全称 R 项目统计计算（The R Project for Statistical Computing）

纳情境中的影响，见表 2.1。纳入文献的样本总量为 13665 个，其中，样本量超过 150 个的文献有 33 篇，样本量超过 300 个的文献有 18 篇。

表 2.1 研究变量的描述性统计

研究变量	文献数量/篇	相关系数 最小值	最大值	显著	不显著	显著率	样本量/个 最小值	最大值	累积值	均值
PU-ATT	8	0.315	0.490	8	0	100.0%	108	544	2436	304.5
PU-BI	18	0.242	0.490	18	0	100.0%	107	827	6390	355.0
PEOU-PU	10	0.230	0.464	10	0	100.0%	108	544	2954	295.4
PEOU-ATT	8	0.136	0.380	8	0	100.0%	108	544	2505	313.1
PEOU-BI	11	0.060	0.351	11	0	100.0%	166	1752	4684	425.8
ATT-BI	8	0.537	0.675	8	0	100.0%	190	472	1426	285.2
PBC-BI	5	0.164	0.802	5	0	100.0%	268	638	1393	464.3
SN-BI	10	0.150	0.390	10	0	100.0%	107	638	2850	285.0
SE-BI	6	0.015	0.789	4	2	66.67%	107	827	2643	440.5
PEJ-BI	5	0.364	0.483	5	0	100.0%	107	475	1438	287.6

注：PU 指感知有用性；ATT 指使用态度；BI 指行为意愿；PEOU 指感知易用性；PBC 指感知行为控制；SN 指主观规范；SE 指自我效能；PEJ 指感知愉悦。

（2）效应值的选择和计算是元分析的基础，已纳入的 43 篇文献各不相同，大部分文献直接给出了相关系数或路径系数，需要转化为统一的效应值。因此，本章采用皮尔逊（Pearson）相关系数为效应量，为排除样本量的影响，计算效应量的 Fisher-to-z 变换值[①]，然后通过加权平均将 z 值转换为相关系数。

（3）异质性检验是将单一效果量整合成综合效果量所必须经历的重要环节，本章采用 Q 检验，根据 Q 值是否显著，选择随机效应模型或固定效应模型。

（4）发表偏倚评估。已发表文献倾向于报告显著的结果，避免报告不显著的结果，因此元分析结果出现一定程度的偏差。本章采用罗森塔尔（Rosenthal）的 Failsafe-N 方法[②]，检验纳入文献的发表偏倚。

（5）采用亚组分析，检验文化背景对 MOOCs 采纳行为意愿的调节作用。本章通过比较集体主义文化和个人主义文化两种文化背景下的两组样本，解释文献中可能存在研究结果不一致的原因。

---

① Fisher-to-z 变换方法是一种统计学中常用的方法，用于将 Pearson 相关系数转换为 z 值。这种转换可以使得相关系数的分布更适合正态分布，从而便于后续的统计推断分析。通过 Fisher-to-z 变换，可以对相关系数进行标准化处理，方便进行进一步的统计检验和比较。

② Failsafe-N 方法（其中，N 代表研究数量）是一种评估元分析结果的方法，通常用于评估在元分析中未被纳入的研究可能对综合效应产生的影响。该方法计算出一个 Failsafe-N 值，该值表示需要有多少未发表的负面研究结果才能使得之前观察到的统计显著性消失。Failsafe-N 值越大，表示综合效应越稳健。Failsafe-N 方法可以帮助研究者评估元分析结果的稳健性和鲁棒性。

2.5 元分析结果

本章的主效应检验结果包括综合效应值、效应规模、纳入元分析的文献数量、样本量、z 检验、Q 检验、95%的置信区间及 Failsafe-N 值,见表 2.2。其中,①元分析的标准效应量通常大于单个研究的相关系数;②效应强度可根据四分位数基准划分,小于 0.30 的效应量划分为"小"效应量,大于等于 0.30 且小于 0.50 的效应量划分为"中"效应量,大于等于 0.50 且小于 0.67 的效应量划分为"大"效应量,大于等于 0.67 的效应量划分为"非常大"效应量;③采用 z 检验评估效应量的显著性,当 $z > 3.29 (p < 0.001)$ 时,效应量具有统计显著性;④当 Q 检验的异质性显著存在时,选择既考虑组内抽样误差又结合组间方差的随机效应模型,否则,选择固定效应模型;⑤当 95%的置信区间中不包含 0 且 $p < 0.001$ 时,置信区间有统计学意义;⑥Failsafe-N 值表示为产生另一个有明显区别的结果而必须增添的未发表文献数量,当 Failsafe-N 值大于其临界值(文献数量×5+10)时,纳入文献不存在发表偏倚,假设成立的所有研究路径的 Failsafe-N 值均远大于其临界值,说明所有纳入文献存在发表偏倚的可能性很小。

表 2.2 元分析结果

研究变量	效应量	效应强度	样本量	z 值	Q 值	95%置信区间	Failsafe-N 值	假设支持
PU-ATT	0.383	中	2436	19.83***	9.32	[0.35, 0.42]	1107	是
PU-BI	0.347	中	6390	16.93***	45.49***	[0.31, 0.38]	5066	是
PEOU-PU	0.365	中	2954	20.68***	14.72	[0.33, 0.40]	1436	是
PEOU-ATT	0.244	小	2505	12.41***	12.26	[0.21, 0.28]	429	是
PEOU-BI	0.218	小	4684	7.75***	31.25***	[0.16, 0.27]	806	是
ATT-BI	0.603	大	1426	15.95***	10.33***	[0.55, 0.66]	1245	是
PBC-BI	—	—	1393	1.93	208.67***	—	—	否
SN-BI	0.224	小	2850	7.88***	19.64*	[0.17, 0.28]	494	是
SE-BI	0.348	中	2643	4.26*	304.97***	[0.05, 0.59]	728	是
PEJ-BI	0.435	中	1438	17.60***	4.29	[0.39, 0.48]	517	是

* $p < 0.05$
*** $p < 0.001$

1. 感知有用性的影响

感知有用性对使用态度(PU-ATT)的异质性检验 $Q = 9.32 (p > 0.05)$,由于纳入文献不存在异质性,选用固定效应模型进行元分析,95%置信区间为 $[0.35,0.42]$,$z=19.83(p<0.001)$。因此,MOOCs 感知有用性对 MOOCs 使用态度有显著正向影响,H2.1 成立。

感知有用性对行为意愿(PU-BI)的异质性检验 $Q=45.49(p<0.001)$,由于纳入文献存在异质性,选用随机效应模型进行元分析,95%置信区间为 $[0.31,0.38]$,$z=16.93(p<0.001)$。因此,MOOCs 感知有用性对 MOOCs 采纳行为意愿有显著正向影响,H2.2 成立。

2. 感知易用性的影响

感知易用性对感知有用性(PEOU-PU)的异质性检验 $Q=14.72(p>0.05)$,由于纳入文献不存在异质性,选用固定效应模型进行分析,95%置信区间为 $[0.33,0.40]$,$z=20.68(p<0.001)$。因此,MOOCs 感知易用性对 MOOCs 感知有用性有显著正向影响,H2.3 成立。

感知易用性对使用态度(PEOU-ATT)的异质性检验 $Q=12.26(p>0.05)$,由于纳入文献不存在异质性,选用固定效应模型进行分析,95%置信区间为 $[0.21,0.28]$,$z=12.41(p<0.001)$。因此,MOOCs 感知易用性对 MOOCs 使用态度有显著正向影响,H2.4 成立。

感知易用性对行为意愿(PEOU-BI)的异质性检验 $Q=31.25(p<0.001)$,由于纳入文献存在异质性,选用随机效应模型进行分析,95%置信区间为 $[0.16,0.27]$,$z=7.75(p<0.001)$。因此,MOOCs 感知易用性对 MOOCs 采纳行为意愿有显著正向影响,H2.5 成立。

3. 使用态度、感知行为控制和主观规范的影响

使用态度对行为意愿(ATT-BI)的异质性检验 $Q=10.33(p<0.001)$,由于纳入文献存在异质性,选用随机效应模型进行分析,95%置信区间为 $[0.55,0.66]$,$z=15.95(p<0.001)$。因此,MOOCs 使用态度对 MOOCs 采纳行为意愿有显著正向影响,H2.6 成立。

感知行为控制对行为意愿(PBC-BI)的异质性检验 $Q=208.67(p<0.001)$,由于纳入文献存在异质性,选用随机效应模型进行分析,$z=1.93(p>0.05)$。因此,MOOCs 感知行为控制对 MOOCs 采纳行为意愿无显著影响,H2.7 不成立。

主观规范对行为意愿(SN-BI)的异质性检验 $Q=19.64(p<0.05)$,由于纳入文献存在异质性,选用随机效应模型进行分析,95%置信区间为 $[0.17,0.28]$,$z=7.88(p<0.001)$。因此,MOOCs 主观规范对 MOOCs 采纳行为意愿有显著正向影响,H2.8 成立。

4. 内在动机对行为意愿的影响

自我效能对行为意愿（SE-BI）的异质性检验 $Q = 304.97(p < 0.001)$，由于纳入文献存在异质性，选用随机效应模型进行分析，95%置信区间为[0.05, 0.59]，$z = 4.26(p < 0.05)$。因此，MOOCs学习自我效能对MOOCs采纳行为意愿有显著正向影响，H2.9成立。

感知愉悦对行为意愿（PEJ-BI）的异质性检验 $Q = 4.29(p > 0.05)$，由于纳入文献不存在异质性，选用固定效应模型进行分析，95%置信区间为[0.39, 0.48]，$z = 17.60(p < 0.001)$。因此，MOOCs学习感知愉悦对MOOCs采纳行为意愿有显著正向影响，H2.10成立。

5. 文化背景的调节作用

将文化背景划分为个人主义文化和集体主义文化，基于纳入文献所研究的样本地区，将中国、韩国、印度和约旦的样本群体归为集体主义文化背景 MOOCs 用户，将西班牙、斯洛文尼亚、土耳其和比利时的样本群体归为个人主义文化背景 MOOCs 用户[1]。

在亚组分析中，根据文化背景将样本效应量分成两组，由于感知愉悦-行为意愿、感知行为控制-行为意愿、自我效能-行为意愿的纳入文献都是单一文化背景，未进行亚组分析。文化背景作为调节作用分析的结果见表2.3。

表 2.3 文化背景的调节作用分析

研究变量	集体主义文化	个人主义文化	组间 Q 值
PU-BI	0.342	0.394	0.37
PEOU-BI	0.239	0.127	4.62*
ATT-BI	0.617	0.540	1.93
SN-BI	0.240	0.166	2.21

* $p < 0.05$

与预期结果不同，只有感知易用性对行为意愿（PEOU-BI）的影响与文化背景有关 $(p < 0.05)$，相对于个人主义文化背景，在集体主义文化背景中感知易用性对行为意愿（PEOU-BI）的影响更强，而感知有用性-行为意愿（PU-BI）、使用态度-行为意愿（ATT-BI）和主观规范-行为意愿（SN-BI）这三条路径中集体主义文化与个体主义文化的差异都不显著 $(p > 0.05)$。因此，文化背景对MOOCs采纳行为意愿的影响因素具有部分调节作用，H2.11不成立。

2.6 研究总结与未来研究方向

2.6.1 研究结论

（1）对于感知行为控制对行为意愿的影响，由于95%置信区间过大，这条研究路径不可靠，H2.7不成立。这可能是由于纳入的元分析文献数量仅5篇，并且纳入文献之间存在显著异质性。虽然H2.7在此处不成立，但是在MOOCs情境中，MOOCs学习者通常具备计算机和互联网操作技能，能够有目标地选择MOOCs进行学习，具有更高的感知行为控制能力，从MOOCs学习中受益的行为意愿更强，因此，未来研究应更多关注MOOCs感知行为控制对MOOCs采纳行为意愿的影响。

（2）感知有用性-使用态度、感知易用性-感知有用性、感知易用性-使用态度这三条研究路径的95%置信区间分别为[0.35,0.42]、[0.33,0.40]和[0.21,0.28]，效应量相对集中。这说明MOOCs感知易用性和感知有用性都是MOOCs使用态度的重要解释因素，并且MOOCs感知易用性是MOOCs感知有用性的重要解释因素。

（3）在所有效应量中，只有使用态度对行为意愿的效应量大于0.5，表明MOOCs使用态度对MOOCs采纳行为意愿有较强的正向影响。感知有用性-行为意愿、自我效能-行为意愿和感知愉悦-行为意愿这三条研究路径的效应量均大于0.3，表明MOOCs感知有用性和作为内在动机的MOOCs学习自我效能和感知愉悦对MOOCs采纳行为意愿有中等强度的影响，元分析纳入的感知有用性-行为意愿的文献数量为18篇，但自我效能-行为意愿和感知愉悦-行为意愿的文献数量分别为6篇和5篇，因此，未来研究应更多关注MOOCs学习者内在动机及其对MOOCs采纳行为意愿的影响。主观规范-行为意愿和感知易用性-行为意愿这两条研究路径的效应量均小于0.3，表明MOOCs感知易用性和作为外在动机的MOOCs主观规范对MOOCs采纳行为意愿的影响较弱，这可能是由于，一方面技术的发展提高了MOOCs平台的易用性，另一方面MOOCs学习者经验的累积降低了感知易用性对行为意愿的影响。

由此可见，MOOCs感知易用性和感知有用性对MOOCs采纳行为意愿的直接影响虽然不强，但可以通过MOOCs使用态度对MOOCs采纳行为意愿产生较强的影响，因此，未来研究应更多关注MOOCs使用态度在MOOCs感知易用性和感知有用性对MOOCs采纳行为意愿的中介影响作用。

（4）本章将文化背景作为调节变量，采用亚组分析，检验文化背景的调节作用。研究发现，文化背景的调节作用仅存在于MOOCs感知易用性对MOOCs采纳行为意愿的影响。主要原因可能在于，一方面纳入文献的样本量（特别是个人主义文化的样本量）较少，文献数量为5篇，并且纳入文献的结论各不相同，难以真实反映不同文化背景下 MOOCs 采纳行为意愿；另一方面，不同文化背景下学习者的学习风格、思维方式及信息技术使用偏好虽然会影响传统教育模式，但 MOOCs 作为一种创新的在线学习模式，有可能弱化了文化背景的影响。因此，未来研究应进一步关注文化背景对 MOOCs 采纳行为意愿的调节作用。

2.6.2 研究启示

1. 理论启示

（1）本章提出 TAM 相关研究假设，探究感知有用性、感知易用性、使用态度和行为意愿之间的关联影响；在此基础上，提出 TPB 相关研究假设和内在动机相关研究假设，分别探究感知行为控制和主观规范对行为意愿的影响，以及内在动机的自我效能和感知愉悦对行为意愿的影响；进一步提出文化背景具有调节作用的研究假设。本章结合 TAM、TPB、内在动机及文化背景，构建了一个综合的 MOOCs 采纳行为意愿研究模型。

（2）采用元分析验证研究假设，研究发现感知易用性、感知有用性、使用态度、主观规范、自我效能和感知愉悦都是 MOOCs 采纳行为意愿的关键影响因素，通过整合 TPB，增强了 TAM 在 MOOCs 采纳中的解释力，并且为内在动机在 MOOCs 情境中的应用提供了理论基础。

（3）将文化背景作为调节变量，探讨文化背景对 MOOCs 采纳行为意愿的调节作用，研究发现文化背景仅能调节 MOOCs 感知易用性对 MOOCs 采纳行为意愿的影响，文化背景在 MOOCs 感知有用性、使用态度和主观规范对 MOOCs 采纳行为意愿中的调节作用不显著，为国际化 MOOCs 平台的发展提供了理论启示。

2. 实践启示

（1）由于 MOOCs 感知易用性和感知有用性都对 MOOCs 使用态度和采纳行为意愿有显著正向影响，MOOCs 平台可以通过技术更新与课程改进，提高 MOOCs 学习者的感知易用性和感知有用性。例如，通过改进 MOOCs 平台的技术架构，完善课程内容，增加丰富优质的学习资源，激发 MOOCs 学习者在学习过程中更积极的学习态度。

（2）由于与 MOOCs 学习者内在动机相关的自我效能和感知愉悦显著正向影响 MOOCs 采纳行为意愿，MOOCs 平台通过加入更多的社交元素和游戏化的设计，建立友好和轻松的学习氛围，可以有效改善 MOOCs 学习体验，从而增加 MOOCs 学习者的自我效能和感知愉悦。

（3）由于文化背景可以调节 MOOCs 感知易用性对 MOOCs 采纳行为意愿的影响，MOOCs 设计应考虑文化背景，在集体主义文化背景下，更应注重 MOOCs

感知易用性对 MOOCs 采纳行为意愿的影响，简化学习过程以提高 MOOCs 学习者的感知易用性。

2.6.3 研究局限与研究展望

由于目前可纳入元分析的文献数量有限，特别是个人主义文化背景下的文献较少，亚组分析中仅感知易用性-行为意愿显著，但文化背景对 MOOCs 采纳行为意愿的调节作用在未来的研究中仍需引起重视。与此同时，MOOCs 学习者的 MOOCs 采纳行为意愿是复杂的，很难从单一的角度来解释，因此，与 MOOCs 学习者相关的研究变量（如职业、年龄、经验和性别），以及与课程相关的研究变量（如课程内容和系统设计）在未来的研究中需更全面地考量。

参 考 文 献

[1] 吴冰，赛争奇. MOOCs 采纳行为意图的元分析[J]. 社会科学前沿，2022，11（12）：5159-5168.

[2] Dwivedi Y K, Ismagilova E, Sarker P, et al. A meta-analytic structural equation model for understanding social commerce adoption[J]. Information Systems Frontiers, 2023, 25（4）: 1421-1437.

[3] de Barba P G, Kennedy G E, Ainley M D. The role of students' motivation and participation in predicting performance in a MOOC[J]. Journal of Computer Assisted Learning, 2016, 32（3）: 218-231.

[4] Milligan C, Littlejohn A. Why study on a MOOC? The motives of students and professionals[J]. International Review of Research in Open & Distributed Learning, 2017, 18（2）: 51-69.

[5] Durksen T L, Chu M W, Ahmad Z F, et al. Motivation in a MOOC: A probabilistic analysis of online learners' basic psychological needs[J]. Social Psychology of Education, 2016, 19（2）: 241-260.

[6] Watted A, Barak M. Motivating factors of MOOC completers: Comparing between university-affiliated students and general participants[J]. The Internet and Higher Education, 2018, 37（4）: 11-20.

[7] Gašević D, Kovanović V, Joksimović S, et al. Where is research on massive open online courses headed? A data analysis of the MOOC Research Initiative[J]. International Review of Research in Open and Distributed Learning, 2014, 15（5）: 134-176.

[8] 王钱永，毛海波. 基于 UTAUT 模型的 MOOC 学习行为因素分析[J]. 电化教育研究，2016，37（6）：43-48.

[9] Warner C, Graetz R, Ross M W. What does it mean to identify as transgender or gender non-conforming? A massive online open course（MOOC）to promote understanding and acceptance[J]. Journal of Sexual Medicine, 2019, 16（4）: S49-S49.

[10] 方旭. MOOC 学习行为影响因素研究[J]. 开放教育研究，2015，21（3）：46-54.

[11] 姜蔺，韩锡斌，程建钢. MOOCs 学习者特征及学习效果分析研究[J]. 中国电化教育，2013（11）：54-59, 65.

[12] Watson S L, Watson W R, Janakiraman S, et al. A team of instructors' use of social presence, teaching presence, and attitudinal dissonance strategies: An animal behaviour and welfare MOOC[J]. International Review of Research in Open and Distributed Learning, 2017, 18（2）: 68-89.

[13] Swinnerton B J, Morris N P, Hotchkiss S, et al.The integration of an anatomy massive open online course

[14] Huang L Q, Zhang J, Liu Y. Antecedents of student MOOC revisit intention: Moderation effect of course difficulty[J]. International Journal of Information Management, 2017, 37（2）：84-91.

[15] Pursel B K, Zhang L, Jablokow K W, et al. Understanding MOOC students: Motivations and behaviours indicative of MOOC completion[J]. Journal of Computer Assisted Learning, 2016, 32（3）：202-217.

[16] Hone K S, El Said G R. Exploring the factors affecting MOOC retention: A survey study[J]. Computers & Education, 2016, 98：157-168.

[17] 夏丽华, 韩冬梅. 学习者文化因素对MOOCs参与度的影响——以edX平台为例[J]. 远程教育杂志, 2018, 36（2）：105-112.

[18] Pozón-López I, Kalinic Z, Higueras-Castillo E, et al. A multi-analytical approach to modeling of customer satisfaction and intention to use in massive open online courses（MOOC）[J]. Interactive Learning Environments, 2020, 28（8）：1003-1021.

[19] Ma L, Lee C S. Investigating the adoption of MOOCs: A technology-user-environment perspective[J]. Journal of Computer Assisted Learning, 2019, 35（1）：89-98.

[20] Means B, Toyama Y, Murphy R, et al. Evaluation of Evidence-based Practices in Online Learning: A Meta-analysis and Review of Online Learning Studies[R]. Washington D.C.: US Department of Education, 2009.

[21] 王建亚, 牛晓蓉, 万莉. 基于元分析的在线学习用户使用行为研究[J]. 现代情报, 2020, 40（1）：58-68.

[22] Kim J, Yoo M, Jang Y, et al. The effect of MOOC-based learning in Korea: A meta-analysis[J]. Journal of Educational Technology, 2020, 36（1）：163-190.

[23] Zhao Y, Wang N, Li Y X, et al. Do cultural differences affect users' e-learning adoption？A meta-analysis[J]. British Journal of Educational Technology, 2021, 52（1）：20-41.

[24] Davis F D. Perceived usefulness, perceived ease of use, and user acceptance of information technology[J]. MIS Quarterly, 1989, 13（3）：319-340.

[25] Wu B, Zhang C Y. Empirical study on continuance intentions towards e-learning 2.0 systems[J]. Behaviour & Information Technology, 2014, 33（10）：1027-1038.

[26] Abdullah F, Ward R, Ahmed E. Investigating the influence of the most commonly used external variables of TAM on students' perceived ease of use（PEOU）and perceived usefulness（PU）of e-portfolios[J]. Computers in Human Behavior, 2016, 63：75-90.

[27] Nyeko J S, Ogenmungu C. Determinants of electronic learning adoption in higher institutions of learning in Uganda: A learners' perspective[J]. Global Journal of Computer Science and Technology, 2017, 17（1）：7-20.

[28] Hsu J Y, Chen C C, Ting P F. Understanding MOOC continuance: An empirical examination of social support theory[J]. Interactive Learning Environments, 2018, 26（8）：1100-1118.

[29] 黄婷. 社交网络服务（SNS）的用户接受影响因素研究[D]. 杭州：浙江大学, 2009.

[30] Alamri H, Lowell V, Watson W, et al. Using personalized learning as an instructional approach to motivate learners in online higher education: Learner self-determination and intrinsic motivation[J]. Journal of Research on Technology in Education, 2020, 52（3）：322-352.

[31] Alkahtani K D F. Professional development: Improving teachers' knowledge and self-efficacy related to emotional and behavioral disorders[J]. Journal of Emotional and Behavioral Disorders, 2024, 32（1）：14-23.

[32] Ajzen I, Kruglanski A W. Reasoned action in the service of goal pursuit[J]. Psychological Review, 2019, 126（5）：774-786.

[33] Di Y N, Liu X K, Li J N, et al. Cross-cultural communication on social media: Review from the perspective of cultural psychology and neuroscience[J]. Frontiers in Psychology, 2022, 13: 858900.

[34] Yi M Y, Hwang Y. Predicting the use of web-based information systems: Self-efficacy, enjoyment, learning goal orientation, and the technology acceptance model[J]. International Journal of Human Computer Studies, 2003, 59 (4): 431-449.

[35] Venkatesh V. Determinants of perceived ease of use: Integrating control, intrinsic motivation, and emotion into the technology acceptance model[J]. Information Systems Research, 2000, 11 (4): 342-365.

[36] Cheng Y M. Effects of quality antecedents on e-learning acceptance[J]. Internet Research, 2012, 22 (3): 361-390.

[37] Lee M C. Explaining and predicting users' continuance intention toward e-learning: An extension of the expectation-confirmation model[J]. Computers & Education, 2010, 54 (2): 506-516.

[38] Roca J C, Gagné M. Understanding e-learning continuance intention in the workplace: A self-determination theory perspective[J]. Computers in Human Behavior, 2008, 24 (4): 1585-1604.

[39] Mikalef P, Pappas I, Giannakos M. An integrative adoption model of video-based learning[J]. International Journal of Information and Learning Technology, 2016, 33 (4): 219-235.

[40] Jin C H. Cultural sensitivity and design implications of MOOCs from Korean learners' perspectives: Case studies on edX and coursera[J]. Educational Technology International, 2015, 16 (2): 201-229.

[41] Hofstede G. Cultures and Organizations: Software of the Mind[M]. New York: McGraw Hill, 2010.

[42] Reinecke K, Bernstein A. Knowing what a user likes: A design science approach to interfaces that automatically adapt to culture[J]. MIS Quarterly, 2013, 37 (2): 427-453.

[43] Norton M. Cultural sociology meets the cognitive wild: Advantages of the distributed cognition framework for analyzing the intersection of culture and cognition[J]. American Journal of Cultural Sociology, 2020, 8 (1): 45-62.

[44] Tarhini A, Hone K, Liu X H, et al. Examining the moderating effect of individual-level cultural values on users' acceptance of e-learning in developing countries: A structural equation modeling of an extended technology acceptance model[J]. Interactive Learning Environments, 2017, 25 (3): 306-328.

[45] Gelfand M J, Christakopoulou S. Culture and negotiator cognition: Judgment accuracy and negotiation processes in individualistic and collectivistic cultures[J]. Organizational Behavior and Human Decision Processes, 1999, 79 (3): 248-269.

[46] Joy S, Kolb D A. Are there cultural differences in learning style? [J] International Journal of Intercultural Relations, 2009, 33 (1): 69-85.

[47] Dwivedi Y K, Shareef M A, Simintiras A C, et al. A generalised adoption model for services: A cross-country comparison of mobile health (m-health) [J]. Government Information Quarterly, 2016, 33 (1): 174-187.

[48] Shi Y C, Frederiksen C H, Muis K R. A cross-cultural study of self-regulated learning in a computer-supported collaborative learning environment[J]. Learning and Instruction, 2013, 23: 52-59.

[49] Sánchez-Franco M J, Martínez-López F J, Martín-Velicia F A. Exploring the impact of individualism and uncertainty avoidance in Web-based electronic learning: An empirical analysis in European higher education[J]. Computers & Education, 2009, 52 (3): 588-598.

[50] 邹菊梅. MOOC 学习者的持续参与行为研究[D]. 杭州: 浙江大学, 2017.

[51] Wu B, Chen X H. Continuance intention to use MOOCs: Integrating the technology acceptance model (TAM) and task technology fit (TTF) model[J]. Computers in Human Behavior, 2017, 67 (2): 221-232.

[52] Ajzen I, Sheikh S. Action versus inaction: Anticipated affect in the theory of planned behavior[J]. Journal of Applied Social Psychology, 2013, 43 (1): 155-162.

[53] Moon J W, Kim Y G. Extending the TAM for a World-Wide-Web context[J]. Information & Management, 2001, 38 (4): 217-230.

[54] Mondal A, Chakrabarti A B. Information and communication technology adoption strategies of emerging multinationals from India[J]. Journal of Global Information Management, 2021, 29 (5): 161-175.

[55] Rutar T. For an integrative theory of social behaviour: Theorising with and beyond rational choice theory[J]. Journal for the Theory of Social Behaviour, 2019, 49 (3): 298-311.

第 3 章 TAM 和 TTF 模型的 MOOCs 持续使用意愿研究

3.1 概　　述

随着 MOOCs 在远程教育中的快速发展和应用，对 MOOCs 持续使用意愿影响因素的研究有助于揭示 MOOCs 的可行性和可持续性[1, 2]。

MOOCs 学习是 MOOCs 用户获取、使用和传播 MOOCs 知识资源的行为。这种学习行为通常包括两个阶段：第一阶段是用户对 MOOCs 的态度、采纳和习惯的感知；第二阶段是 MOOCs 满足用户需求的程度，强调 MOOCs 的效用。这两个阶段相互关联，如果没有第一阶段的 MOOCs 采纳，就无法实现第二阶段的 MOOCs 效用，但目前对 MOOCs 持续使用意愿的研究尚未将这两个阶段结合起来。因此，为适应不断变化的信息技术环境，本章提出基于 TAM 和 TTF 模型的研究框架，以确定与上述两个阶段相关的影响因素是否影响以及在多大程度上影响 MOOCs 持续使用意愿，由此深入探究 MOOCs 持续使用意愿。

3.2 文 献 综 述

1. 扩展的 TAM

已有研究引入一系列外部因素扩展了 TAM，以解释 MOOCs 被接受或使用的可能性。例如，学者提出信息系统持续使用的期望确认模型，研究了 MOOCs 持续使用意愿[3]。还有学者集成 TPB 和自我决定理论作为研究框架，考察了 MOOCs 持续使用意愿的决定因素[4]。

TAM 只关注接受 MOOCs 之前或之后的短期信念和态度。只有当任务和技术之间达到适配时，使用 MOOCs 才能获得最大效用，这是 TTF 模型关注的重点。因此，TTF 模型可以弥补 TAM 在这方面的不足，组合 TAM 和任务适配模型，能够为信息技术的应用成效提供更好的理论解释[5]。

2. TTF 模型

作为一种广泛使用的理论模型，TTF 模型可以用于评估信息技术的使用绩效，以及判断任务与技术特征之间的适配性。任务特性和技术特性都会影响任务-技术适配,任务-技术适配又进一步决定了信息技术的使用绩效。

TTF 模型已广泛应用于信息系统的研究[6],但在 MOOCs 领域的应用研究不多,因此有必要研究良好的 TTF 模型是否会影响以及在多大程度上影响用户对 MOOCs 的采纳和使用。考虑在 MOOCs 情境中,TTF 模型缺乏社会因素,这可能限制其对 MOOCs 社会学习的理解能力。因此,本章扩展 TTF 模型,加入社会动机要素,包括社会认可和社会影响,以克服 TTF 模型在这方面的局限性,有助于深刻理解 MOOCs 持续使用意愿。

3.3 研究假设与模型构建

3.3.1 研究假设

1. TAM 相关假设

为了探究 MOOCs 持续使用意愿的影响因素,TAM 可用于研究感知易用性、感知有用性、行为态度和持续使用意愿之间的关系。在 MOOCs 情境中,将感知易用性定义为用户认为使用 MOOCs 进行学习和获取技能的难易程度。

针对在线学习的相关实证研究表明,感知易用性对使用态度和感知有用性有积极的影响[7, 8],与此类似,MOOCs 作为一种在线学习方式,MOOCs 感知易用性可以通过 MOOCs 感知有用性和使用态度直接或间接影响 MOOCs 持续使用意愿。因此,本章提出以下研究假设。

H3.1 MOOCs 感知易用性对 MOOCs 感知有用性有正向影响。

H3.2 MOOCs 感知易用性对 MOOCs 使用态度有正向影响。

感知有用性反映了用户对使用特定系统是否会提高工作绩效的主观评估[9]。在 MOOCs 情境中,感知有用性定义为用户认为 MOOCs 有助于实现学习目标而感受到的驱动力。

感知有用性是信息系统持续使用意愿的直接决定因素[10],也可以通过使用态度间接影响信息系统持续使用意愿。此外,针对在线学习的相关实证研究表明,使用态度是感知有用性对行为意愿产生影响的中介,并且持续使用意愿受到感知有用性的显著影响[3]。因此,本章提出以下研究假设。

H3.3 MOOCs 感知有用性对 MOOCs 使用态度有正向影响。

H3.4 MOOCs 感知有用性对 MOOCs 持续使用意愿有正向影响。

TAM 强调使用态度和持续使用意愿之间的关联。在 MOOCs 情境中,使用态度可以理解为用户所感知的与 MOOCs 使用相关的积极或消极情绪。基于信息系统的期望确认模型,对 MOOCs 持续使用意愿影响因素的实证研究发现,使用态度是 MOOCs 持续使用意愿的重要预测因素[11]。与此同时,基于中国 MOOCs 情境的实证研究表明,MOOCs 使用态度和感知行为控制是 MOOCs 持续使用意愿的重要决定因素[4]。因此,本章提出以下研究假设。

H3.5 MOOCs 使用态度对 MOOCs 持续使用意愿有正向影响。

2. TTF 模型相关假设

为了理解 MOOCs 持续使用意愿,不仅要考虑个人与系统的互动,而且要考虑与系统相关、面向任务的行动。用户使用与评估 MOOCs 的关键在于个人-技术适配和任务-技术适配。

MOOCs 的有效使用取决于与个人-技术适配相关的因素,包括教学方法是否与学习风格适配、学习风格是否与 MOOCs 内容适配,以及 MOOCs 内容是否与学习目标适配。因此,个人与信息系统的互动往往与个人-技术适配交织在一起[12],以适配任务要求和个人能力。用户的系统使用效用通过个人-技术适配的系统体验来实现,系统体验不仅对感知易用性有强烈的影响,而且与感知有用性相关,具有丰富系统使用经验的用户能够更好地理解系统的有用性。因此,本章提出以下研究假设。

H3.6 个人-技术适配对 MOOCs 感知有用性有正向影响。

H3.7 个人-技术适配对 MOOCs 感知易用性有正向影响。

任务-技术适配定义为信息系统的功效与用户必须执行任务之间的适配度,是解释信息系统使用水平的一个重要因素[13]。实证研究表明,针对特定技术,用户对技术是否适配任务的感知会成为用户对技术的感知易用性和感知有用性的基础[14]。由此,任务-技术适配会影响用户的感知易用性和感知有用性,当任务和技术之间的适配度更高时,用户的感知易用性和感知有用性会更高。在 MOOCs 情境中,技术特征会影响在线学习的有效性,感知有用性的前提是用户在任务和技术之间找到适配,当用户主动选择使用 MOOCs 平台进行学习时,这一选择背后的原因很可能是任务-技术适配影响了 MOOCs 的感知有用性和感知易用性。因此,本章提出以下研究假设。

H3.8 任务-技术适配对 MOOCs 感知有用性有正向影响。

H3.9 任务-技术适配对 MOOCs 感知易用性有正向影响。

3. MOOCs 特征相关假设

开放教育平台一直致力于提高开放性,从而使其教育资源更广泛地为用户自由获取,并且使用户具有更多的选择性、自主性和灵活性[3]。

在 MOOCs 情境中,开放教育理念的要素之一是适应社会发展,具有变革教育实践的强大潜力。很多用户对 MOOCs 感兴趣的原因是 MOOCs 的大规模、在线和开放性，而不是获得各类结业证书或学术学分[15, 16]。MOOCs 开放性不可避免地会影响 MOOCs 感知有用性和感知易用性。因此，本章提出以下研究假设。

H3.10 MOOCs 开放性对 MOOCs 感知有用性有正向影响。

H3.11 MOOCs 开放性对 MOOCs 感知易用性有正向影响。

课程或机构的声誉体现了用户对课程或机构的感知有用性，会影响未来用户的入学决定[17]。尤其当用户对课程或机构的价值评估缺乏信息或经验时，声誉可能是用户在早期阶段对课程或机构所持态度的关键决定因素[18]。目前，受欢迎的 MOOCs 平台都与知名的高等教育机构合作，通过这些机构的声誉获得 MOOCs 用户的信任，声誉成为影响用户是否选择 MOOCs 学习的重要因素，对 MOOCs 感知有用性有重要影响。因此，本章提出以下研究假设。

H3.12 MOOCs 声誉对 MOOCs 感知有用性有正向影响。

4. 社会动机相关假设

个体行为可能受到其他个体成员的影响，因此有必要研究社会动机对 MOOCs 的影响。在 MOOCs 情境中，社会动机可以划分为社会认可与社会影响。

社会认可不仅对实现人们自身能力和技能有重要影响，而且在促进社会互动方面发挥着重要作用。尽管现有文献已经研究了各种社会认可模式和形式，但很少有文献深入研究 MOOCs 中的社会认可及其对感知有用性的影响。用户使用 MOOCs 的动机可能来自预期成绩的提高和奖励的获取，由此课程结业证书是近年来日益增多的与社会认可相关的话题[19]。从用户的角度，社会对 MOOCs 结业证书的认可与 MOOCs 学习价值的感知有用性密切相关。因此，本章提出以下研究假设。

H3.13 MOOCs 社会认可对 MOOCs 感知有用性有正向影响。

个体采用特定技术可能不是因为技术本身的说服力，而是受他人的影响[20]。技术接受和使用的统一理论（unified theory of acceptance and use of technology, UTAUT）提出，社会影响是决定用户接受信息技术的重要因素[21]。与此同时，社会影响出现在用户接受信息技术的研究文献中[22]。实证研究发现，社会影响是用户行为的驱动因素，这是由于个体存在跟随他人信念，以建立和加强与群体成员关系的动机[23]。在 MOOCs 情境中，社会影响定义为 MOOCs 用户感知到他人的明确认可，并且感受到鼓励去参与 MOOCs 学习的程度[24]，当 MOOCs 用户观察到其他人因学习 MOOCs 而对自身发展带来收益时，将更愿意使用 MOOCs。因此，本章提出以下研究假设。

H3.14 MOOCs 社会影响对 MOOCs 感知有用性有正向影响。

H3.15 MOOCs 社会影响对 MOOCs 使用态度有正向影响。

3.3.2 模型构建

基于 TAM、TTF 模型、MOOCs 特征和社会动机的理论背景,本章提出 MOOCs 持续使用意愿研究模型,如图 3.1 所示,用以识别 MOOCs 持续使用意愿的影响因素。模型的基本假设是,MOOCs 持续使用意愿由感知有用性和使用态度共同决定,感知有用性和使用态度又受到感知易用性、TTF 模型、MOOCs 特征和社会动机的影响。首先,将个人-技术适配和任务-技术适配纳入 TTF 模型。其次,将开放性和声誉作为 MOOCs 的典型特征。最后,将集成社会认可和社会影响的社会动机纳入研究模型。由此,综合 TTF 模型、MOOCs 特征和社会动机作为 TAM 的外部变量。

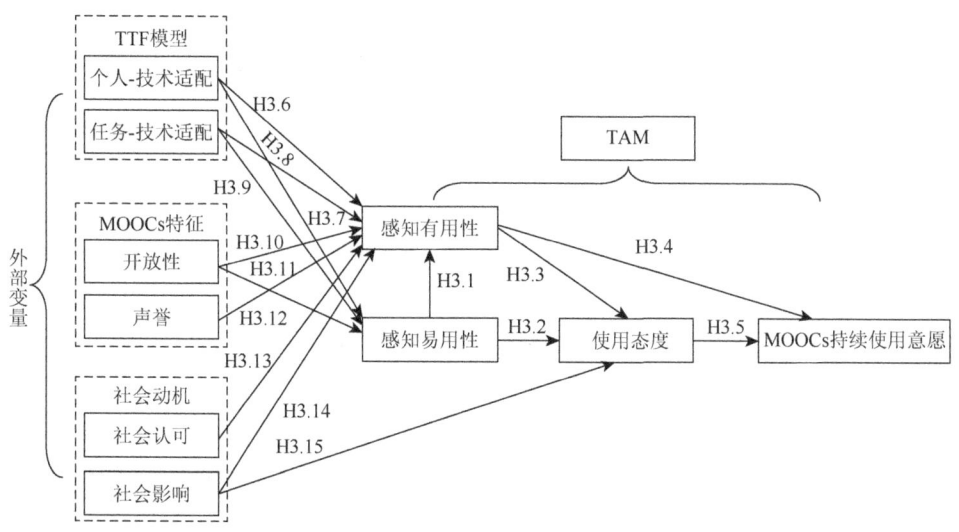

图 3.1 MOOCs 持续使用意愿研究模型

3.4 研 究 设 计

本章使用一个包含两部分的问卷调查来检验提出的研究模型。问卷的第一部分问题用于获取用户的人口统计特征,第二部分问题用于测度研究模型中的结构变量。与结构变量相对应的每个问卷的题项使用七点利克特(Likert)量表进行测量,该量表基于"1 = 强烈不同意"到"7 = 强烈同意"。

问卷的调查对象是 MOOCs 用户,通过问卷星在 2017 年 1~3 月向 MOOCs 用户发送了在线调查问卷,共返回了 252 份有效问卷。表 3.1 总结了受访者的人口统计特征数据。

表 3.1 受访者的人口统计特征

项目	类型	频次（$n=252$）	占比
性别	男	149	59.1%
	女	103	40.9%
年龄	小于 20 岁	7	2.8%
	20～30 岁	233	92.4%
	31～40 岁	4	1.6%
	大于 40 岁	8	3.2%
学历	本科以下	14	5.6%
	本科	94	37.3%
	硕士	128	50.8%
	博士	16	6.3%
职业	学生	180	71.4%
	工作	58	23.0%
	其他	14	5.6%
地域	中国一线城市	168	66.7%
	中国二线城市	60	23.8%
	其他城市	24	9.5%
每周参与 MOOCs 的时间	小于 3 小时	84	33.3%
	3～5 小时	88	34.9%
	6～10 小时	56	22.2%
	大于 10 小时	24	9.6%
MOOCs 平台使用	Coursera	132	52.4%
	edX	24	9.5%
	Udacity	8	3.2%
	学堂在线	28	11.1%
	MIT MOOCs	18	7.1%
	中国大学 MOOCs	32	12.7%
	其他	10	4.0%

注：MIT 指麻省理工学院（Massachusetts Institute of Technology）

3.5 数 据 分 析

对问卷收集到的数据进行分析，步骤如下[25]：第一，通过评估信度、收敛效度和区分效度来检验研究模型的适配度和结构效度；第二，检验结构方程模型，以探究研究模型中结构变量之间的关系强度和关系方向。

3.5.1 结构效度

1. 信度和收敛效度评估

可靠性评估使用克龙巴赫（Cronbach）α 系数（简称 α 系数），所有结构变量的问卷题项都应遵循 α 系数大于 0.70 的准则。收敛有效性的评估是基于指标的估计系数，对其假设的结构因子显著性进行评估。本章使用三个标准评估测量量表：①所有项目因子负荷应大于 0.50 且显著；②每个结构变量的组合信度（composite reliability，CR）应大于 0.70；③每个结构变量的平均方差抽取量（average variance extracted，AVE）应大于 0.50[26]。研究模型中所有结构变量的问卷题项的因子负荷、AVE、CR 和 α 系数都超过推荐阈值，见表 3.2。

表 3.2 信度和收敛效度

结构变量	代码	问卷题项	因子负荷	AVE	CR	α 系数
感知有用性[2]	PU1	我相信 MOOCs 能提高我的学习成绩	0.76	0.75	0.99	0.99
	PU2	使用 MOOCs 可以提高我的学习效率	0.82			
	PU3	使用 MOOCs 很容易将学习材料转化为具体知识	0.81			
感知易用性[2]	PEOU1	学习使用 MOOCs 很容易	0.92	0.79	0.94	0.98
	PEOU2	熟练使用 MOOCs 很容易	0.71			
	PEOU3	MOOCs 中的互动是清晰的、可以理解的	0.62			
使用态度[2]	ATU1	我相信使用 MOOCs 是一个好主意	0.77	0.73	0.91	0.91
	ATU2	我相信使用 MOOCs 是可取的	0.68			
	ATU3	我对使用 MOOCs 感到满意	0.84			
持续使用意愿[2]	CITU1	我打算在未来继续使用 MOOCs	0.79	0.79	0.95	0.94
	CITU2	我将在未来继续更多地使用 MOOCs	0.84			
	CITU3	我意图在未来继续使用 MOOCs，至少像现在一样积极	0.87			
个人-技术适配[2]	ITF1	我可以独立和自觉地完成 MOOCs	0.71	0.81	0.92	0.98
	ITF2	我积极参加 MOOCs 中的各种讨论和评价	0.85			
	ITF3	我努力在 MOOCs 学习中表现出色	0.69			
任务-技术适配[2]	TTF1	MOOCs 满足我的学习要求	0.79	0.71	0.84	0.97
	TTF2	使用 MOOCs 符合我的教育实践	0.78			
	TTF3	很容易理解在 MOOCs 中使用的工具	0.86			
	TTF4	MOOCs 适合帮助我完成在线课程	0.83			

续表

结构变量	代码	问卷题项	因子负荷	AVE	CR	α系数
开放性[2]	OP1	我有参加任何MOOCs的自由	0.54	0.77	0.93	0.97
	OP2	我有免费获取和使用MOOCs资源和材料的自由	0.65			
	OP3	我可以重复使用MOOCs资源	0.73			
	OP4	我可以自由地将MOOCs材料与其他材料结合起来使用	0.89			
声誉[2]	RP1	MOOCs平台声誉良好，提供我感兴趣的课程	0.53	0.83	0.89	0.99
	RP2	MOOCs平台上开课的大学有良好的声誉	0.79			
	RP3	MOOCs平台倾向于提供由良好声誉大学教师讲授的课程	0.89			
	RP4	MOOCs的课程是由著名大学提供的	0.94			
社会认可[2]	SR1	雇主采用MOOCs作为在职培训很重要	0.85	0.83	0.82	0.97
	SR2	MOOCs质量得到他人的赞赏和接受是很重要的	0.89			
	SR3	MOOCs学分能得到大学的认可是很重要的	0.54			
社会影响[2]	SI1	其他用户对MOOCs的正面看法鼓励我使用MOOCs	0.85	0.81	0.86	0.99
	SI2	其他用户对MOOCs的信念影响我使用MOOCs的程度	0.91			
	SI3	其他用户对MOOCs的负面看法限制我使用MOOCs	0.85			

注：PU指感知有用性；PEOU指感知易用性；ATU指使用态度；CITU指持续使用意愿；ITF指个人-技术适配；TTF指任务-技术适配；OP指开放性；RP指声誉；SR指社会认可；SI指社会影响

2. 区分效度与模型拟合度

区分效度的评估是基于变量之间的平方相关性及其提取的平均方差，一个结构变量与其度量之间的平均方差应大于该结构变量与模型中其他结构变量之间的方差[26]。研究模型中所有结构变量之间具有区分效度。

对结构方程模型进行检验，以评估模型对数据的拟合度。本章的评估指标如下[27]：卡方检验值≤3，拟合优度指数（goodness of fit index，GFI）≥0.9，规范拟合指数（normed fit index，NFI）≥0.9，比较拟合指数（comparative fit index，CFI）≥0.9，近似误差均方根（root mean square error of approximation，RMSEA）≤0.9。研究模型拟合的卡方检验值=0.128，GFI = 0.924，NFI = 0.943，

CFI = 0.901，RMSEA = 0.073，拟合度指标符合建议水平，表明研究模型为数据提供了良好的拟合效果。

3.5.2 假设检验

应用偏最小二乘（partial least square，PLS）法求解结构方程模型，对 H3.1～H3.15 进行检验。结构方程模型不仅能分析结构模型，即评估理论结构变量之间的关系，而且能分析测量模型，即评估度量的可靠性和有效性。

研究模型的路径分析如图 3.2 所示。三个外部变量（包括个人-技术适配、任务-技术适配和 MOOCs 开放性）显著影响 MOOCs 感知易用性，并且解释了感知易用性 46.8%的方差。与此同时，四个外部变量（包括任务-技术适配、MOOCs 声誉、社会认可和社会影响）通过 MOOCs 感知易用性，显著影响 MOOCs 感知有用性，并且解释了 MOOCs 感知有用性 94.8%的方差。MOOCs 感知有用性显著影响 MOOCs 使用态度，并且解释了 MOOCs 使用态度 89.9%的方差。MOOCs 感知有用性和使用态度显著影响 MOOCs 持续使用意愿，并且 MOOCs 感知有用性和使用态度的组合效应解释了 MOOCs 持续使用意愿 95.7%的方差。

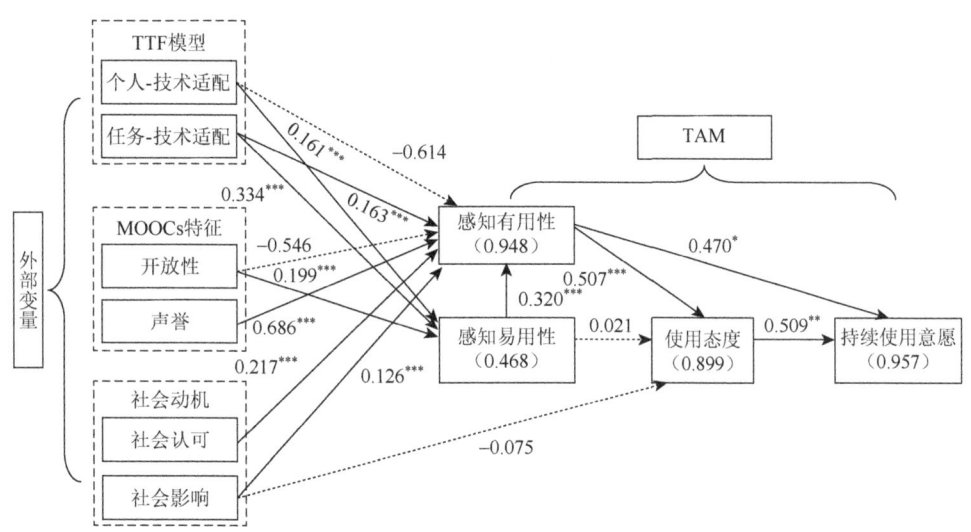

图 3.2 MOOCs 持续使用意愿研究模型的路径分析

研究模型标准化路径系数和路径显著性的假设检验结果汇总见表 3.3，H3.1～H3.15 中有 11 个研究假设得到了数据的支持。

表 3.3 假设检验结果汇总

研究假设	路径系数	p	假设支持
H3.1 感知易用性->感知有用性	0.320	<0.001***	是
H3.2 感知易用性->使用态度	0.021	>0.05	否
H3.3 感知有用性->使用态度	0.507	<0.001***	是
H3.4 感知有用性->持续使用意愿	0.470	<0.05*	是
H3.5 使用态度->持续使用意愿	0.509	<0.01**	是
H3.6 个人-技术适配->感知有用性	−0.614	>0.05	否
H3.7 个人-技术适配->感知易用性	0.161	<0.001***	是
H3.8 任务-技术适配->感知有用性	0.163	<0.001***	是
H3.9 任务-技术适配->感知易用性	0.334	<0.001***	是
H3.10 开放性->感知有用性	−0.546	>0.05	否
H3.11 开放性->感知易用性	0.199	<0.001***	是
H3.12 声誉->感知有用性	0.686	<0.001***	是
H3.13 社会认可->感知有用性	0.217	<0.001***	是
H3.14 社会影响->感知有用性	0.126	<0.001***	是
H3.15 社会影响->使用态度	−0.075	>0.05	否

H3.1~H3.5 与 TAM 中感知有用性、感知易用性、使用态度和持续使用意愿相关,除了 H3.2 不成立,其他研究假设均成立。H3.2 不成立的原因可能是 MOOCs 平台都可以通过网络浏览器访问,网络平台通常包含类似的功能和特性,使得 MOOCs 易于使用,因此,用户对 MOOCs 的使用态度完全取决于 MOOCs 的感知有用性。

H3.6~H3.9 探究 TTF 模型变量和 TAM 变量之间的关系,假设任务-技术适配影响 MOOCs 感知有用性和感知易用性。除了 H3.6 不成立,其他研究假设均得到支持。但是个人-技术适配可以通过 MOOCs 感知易用性对 MOOCs 感知有用性产生正向影响,MOOCs 感知易用性产生的中介效应可能是由于 MOOCs 体验是个人-技术适配的先决条件,MOOCs 体验多的用户更能感知 MOOCs 的易用性,并且只有在感知易用的情况下 MOOCs 才更能被感知有用[28]。因此,当用户不能感知 MOOCs 的易用性时,个人-技术适配并不会增加 MOOCs 感知有用性。

H3.10~H3.12 探究 MOOCs 特征与 TAM 变量之间的关系,假设 MOOCs 特征影响 MOOCs 感知有用性和感知易用性。MOOCs 开放性对 MOOCs 感知易用性的显著正向影响，以及MOOCs声誉对MOOCs感知有用性的显著正向影响，均得到了验证，因此，除了H3.10不成立，其他研究假设都得到了支持。H3.10不成立的原因可能是MOOCs用户各自有不同的任务，在需要完成不同任务的MOOCs用户之间，MOOCs感知有用性会存在差异，由此导致MOOCs开放性对MOOCs感知有用性没有显著的正向影响。

H3.13～H3.15探究社会动机与TAM变量之间的关系，假设社会动机影响MOOCs感知有用性和使用态度。除了H3.15不成立，其他研究假设均得到支持。虽然外部压力或需求不会直接影响MOOCs使用态度，但是社会影响可以通过MOOCs感知有用性对MOOCs使用态度产生正向影响。产生这一结果可能的原因是：首先，MOOCs学习过程中缺乏积极的社交互动，降低了社会影响对MOOCs使用态度的影响；其次，社会影响对MOOCs使用态度的正向影响取决于MOOCs感知有用性。

3.6 研究总结与未来研究方向

3.6.1 研究结论

1. 与TAM和TTF模型相关的研究结论

与TAM或TTF模型单独应用所能提供的信息相比，本章提出的整合TAM和TTF模型的研究模型能更好地解释MOOCs持续使用意愿。

与之前的实证研究结果[29, 30]一致，感知易用性是感知有用性的一个强有力的影响因素，即MOOCs感知易用性越高，MOOCs感知有用性就越高，并且MOOCs感知有用性和使用态度都对MOOCs持续使用意愿有显著的正向影响。这些研究结论的一致性说明了TAM适用于MOOCs情境的研究。此外，MOOCs感知易用性可以通过MOOCs感知有用性对MOOCs使用态度产生正向影响，这是由于相对于MOOCs感知易用性，MOOCs用户更倾向于关注MOOCs感知有用性，MOOCs感知有用性成为MOOCs感知易用性和MOOCs使用态度之间一个重要的桥梁。类似地，MOOCs感知有用性可以通过MOOCs使用态度对MOOCs持续使用意愿产生正向影响。

从TTF模型角度，本章首先探究了TTF模型作为外部变量对TAM核心变量的影响；其次，在TTF模型变量中研究了MOOCs用户的个人-技术适配和任务-技术适配的直接影响。与研究假设一致，与特定任务相适配的MOOCs功能使得MOOCs用户更能感知MOOCs的易用性和有用性。与研究假设不同，个人-技术适配对MOOCs感知有用性的正向影响是通过MOOCs感知易用性来实现的，这可能是由于在 MOOCs 情境中，个人与技术的适配度越高，用户就越能感知 MOOCs 易应用于任务完成，进而增强 MOOCs 感知有用性，由此，个人、任务和技术的适配度越高，感知 MOOCs 有用性的可能性就越大。

2. 与 MOOCs 特征和社会动机相关的研究结论

本章将 MOOCs 开放性和 MOOCs 声誉作为影响 MOOCs 感知有用性的外部变量，研究发现 MOOCs 声誉在解释 MOOCs 感知有用性方面的重要作用，与此同时，MOOCs 开放性是 MOOCs 感知易用性的影响要素。相较于对 MOOCs 感知易用性的影响，MOOCs 特征对 MOOCs 感知有用性的影响更强。这些研究发现有助于有效地规划和实施 MOOCs，以提高 MOOCs 学习效果。

通过纳入社会影响和社会认可，研究模型扩展了社会动机对 MOOCs 的影响。与以往的研究结果一致，社会认可和社会影响作为社会动机的组成要素，都对 MOOCs 感知有用性产生了显著的正向影响，并且社会动机可以通过 MOOCs 感知有用性对 MOOCs 使用态度产生间接的正向影响。这是由于当 MOOCs 用户认为其社交网络关联者对 MOOCs 认知有相同的价值观，以及在建立或保持满意社交关系方面有共同需求时，MOOCs 用户更能感知 MOOCs 的有用性。因此，社会动机对 MOOCs 持续使用意愿有间接的正向影响。

3.6.2　研究启示

1. 理论启示

与单独应用 TAM 和 TTF 模型相比，本章整合 TAM 和 TTF 模型，通过引入 TTF 模型、MOOCs 特征和社会动机来扩展 TAM，是探索 MOOCs 持续使用意愿的有效方法。

首先，引入个人-技术适配和任务-技术适配，研究结果表明，MOOCs 持续使用意愿受到 MOOCs 感知易用性和任务-技术适配，经由 MOOCs 感知有用性的间接影响。与任务-技术适配相同，个人-技术适配也对 MOOCs 感知易用性有显著影响；在感知有用性方面，研究发现，如果 MOOCs 用户认为使用 MOOCs 有利于任务-技术适配，就更有可能尽力去使用 MOOCs。本章提出的研究模型提供了更丰富的洞察力，可以为进一步应用 TTF 模型进行 MOOCs 研究提供参考。

其次，研究模型提出通过 MOOCs 开放性和声誉来提升 MOOCs 感知有用性和感知易用性的重要性，研究结果表明，MOOCs 开放性和声誉不仅能提升 MOOCs

感知有用性和感知易用性,而且能通过 MOOCs 感知有用性和感知易用性正向影响 MOOCs 持续使用意愿,此外,在 TAM 所有前因变量中,MOOCs 声誉对 MOOCs 感知有用性影响最强。

最后,研究模型提出通过社会动机来影响 MOOCs 感知有用性和使用态度。社会动机包括社会认可和社会影响,分别由群体接受和群体规范体现。研究结果表明,社会认可和社会影响对 MOOCs 感知有用性有显著正向影响,从技术接受角度推进了对 MOOCs 用户社会动机的理解。

基于上述结果,MOOCs 感知有用性是影响 MOOCs 使用态度和持续使用意愿的一个关键因素。因此,为了加强 MOOCs 持续使用意愿,MOOCs 感知有用性成为改善 MOOCs 服务的关键。

2. 实践启示

首先,由于 MOOCs 持续使用意愿不仅取决于 MOOCs 使用态度,而且取决于 MOOCs 感知有用性,并且 MOOCs 感知有用性是 MOOCs 感知易用性、任务-技术适配、声誉和社会动机对 MOOCs 持续使用意愿的重要中介,因此,可以通过提高 MOOCs 用户对 MOOCs 有用性的感知来提高 MOOCs 持续使用意愿,这意味着 MOOCs 的构建应优先考虑有用性。

其次,任务-技术适配决定了 MOOCs 感知易用性和感知有用性,而个人-技术适配通过 MOOCs 感知易用性决定了 MOOCs 感知有用性。因此,MOOCs 构建要确保 MOOCs 与用户当前需求的契合,提供用户所需的课程资源,尤其要关注个人-技术适配和任务-技术适配的重要性,而不是技术工具的一般可用性,以更好地适配个人-任务-技术环境。

再次,MOOCs 开放性和声誉是区分 MOOCs 质量的关键,能提高 MOOCs 感知有用性,从而吸引 MOOCs 用户持续学习。因此,MOOCs 平台可以通过持续提供知名教师或高等教育机构的课程保证 MOOCs 质量。此外,由于大多数 MOOCs 是免费提供的,几乎不存在转换成本,MOOCs 开放性可以通过 MOOCs 感知易用性对 MOOCs 感知有用性产生影响。因此,MOOCs 构建应关注与 MOOCs 感知易用性相关的因素,并且充分利用丰富的社交媒体功能,促进更多的 MOOCs 用户进行交流。

最后,社会动机会正向影响 MOOCs 感知有用性。因此,一方面,必须重视社会动机的作用,利用同伴的影响来提高 MOOCs 持续使用意愿;另一方面,可以通过增强组织和社会对 MOOCs 学习的社会认可和社会影响,提高 MOOCs 持续使用意愿。由此,在友好协作和社会认可的学习环境中,MOOCs 持续使用意愿可以得到改善。

3.6.3 研究局限与研究展望

首先，本章的研究对象来自中国，随着 MOOCs 在全球的广泛应用，未来研究对象可以扩展到多元化的文化背景。其次，本章使用了截面数据进行实证研究，但用户行为是长期动态的，因此，未来研究要加深与技术接受相关变量及其相互作用关系的理解，并进行纵向研究。最后，研究模型中 MOOCs 持续使用意愿得到了 95.7%的解释，这可能是由于研究模型中排除了一些因素，因此，未来研究要考虑与 TTF 模型、MOOCs 特征和社会动机有关的变量。

参 考 文 献

[1] Bhattacherjee A，Premkumar G. Understanding changes in belief and attitude toward information technology usage：A theoretical model and longitudinal test[J]. MIS Quarterly，2004，28（2）：229-254.

[2] Wu B，Chen X H. Continuance intention to use MOOCs：Integrating the technology acceptance model（TAM）and task technology fit（TTF）model[J]. Computers in Human Behavior，2017，67：221-232.

[3] Alraimi K M，Zo H J，Ciganek A P. Understanding the MOOCs continuance：The role of openness and reputation[J]. Computers & Education，2015，80：28-38.

[4] Zhou M M. Chinese university students' acceptance of MOOCs：A self-determination perspective[J]. Computers & Education，2016，92-93：194-203.

[5] Chang R I，Hung Y H，Lin C F. Survey of learning experiences and influence of learning style preferences on user intentions regarding MOOCs[J]. British Journal of Educational Technology，2015，46（3）：528-541.

[6] Aljukhadar M，Senecal S，Nantel J. Is more always better? Investigating the task-technology fit theory in an online user context[J]. Information & Management，2014，51（4）：391-397.

[7] Hong J Y，Suh E H，Kim S J. Context-aware systems：A literature review and classification[J]. Expert Systems with Applications，2009，36（4）：8509-8522.

[8] Wu B，Zhang C Y. Empirical study on continuance intentions towards e-Learning 2.0 systems[J]. Behaviour & Information Technology，2014，33（10）：1027-1038.

[9] Davis F D，Bagozzi R P，Warshaw P R. User acceptance of computer technology：A comparison of two theoretical models[J]. Management Science，1989，35（8）：982-1003.

[10] Lee Y H，Hsieh Y C，Chen Y H. An investigation of employees' use of e-learning systems：Applying the technology acceptance model[J]. Behaviour & Information Technology，2013，32（2）：173-189.

[11] Teo T，Zhou M M. Explaining the intention to use technology among university students：A structural equation modeling approach[J]. Journal of Computing in Higher Education，2014，26（2）：124-142.

[12] Yu T K，Yu T Y. Modelling the factors that affect individuals' utilisation of online learning systems：An empirical study combining the task technology fit model with the theory of planned behaviour[J]. British Journal of Educational Technology，2010，41（6）：1003-1017.

[13] Goodhue D L，Klein B D，March S T. User evaluations of IS as surrogates for objective performance[J]. Information & Management，2000，38（2）：87-101.

[14] Kim S，Kim S G，Jeon Y，et al. Appropriate or remix? The effects of social recognition and psychological

ownership on intention to share in online communities[J]. Human-Computer Interaction, 2016, 31 (2): 97-132.

[15] Chiappe-Laverde A, Hine N, Martínez-Silva J A. Literature and practice: A critical review of MOOCs[J]. Comunicar, 2015, 22 (44): 9-18.

[16] Jung I, Sasaki T, Latchem C. A framework for assessing fitness for purpose in open educational resources[J]. International Journal of Educational Technology in Higher Education, 2016, 13 (1): 3.

[17] Ann B. A model of the determinants of international trade in higher education[J]. The Service Industries Journal, 2000, 20 (1): 110-138.

[18] Delgado-Márquez B L, Escudero-Torres M Á, Hurtado-Torres N E. Being highly internationalised strengthens your reputation: An empirical investigation of top higher education institutions[J]. Higher Education, 2013, 66 (5): 619-633.

[19] Moore R L, Blackmon S J. From the learner's perspective: A systematic review of MOOC learner experiences (2008~2021) [J]. Computers & Education, 2022, 190: 104596.

[20] Ifinedo P. Applying uses and gratifications theory and social influence processes to understand students' pervasive adoption of social networking sites: Perspectives from the Americas[J]. International Journal of Information Management, 2016, 36 (2): 192-206.

[21] Venkatesh V, Morris M G, Davis G B, et al. User acceptance of information technology: Toward a unified view[J]. MIS Quarterly, 2003, 27 (3): 425-478.

[22] Hsu C L, Lin J C C. Acceptance of blog usage: The roles of technology acceptance, social influence and knowledge sharing motivation[J]. Information & Management, 2008, 45 (1): 65-74.

[23] Hernandez B, Montaner T, Sese F J, et al. The role of social motivations in e-learning: How do they affect usage and success of ICT interactive tools? [J]. Computers in Human Behavior, 2011, 27 (6): 2224-2232.

[24] Lee M C. Explaining and predicting users' continuance intention toward e-learning: An extension of the expectation-confirmation model[J]. Computers & Education, 2010, 54 (2): 506-516.

[25] Anderson J C, Gerbing D W. Structural equation modeling in practice: A review and recommended two-step approach[J]. Psychological Bulletin, 1988, 103 (3): 411-423.

[26] Fornell C, Larcker D F. Evaluating structural equation models with unobservable variables and measurement error[J]. Journal of Marketing Research, 1981, 18 (1): 39-50.

[27] Cangur S, Ercan I. Comparison of model fit indices used in structural equation modeling under multivariate normality[J]. Journal of Modern Applied Statistical Methods, 2015, 14 (1): 152-167.

[28] Dishaw M T, Strong D M. Extending the technology acceptance model with task-technology fit constructs[J]. Information & Management, 1999, 36 (1): 9-21.

[29] Abdullah F, Ward R. Developing a general extended technology acceptance model for e-learning (GETAMEL) by analysing commonly used external factors[J]. Computers in Human Behavior, 2016, 56: 238-256.

[30] Roca J C, Chiu C M, Martínez F J. Understanding e-learning continuance intention: An extension of the technology acceptance model[J]. International Journal of Human-Computer Studies, 2006, 64 (8): 683-696.

第4章 MOOCs教师群体多样性对课程评论量和评分的影响研究

4.1 概　　述

MOOCs主要由教师、学习者、教学主题、教学资源和教学情境五个部分构成[1]。作为MOOCs的重要组成部分,教师群体对MOOCs教学设计、教学交互及课程质量控制起到了关键作用。

大部分MOOCs研究将学习者群体作为主要的研究对象,研究学习者的学习行为、学习动机、满意度、交互行为、学习持续性和学习评价,也有许多研究以MOOCs内容及其情境设计作为研究重点。在MOOCs教师研究方面,有些研究虽然将MOOCs教师作为研究对象[2],但对MOOCs教师的研究缺乏定量分析,并且以MOOCs教师作为研究对象的文献大多基于教师个体层面[3],忽视了MOOCs教学群体的协作性、多样性和动态性,缺乏对教师群体的研究,而教师群体是MOOCs的重要组成部分,MOOCs教师群体的在线协作是完成MOOCs教学活动的关键。

本章以MOOCs教师群体为研究对象,构建多层线性模型,选取国际知名Coursera平台专项课程教师群体进行实证,研究教师群体多样性对教学协作的影响及其随时间变化的趋势,在理论上拓展MOOCs教师群体多样性研究的理论基础,在实践中为MOOCs专项课程建设与发展提供建议。

4.2 文献综述

1. 群体多样性理论及教师群体多样性相关研究

群体多样性相关理论主要包括在1998年提出的信息决策理论和在2000年提出的社会类化理论。信息决策理论认为多样化的群体拥有更多资源,包括更加全面的信息和知识,并且成员之间的背景差异会带来不同的观点和看法[4]。社会类化理论来源于对社会心理学的研究,认为进入社会类别的个体将去个性化,把自己看作社会类别中的一员,由此对自己所属的群体产生社会认可[5]。目前针对群体多样性的研究更多地综合信息决策理论和社会类化理论,对群体多样性产生的影响进行深入分析。

目前教师多样性相关研究主要集中于传统线下课堂中的教师群体，多采用定性研究方法，研究不同课堂场景下教师角色的多样性，由此对教师角色的定位和重构提出建议，并探讨如何通过转变教师角色取得良好的教学效果[6]。少量研究采用定量研究方法，探究教师多样性对教师群体绩效的影响，例如，从教师年龄多样性与创造性绩效的关系出发，对高校教师展开研究，证实教师年龄与绩效具有倒 U 形的曲线关系[7]，并且教师个体间因知识背景和经验的多样性而产生的差异与教研绩效呈正相关关系[8]。

基于 MOOCs 设置的特殊性，MOOCs 教师群体在年龄、学历、教学经验和研究领域等方面存在很大差异，但目前缺乏对 MOOCs 教师群体多样性的研究。有学者使用多层线性模型探讨群体多样性对群体绩效的影响[9]，且多层线性模型常用于研究教育领域的问题，因此，本章选取多层线性模型对 MOOCs 教师群体多样性问题进行建模分析。

2. 多层线性模型

在教育领域的实证研究中经常遇到实验数据存在层次结构的情况，例如，针对学生成绩影响因素的研究，如果使用传统的回归分析方法，就无法区分班级对学生的影响，而如果对班级进行分析，就会忽略同一班级中存在的个体差异影响，即传统的回归分析方法缺乏对数据分层特点的考虑。

1992 年，Bryk 和 Raudenbush 提出了多层线性模型，以解决上述问题[10]。目前多层线性模型已广泛应用于教育学、心理学和医学领域的研究[11]，但将多层线性模型应用于在线教育的研究较少。

4.3 研究假设与模型构建

4.3.1 研究假设

MOOCs 专项课程由一组针对某个主题或知识分类的相关课程组成，通常由来自同一所高校或研究机构的优秀教师群体开设，这些高校或研究机构均属于各学科领域知名组织，如斯坦福大学、杜克大学、密歇根大学、明尼苏达大学和 Google 公司等。

MOOCs 专项课程设计的顺序一般为由简入难、循序渐进，学生只有完成MOOCs 专项课程内每门课程，获得相应的认证证书，并通过毕业设计，才可以获得学位或专项课程的认证证书。大多数 MOOCs 专项课程的最后一门课程会提供结合实际情况的案例或某企业的项目,供 MOOCs 学习者思考及完成,课程设置的目的是让所有想要完成一门专项课程的 MOOCs 学习者通过实践项目实现知识的内化。因此,MOOCs 专项课程集中了某领域的优质教育资源,为 MOOCs 学习者提供了丰富且完整的学习资源及项目实践经历[12]。

4.3.2 MOOCs 教师群体多样性分类

学者针对群体多样性提出了多种分类方法。其中,Harrison 和 Klein 对群体多样性的分类方式受到了普遍认可和引用[13],包括分离、不等同和多样。

首先,"分离"指 MOOCs 教师群体成员在观念和态度上的差异,属于深层次的心理特征,无法通过网络挖掘 MOOCs 平台数据获取。因此,本章没有采用教师群体的分离维度。

其次,"不等同"指 MOOCs 教师群体成员在教学经验和职称方面的差异,在教学经验方面,MOOCs 专项课程教师可以通过持续开课累积线上教学经验[14];在职称方面,虽然对线下教师群体的研究发现高职称教师的影响力更大[15],但在 MOOCs 环境下,以学习者的完成率、满意度及持续使用意愿为主题的研究均未涉及 MOOCs 教师职称对学习者的影响[16-18],此外,本章选取的实证研究对象为国际知名 Coursera 平台中专项课程,MOOCs 教师职称种类和表达方式繁多,难以对 MOOCs 教师职称的差异进行准确量化。因此,本章使用 MOOCs 教师持续开课时长差异表示 MOOCs 教师群体成员的线上教学经验差异。

最后,"多样"指 MOOCs 专项课程中不同教师开设的课程所属的不同学科门类,学科门类反映了 MOOCs 教师的授课领域。因此,本章通过课程学科门类差异表示 MOOCs 教师授课领域差异[19]。

4.3.3 MOOCs 教师群体多样性效标

针对群体多样性效标选择的研究存在较大的差异,部分研究选取群体决策质量、战略变革或社会整合等作为多样性效标,大多数研究将群体绩效作为多样性效标,由群体绩效出发,探究线下工作群体多样性对群体表现及群体工作结果的影响。近年来,随着在线社交媒体的发展,更多的学者开始探究线上社区群体多样性及开放资源平台的群体多样性对群体效能的影响[9]。

学习者在教师知识传授、辅导及干预后进行的教学评价表征了学习者对教师教学与管理工作的认可[20]。MOOCs 专项课程的评论量及评分体现了 MOOCs 学习者对 MOOCs 教师群体教学水平和教学能力的信赖与评价。因此,本章选取 MOOCs 专项课程的评论量和评分作为 MOOCs 教师群体多样性的效标。

4.3.4 MOOCs教师群体多样性对MOOCs评论量及评分的影响假设

1. MOOCs教师持续开课时长多样性对MOOCs评论量及评分的影响假设

研究表明，群体成员在时间投入方面若存在差异，将会减少群体成员内部的交流和融合、增加群体内部的矛盾，尤其会导致一些以任务为导向的群体冲突[4]，在矛盾逐渐凸显的情况下，时间投入较多的成员会选择性地忽视来自新成员的信息和观点，由此反而会降低群体的产出。例如，在研究维基百科平台群体成员时间投入差异的影响后发现，时间投入差异一开始会正向影响群体绩效，但当时间投入差异不断增大并超过一定水平时会降低群体绩效。也有研究表明，线上协作群体中如果既存在时间投入长的成员，又存在时间投入短的成员，时间投入差异的增大会使群体从更为创新的角度完成群体任务，进而提高群体绩效[9]。

教师群体是以教学任务为导向的，MOOCs教师持续的教学时间投入能积累教学经验，不同MOOCs教师对课程的教学时间投入受其自身精力和能力的限制而存在差异，由此会影响MOOCs学习者对专项课程的评价和认可程度[21, 22]。因此，随着MOOCs专项课程教师群体持续开课时长差异的增大，教师群体的产出会相应降低，MOOCs学习者对MOOCs专项课程的评价和认可程度也会降低；但随着MOOCs专项课程教师群体持续开课时长的差异不断增大并超过一定水平，持续开课时长较长的MOOCs教师因拥有充足的经验去完善MOOCs专项课程目标及其架构，进而有可能提高MOOCs学习者对MOOCs专项课程的评价和认可程度。MOOCs学习者对MOOCs专项课程的评价包括对课程的整体评论量和对课程的整体评分。因此，本章提出以下研究假设。

H4.1 MOOCs专项课程教师群体持续开课时长差异与课程评论量之间呈曲线关系。持续开课时长差异对课程评论量有显著负向影响，但持续开课时长差异增大并超过一定水平，课程评论量会随之增加。

H4.2 MOOCs专项课程教师群体持续开课时长差异与课程评分之间呈曲线关系。持续开课时长差异对课程评分有显著负向影响，但持续开课时长差异增大并超过一定水平，课程评分会随之增加。

2. MOOCs教师授课领域多样性对MOOCs评论量及评分的影响假设

研究表明，群体成员如果具有不同的兴趣和专业领域，将会增加群体信息获取的广度和深度，提高群体的工作效率[23]，群体成员的兴趣或专业领域的多样性对群体绩效有正向影响。群体成员的兴趣或专业领域多样性越高，群体成员对群体目标或任务的贡献就越大，相应地，也会提高群体绩效[24]。对维基百科平台群体成员的研究表明，群体成员的兴趣差异越大，群体绩效越高，二者在整体上呈正相关关系，但兴趣差异增大并超过一定水平，群体成员被大信息量所淹没，并且来自群体成员的不同观点可能引发矛盾或冲突，反而会造成群体绩效的降低[9]。因此，需要在实践中对实际情况进行判断，确认群体成员兴趣领域差异的增大是否会持续对群体绩效产生正向影响。

MOOCs专项课程教师群体的专业领域各不相同。例如，国际知名Coursera平台的MOOCs分类包括11个学科和37个学科门类，部分专项课程由于其研究内容涉及跨专业的领域，需要不同专业背景的MOOCs教师进行授课，由此MOOCs专项课程教师群体在授课领域形成差异。MOOCs学习者对MOOCs专项课程的评价是MOOCs教师教学效果的直观体现[25]，MOOCs教师个体间因知识背景的多样性而产生的差异与教学效果呈正相关关系[26]。因此，本章提出以下研究假设。

H4.3 MOOCs专项课程教师群体授课领域差异与课程评论量之间呈曲线关系。授课领域差异对课程评论量有显著正向影响，但授课领域差异增大并超过一定水平，课程评论量会随之减少。

H4.4 MOOCs专项课程教师群体授课领域差异与课程评分之间呈曲线关系。授课领域差异对课程评分有显著正向影响，但授课领域差异增大并超过一定水平，课程评分会随之减少。

4.3.5 MOOCs教师群体多样性随时间的变化趋势假设

Harrison和Klein的研究发现，群体多样性的作用可能随时间而发生改变，长期的任职可能使群体多样性发生变化[13]。人口统计学理论认为，组织人口的分布取决于成员选择、人事政策的改良，招聘和离职都会影响组织的存续时间和资源分配；吸引力-选择-冲突框架说明了随着时间的推移，组织内成员会趋于同质性[27]。

在线社区中的群体倾向于吸引具有相似目标或兴趣的成员，潜在成员在观察群体活动后，确定自身的兴趣和群体目标之间是否有良好的契合。潜在成员加入群体后，群体成员之间会就是否继续停留在群体而相互选择，若有成员不适合该群体，或者成员认为自身的目标与群体目标不匹配，就会有成员选择退出群体。虽然成员可能出于各种原因离开群体，但与其他群体成员具有较大差异的成员更有可能离开[19]。因此，本章提出以下研究假设。

H4.5 MOOCs专项课程教师群体持续开课时长差异会随时间显著减小。

H4.6 MOOCs专项课程教师群体授课领域差异会随时间显著减小。

4.4 数据收集与处理

4.4.1 数据收集

Coursera 平台是目前国际公认的三大 MOOCs 平台之一,自 2014 年 3 月起至 2018 年 10 月共开设了 400 余门专项课程,几乎涉及全部学科领域,给更多的初学者提供了深入学习某领域知识的机会,并且随着时间的推进,专项课程与时俱进而频繁变动。一门 MOOCs 专项课程通常由 3~10 门子课程组成,绝大多数 MOOCs 专项课程包含 4~5 门子课程。本章拟创建一个 Coursera 平台 MOOCs 专项课程的纵向数据集,通过分析专项课程数据,将数据观察周期设定为 2 周,每个观察单元代表一门 Coursera 平台 MOOCs 专项课程在特定时间段内的相关数据,采集 2018 年 5~10 月的 Coursera 平台中所有 MOOCs 专项课程数据,由此得到的纵向数据集包含 13 个时间段、397 门专项课程的 3133 条数据。经过数据预处理,最终得到 2996 条有效数据。其中,397 门专项课程的学科分类见表 4.1,专项课程占比排名前三的学科为商务、计算机科学和数据科学,占比分别为 33.75%、23.43%和 12.34%。

表 4.1　专项课程的学科分类

类别	专项课程数量/门	占比
商务	134	33.75%
计算机科学	93	23.43%
数据科学	49	12.34%
社会科学	25	6.30%
个人发展	22	5.54%
语言学习	22	5.54%
物理科学与工程	16	4.03%
信息技术	14	3.53%
艺术与人文	11	2.77%
生物科学	6	1.51%
数学与逻辑	5	1.26%

4.4.2 研究变量设置

1. 因变量设置

MOOCs 学习者对 MOOCs 专项课程的评论量（记为 RATINGS$_{it}$）及评分（记为 SCORE$_{it}$）可以作为 MOOCs 教师群体多样性的效标，计算公式如下：

$$\text{RATINGS}_{it} = \frac{\sum_{j=1}^{N} \text{RATINGS}_{ijt}}{N} \tag{4.1}$$

$$\text{SCORE}_{it} = \frac{\sum_{j=1}^{N} \text{SCORE}_{ijt}}{N} \tag{4.2}$$

式（4.1）表示在观察单元 t，第 i 门专项课程的评论量 RATINGS$_{it}$ 取自该专项课程中 N 门子课程评论量 $\sum_{j=1}^{N} \text{RATINGS}_{ijt}$ 的加总平均。式（4.2）表示在观察单元 t，第 i 门专项课程的评分 SCORE$_{it}$ 取自该专项课程中 N 门子课程评分 $\sum_{j=1}^{N} \text{SCORE}_{ijt}$ 的加总平均。

2. 自变量设置

艾利森（Allison）提出的变异系数及布劳（Blau）提出的 Blau 指数是目前普遍接受的多样性测量指标[9]。因此，本章使用这两个指标分别衡量教师群体持续开课时长差异和教师群体授课领域差异。

1）教师群体持续开课时长差异

在观察单元 t，第 i 门专项课程中 MOOCs 教师群体持续开课时长差异（记为 TENURE$_{it}$）的计算公式如下：

$$\text{TENURE}_{it} = \frac{\sqrt{\sum_{j=1}^{N}(T_{ijt} - T_{i\text{mean},t})^2}}{T_{i\text{mean},t}} \tag{4.3}$$

其中，$T_{i\text{mean},t}$ 为第 i 门专项课程中 N 门子课程持续开设时长的均值；T_{ijt} 为第 j 门子课程的持续开课时长。其中，课程持续开课时长表示课程的开课时间距观察单元的时间间隔，以天数为单位。

2) 教师群体授课领域差异

Coursera 平台的 MOOCs 类别共分 11 个学科，每个学科下属 3~6 门小类，因此，每门专项课程中包含的子课程可能分属不同门类。这些不同类别的课程代表着 MOOCs 教师群体在授课领域的多样性，从而体现出 MOOCs 教师群体授课领域的差异。

在观察单元 t，第 i 门专项课程中 MOOCs 教师群体多样性的 Blau 指数（记为 Blau_{it}）的计算公式如下：

$$\text{Blau}_{it} = 1 - \sum_{s=1}^{K} P_s^2 \qquad (4.4)$$

其中，P_s 为属于第 s 个类别的子课程数占专项课程中所有子课程总数的比例；K 为所有子课程的类别总数。

3. 控制变量设置

（1）时间变量（记为 WEEK_{it}）。根据研究假设，MOOCs 教师群体多样性会随时间发生变化，因此引入时间变量作为控制变量，从专项课程开始时间的第一周作为第一个时间集，一直到 2018 年 10 月的最后一周，对每门专项课程进行时间标记，作为课程层面的控制变量。

（2）专项课程内课程总数（记为 SCPOPE_{it}）。由于每门专项课程都包含 3~10 门的子课程，子课程数会随时间发生变化，例如，有的专项课程会增减一些子课程，因此引入专项课程内课程总数作为课程层面的控制变量，观察其对 MOOCs 教师群体多样性的影响。

（3）专项课程开设时间（记为 CREATION_{it}）。Coursera 平台自 2014 年 3 月开设专项课程后，陆续有许多新的专项课程上线，也有许多专项课程下架，由此不同专项课程的开设时间具有差异。因此，以 2014 年 3 月 1 日作为计算起点，以一门专项课程中开设最早的子课程开课时间作为计算终点，衡量专项课程的开设时间，作为课程层面的控制变量。

（4）专项课程教师总数（记为 SIZE_{it}）。每门专项课程包含的 MOOCs 教师群体规模不同，因此引入每门专项课程的 MOOCs 教师总数，作为课程层面的控制变量。

4.4.3 研究变量计算

根据纵向数据集中的 13 个时间段、397 门专项课程的 2996 条数据，计算相应的研究变量。研究变量的描述性统计见表 4.2。

表 4.2 研究变量的描述性统计

	研究变量	均值	标准差	偏度系数
因变量	专项课程评论量/条	522.96	1636.08	9.062
	专项课程评分/分	4.56	0.74	−5.279
自变量	教师群体持续开课时长差异/天	0.23	0.27	2.929
	教师群体授课领域差异	0.19	0.27	1.202
控制变量	时间变量	6.35	3.66	−0.159
	专项课程内课程总数/门	4.81	1.14	1.472
	专项课程开设时间/天	989.37	339.36	0.346
	专项课程教师总数/人	3.18	2.21	3.167

首先，专项课程评论量呈现显著的正偏态（偏度系数=9.062＞2），专项课程评分呈现显著的负偏态（偏度系数=−5.279＜−2），因此，对专项课程评论量和评分进行指数化处理。其次，使用 SPSS 软件分别分析专项课程评论量和评分的残差分布，可以发现，两个因变量均具有自相关性和异方差性。最后，对所有自变量和控制变量进行多重共线性分析，可以发现，所有变量的方差膨胀因子（variance inflation factor, VIF）均远小于 10，说明变量之间不存在多重共线性。因此，可以进行多层线性模型的构建。

4.4.4 多层线性模型构建

1. 教师群体多样性对课程评论量及评分的影响模型

1) 零模型

构造在第一层和第二层方程中都不包含预测变量的零模型，用来检验因变量有多大比例是由第二层 MOOCs 专项课程之间的差异造成的，以此进行 MOOCs 专项课程间异质性检验。以 MOOCs 专项课程评论量为因变量的零模型如下：

$$\begin{aligned}&\text{第一层}\quad RATINGS_{it} = \pi_{0i} + \gamma_{it} \\ &\text{第二层}\quad \pi_{0i} = \beta_{00} + \mu_{0i}\end{aligned} \quad (4.5)$$

以 MOOCs 专项课程评分为因变量的零模型如下：

$$\begin{aligned}&\text{第一层}\quad SCORE_{it} = \pi_{0i} + \gamma_{it} \\ &\text{第二层}\quad \pi_{0i} = \beta_{00} + \mu_{0i}\end{aligned} \quad (4.6)$$

2) 线性无条件发展模型

在零模型基础上，在第一层方程中增加时间控制变量，用来检验 MOOCs 专项课程评论量与评分的时间纵向发展方向和发展幅度。以 MOOCs 专项课程评论量为因变量的线性无条件发展模型如下：

第一层　　$\text{RATINGS}_{it} = \pi_{0i} + \pi_{1i} \times \text{WEEK}_{it} + \gamma_{it}$

第二层　　$\pi_{0i} = \beta_{00} + \mu_{0i}$ 　　　　　　　　　　　　　　（4.7）

　　　　　$\pi_{1i} = \beta_{10} + \mu_{1i}$

以 MOOCs 专项课程评分为因变量的线性无条件发展模型如下：

第一层　　$\text{SCORE}_{it} = \pi_{0i} + \pi_{1i} \times \text{WEEK}_{it} + \gamma_{it}$

第二层　　$\pi_{0i} = \beta_{00} + \mu_{0i}$ 　　　　　　　　　　　　　　（4.8）

　　　　　$\pi_{1i} = \beta_{10} + \mu_{1i}$

3）全模型

在线性无条件发展模型的基础上，在第二层方程中增加两个自变量（MOOCs 专项课程教师群体持续开课时长差异和教师群体授课领域差异），以及 MOOCs 专项课程在课程层面的三个控制变量（专项课程内课程总数、专项课程开设时间和专项课程教师总数），进一步解释 MOOCs 专项课程教师群体多样性及课程层面的控制变量是否对 MOOCs 专项课程评论量及评分产生影响，以及影响幅度。以 MOOCs 专项课程评论量为因变量的全模型如下：

第一层　　$\text{RATINGS}_{it} = \pi_{0i} + \pi_{1i} \times \text{WEEK}_{it} + \gamma_{it}$

第二层　　$\pi_{0i} = \beta_{00} + \beta_{01} \times \text{TENURE}_{it} + \beta_{02} \times \text{Blau}_{it} + \beta_{03} \times \text{SCPOPE}_{it}$
　　　　　　　　$+ \beta_{04} \times \text{CREATION}_{it} + \beta_{05} \times \text{SIZE}_{it} + \beta_{06} \times (\text{TENURE}_{it})^2$
　　　　　　　　$+ \beta_{07} \times (\text{Blau}_{it})^2 + \mu_{0i}$

　　　　　$\pi_{1i} = \beta_{10} + \mu_{1i}$

（4.9）

以 MOOCs 专项课程评分为因变量的全模型如下：

第一层　　$\text{SCORE}_{it} = \pi_{0i} + \pi_{1i} \times \text{WEEK}_{it} + \gamma_{it}$

第二层　　$\pi_{0i} = \beta_{00} + \beta_{01} \times \text{TENURE}_{it} + \beta_{02} \times \text{Blau}_{it} + \beta_{03} \times \text{SCPOPE}_{it}$
　　　　　　　　$+ \beta_{04} \times \text{CREATION}_{it} + \beta_{05} \times \text{SIZE}_{it} + \beta_{06} \times (\text{TENURE}_{it})^2$
　　　　　　　　$+ \beta_{07} \times (\text{Blau}_{it})^2 + \mu_{0i}$

　　　　　$\pi_{1i} = \beta_{10} + \mu_{1i}$

（4.10）

2. 教师群体多样性随时间变化的趋势模型

1）零模型

零模型用来确定 MOOCs 专项课程教师群体多样性的总体变异中有多大比例是由专项课程间的差异造成的。以 MOOCs 专项课程教师群体持续开课时长差异为因变量的零模型如下：

$$\text{第一层} \quad \text{TENURE}_{it} = \pi_{0i} + \gamma_{it}$$
$$\text{第二层} \quad \pi_{0i} = \beta_{00} + \mu_{0i} \tag{4.11}$$

以 MOOCs 专项课程教师群体授课领域差异为因变量的零模型如下：

$$\text{第一层} \quad \text{Blau}_{it} = \pi_{0i} + \gamma_{it}$$
$$\text{第二层} \quad \pi_{0i} = \beta_{00} + \mu_{0i} \tag{4.12}$$

2）线性无条件发展模型

在零模型基础上，在第一层方程中增加时间控制变量，用来检验 MOOCs 专项课程教师群体多样性的时间纵向发展方向和发展幅度。以 MOOCs 专项课程教师群体持续开课时长差异为因变量的线性无条件发展模型如下：

$$\text{第一层} \quad \text{TENURE}_{it} = \pi_{0i} + \pi_{1i} \times \text{WEEK}_{it} + \gamma_{it}$$
$$\text{第二层} \quad \pi_{0i} = \beta_{00} + \mu_{0i}$$
$$\pi_{1i} = \beta_{10} + \mu_{1i} \tag{4.13}$$

以 MOOCs 专项课程教师群体授课领域差异为因变量的线性无条件发展模型如下：

$$\text{第一层} \quad \text{Blau}_{it} = \pi_{0i} + \pi_{1i} \times \text{WEEK}_{it} + \gamma_{it}$$
$$\text{第二层} \quad \pi_{0i} = \beta_{00} + \mu_{0i}$$
$$\pi_{1i} = \beta_{10} + \mu_{1i} \tag{4.14}$$

3）全模型

在线性无条件发展模型的基础上，在第二层方程中增加课程层面的三个控制变量（专项课程内课程总数、专项课程开设时间和专项课程教师总数），进一步解释课程层面的控制变量是否对 MOOCs 专项课程教师群体多样性产生影响，以及影响幅度。以 MOOCs 专项课程教师群体持续开课时长差异为因变量的全模型如下：

$$\text{第一层} \quad \text{TENURE}_{it} = \pi_{0i} + \pi_{1i} \times \text{WEEK}_{it} + \gamma_{it}$$
$$\text{第二层} \quad \pi_{0i} = \beta_{00} + \beta_{01} \times \text{SCPOPE}_{it} + \beta_{02} \times \text{CREATION}_{it} + \beta_{03} \times \text{SIZE}_{it} + \mu_{0i}$$
$$\pi_{1i} = \beta_{10} + \mu_{1i}$$
$$\tag{4.15}$$

以 MOOCs 专项课程教师群体授课领域差异为因变量的全模型如下：

$$\text{第一层} \quad \text{Blau}_{it} = \pi_{0i} + \pi_{1i} \times \text{WEEK}_{it} + \gamma_{it}$$
$$\text{第二层} \quad \pi_{0i} = \beta_{00} + \beta_{01} \times \text{SCPOPE}_{it} + \beta_{02} \times \text{CREATION}_{it} + \beta_{03} \times \text{SIZE}_{it} + \mu_{0i}$$
$$\pi_{1i} = \beta_{10} + \mu_{1i}$$
$$\tag{4.16}$$

4.5 实证分析

使用 HLM 软件进行验证,分析研究上述多层线性模型中的固定部分和随机部分[28, 29]。

固定部分表示多层线性模型中第一层预测变量对因变量的影响。在零模型中,主要观察初始截距 β_{00};在线性无条件发展模型和全模型中,主要观察初始截距 β_{00} 和斜率 β_{10} 两个参数,其中,初始截距 β_{00} 描述因变量的初始值,斜率 β_{10} 描述因变量随预测变量变化的方向和强度。

随机部分表示多层线性模型中第一层预测变量未能解释的因变量间差异,其中,随机部分的初始截距方差是潜在的随机变量,如果 $\sigma^2(\mu_{0i}) \geqslant 0(p<0.001)$,则尚有因变量间差异未被充分解释。在零模型中,组内相关系数表示个体间的变异在总变异中所占的比例,如果组内相关系数大于标准阈值(20%),则数据具有层级结构,可以进行线性无条件发展模型分析[30];在线性无条件发展模型中增加自变量,可以进行全模型分析。

4.5.1 教师群体多样性对课程评论量及评分的影响

1. 零模型检验

根据式(4.5)和式(4.6)分别计算以评论量为因变量的零模型和以评分为因变量的零模型。在随机效应中,初始截距方差 $\sigma^2(\mu_{0i})$ 代表组间的异质性,在两组模型中 p 均小于 0.001,因此组内相关系数的统计结果具有显著统计学意义。由此,以 MOOCs 专项课程评论量为因变量的零模型中约 96.5% 的总变异是由第二层因素引起的,以 MOOCs 专项课程评分为因变量的零模型中约 62.5% 的总变异是由第二层因素引起的,均大于 20% 的标准阈值。因此,MOOCs 专项课程评论量与评分具有层级结构,可以进行线性无条件发展模型分析。

2. 线性无条件发展模型分析

根据式(4.7)和式(4.8)分别计算以 MOOCs 专项课程评论量和评分为因变量的线性无条件发展模型,计算结果见表 4.3 和表 4.4。

表 4.3 以评论量为因变量的线性无条件发展模型计算结果

固定效应	系数	标准差	T 比值	p
初始截距 β_{00}	7.135	0.113	63.021	<0.001
斜率 β_{10}	0.049	0.004	11.692	<0.001

续表

随机效应	方差 σ^2	自由度	卡方检验值	p
初始截距 μ_{0i}	4.948	370	117680.84	<0.001
斜率 μ_{1i}	0.004	370	1209.334	>0.05

注：T 比值是一种统计量，通常用于比较两组数据的均值间的差异是否显著；卡方检验值是用于衡量观察频数与期望频数之间的偏离程度的统计量

表 4.4 以评分为因变量的线性无条件发展模型计算结果

固定效应	系数	标准差	T 比值	p
初始截距 β_{00}	23.856	0.177	134.444	<0.001
斜率 β_{10}	0.082	0.061	1.346	>0.05

随机效应	方差 σ^2	自由度	卡方检验值	p
初始截距 μ_{0i}	11.645	385	10244.95	<0.001
斜率 μ_{1i}	0.610	385	657.277	>0.05

根据表 4.3 中的固定效应，初始截距 $\beta_{00}=7.135(p<0.001)$ 表示第一个时间单元内 MOOCs 专项课程评论量的均值为 $2^{7.135}=141$（条）；斜率 $\beta_{10}=0.049$ $(p<0.001)$ 表示从第一个时间单元起，MOOCs 专项课程评论量逐渐增加，平均增长速度为 4.9%。

根据表 4.3 中的随机效应，初始截距方差 $\sigma^2(\mu_{0i})$ 存在显著差异（$p<0.001$），说明第一个时间单元内不同 MOOCs 专项课程评论量存在显著差异，但斜率方差 $\sigma^2(\mu_{1i})(p>0.05)$ 不存在显著差异，说明 MOOCs 专项课程评论量差异随时间的变化在不同专项课程中表现不明显。因此，下一阶段需继续对初始截距展开进一步讨论，加入可能影响 MOOCs 专项课程评论量的自变量，研究以 MOOCs 专项课程评论量为因变量的全模型。

根据表 4.4 中的固定效应，初始截距 $\beta_{00}=23.856(p<0.001)$，表示第一个时间单元内 MOOCs 专项课程评分的均值为 $\log_2 23.856=4.576$（分），但斜率 $\beta_{10}=0.082$ $(p>0.05)$，表示 MOOCs 专项课程评分未呈显著变化。

根据表 4.4 中的随机效应，初始截距方差 $\sigma^2(\mu_{0i})$ 存在显著差异（$p<0.001$），表示第一个时间单元内不同 MOOCs 专项课程评分之间存在显著差异，但斜率方差 $\sigma^2(\mu_{1i})(p>0.05)$ 不存在显著的组间差异，说明 MOOCs 专项课程评分差异随时间的变化在不同专项课程中表现不明显。因此，下一阶段需继续对初始截距展开进一步讨论，加入可能影响 MOOCs 专项课程评分的自变量，研究以 MOOCs 专项课程评分为因变量的全模型。

3. 全模型分析

根据式（4.9）和式（4.10）分别计算以 MOOCs 专项课程评论量和评分为因变量的全模型，计算结果见表 4.5 和表 4.6。

表 4.5 以评论量为因变量的全模型计算结果

固定效应	系数	标准差	T 比值	p
初始截距 β_{00}	7.134	0.085	83.624	<0.001
教师群体持续开课时长差异 β_{01}	−3.402	0.709	−4.79	<0.001
教师群体授课领域差异 β_{02}	4.289	1.034	4.147	<0.001
专项课程内课程总数 β_{03}	0.075	0.087	0.859	>0.05
专项课程开设时间 β_{04}	−0.003	0	−10.005	<0.001
专项课程教师总数 β_{05}	−0.061	0.041	−1.482	>0.05
教师群体持续开课时长差异平方 β_{06}	1.650	0.431	3.827	<0.001
教师群体授课领域差异平方 β_{07}	−5.249	1.277	−4.109	<0.001
斜率 β_{10}	0.047	0.004	11.278	<0.001
随机效应	方差 σ^2	自由度	卡方检验值	p
初始截距 μ_{0i}	3.052	365	74991.16	<0.001
斜率 μ_{1i}	0.003	370	1199.54	>0.05

表 4.6 以评分为因变量的全模型计算结果

固定效应	系数	标准差	T 比值	p
初始截距 β_{00}	23.854	0.173	138.159	<0.001
教师群体持续开课时长差异 β_{01}	−3.154	2.174	−1.451	<0.05
教师群体授课领域差异 β_{02}	−0.952	0.637	−1.494	>0.05
专项课程内课程总数 β_{03}	−0.353	0.137	−2.579	<0.01
专项课程开设时间 β_{04}	0	0.001	−0.346	>0.05
专项课程教师总数 β_{05}	−0.067	0.045	−1.497	<0.05
教师群体持续开课时长差异平方 β_{06}	4.985	2.370	2.103	<0.05
教师群体授课领域差异平方 β_{07}	−4.748	2.396	−1.982	<0.05
斜率 β_{10}	0.047	0.004	11.278	<0.001
随机效应	方差 σ^2	自由度	卡方检验值	p
初始截距 μ_{0i}	11.295	363	10103.077	<0.001
斜率 μ_{1i}	0.615	370	658.422	>0.05

根据表 4.5 中的固定效应,初始截距 $\beta_{00} = 7.134(p < 0.001)$ 表示第一个时间单元内 MOOCs 专项课程评论量的均值为 $2^{7.134} = 140$ (条);斜率 $\beta_{10} = 0.047$ ($p < 0.001$) 表示从第一个时间单元起,MOOCs 专项课程评论量逐渐增加,平均增长速度为 4.7%。

自变量教师群体持续开课时长差异对 MOOCs 专项课程评论量有显著负向影响 ($\beta_{01} = -3.402, p < 0.001$);自变量教师群体持续开课时长差异平方对 MOOCs 专项课程评论量有显著正向影响($\beta_{06} = 1.650, p < 0.001$)。由此,H4.1 成立,MOOCs 专项课程教师群体持续开课时长差异与 MOOCs 专项课程评论量呈曲线关系,当 MOOCs 专项课程教师群体持续开课时长差异较小时,持续开课时长差异对 MOOCs 专项课程评论量有显著负向影响,当 MOOCs 专项课程教师群体持续开课时长差异超过一定水平时,MOOCs 专项课程评论量会随之增加。

自变量教师群体授课领域差异对 MOOCs 专项课程评论量有显著正向影响 ($\beta_{02} = 4.289, p < 0.001$),自变量教师群体授课领域差异平方对 MOOCs 专项课程评论量有显著负向影响($\beta_{07} = -5.249, p < 0.001$)。由此,H4.3 成立,MOOCs 专项课程教师群体授课领域差异与 MOOCs 专项课程评论量呈曲线关系,当 MOOCs 专项课程教师群体授课领域差异较小时,授课领域差异的增加会引起 MOOCs 专项课程评论量的增加,当 MOOCs 专项课程教师群体授课领域差异超过一定水平时,MOOCs 专项课程评论量会随之减少。

控制变量专项课程内课程总数和专项课程教师总数对 MOOCs 专项课程评论量均无显著影响 ($\beta_{03} = 0.075, p > 0.05; \beta_{05} = -0.061, p > 0.05$);控制变量专项课程开设时间对 MOOCs 专项课程评论量有显著负向影响 ($\beta_{04} = -0.003, p < 0.001$),这是由于 MOOCs 专项课程开设时间越晚,获得的评论量就越少。

根据表 4.6 中的固定效应,初始截距 $\beta_{00} = 23.854(p < 0.001)$ 表示第一个时间单元内 MOOCs 专项课程评分的均值为 $\log_2 23.854 = 4.576$(分);斜率 $\beta_{10} = 0.047$ ($p < 0.001$) 表示从第一个时间单元起,MOOCs 专项课程评分逐渐增加,平均增长速度为 4.7%。

自变量教师群体持续开课时长差异对 MOOCs 专项课程评分有显著负向影响 ($\beta_{01} = -3.154, p < 0.05$),自变量教师群体持续开课时长差异平方对 MOOCs 专项课程评分有显著正向影响($\beta_{06} = 4.985, p < 0.05$)。由此,H4.2 成立,MOOCs 专项课程教师群体持续开课时长差异与 MOOCs 专项课程评分呈曲线关系,当 MOOCs 专项课程教师群体持续开课时长差异较小时,教师群体持续开课时长差异对 MOOCs 专项课程评分有显著负向影响,当 MOOCs 专项课程教师群体持续开课时长差异超过一定水平时,MOOCs 专项课程评分会随之提高。

自变量教师群体授课领域差异对 MOOCs 专项课程评分无显著影响 ($p > 0.05$),自变量教师群体授课领域差异平方对 MOOCs 专项课程评分有显著负向影响（$\beta_{07}=-4.748, p<0.05$）。由此，H4.4 不成立。

控制变量专项课程内课程总数对 MOOCs 专项课程评分有显著负向影响（$\beta_{03}=-0.353, p<0.01$）；控制变量专项课程教师总数对 MOOCs 专项课程评分有显著负向影响（$\beta_{05}=-0.067, p<0.05$）；控制变量专项课程开设时间对 MOOCs 专项课程评分无显著影响（$\beta_{04}=0, p>0.05$）。由此，MOOCs 专项课程内课程总数越多或者教师总数越多，MOOCs 专项课程评分差异就越小。

4.5.2 教师群体多样性随时间变化的趋势

1. 零模型检验

根据式（4.11）和式（4.12）分别计算以 MOOCs 专项课程教师群体持续开课时长差异和 MOOCs 专项课程教师群体授课领域差异为因变量的零模型。在随机效应中，初始截距方差 $\sigma^2(\mu_{0i})$ 代表组间的异质性，在两组模型中的 p 均小于 0.001，因此组内相关系数的统计结果具有统计学意义。由此，以 MOOCs 专项课程教师群体持续开课时长差异为因变量的零模型中约 22.6%的总变异是由第二层因素引起的，以 MOOCs 专项课程教师群体授课领域差异为因变量的零模型中约 93.2%的总变异是由第二层因素引起的，均大于 20%的标准阈值。因此，MOOCs 专项课程教师群体多样性具有层级结构，可以进行线性无条件发展模型分析。

2. 线性无条件发展模型分析

根据式（4.13）和式（4.14）分别计算以 MOOCs 专项课程教师群体持续开课时长差异和 MOOCs 专项课程教师群体授课领域差异为因变量的线性无条件发展模型，计算结果见表 4.7 和表 4.8。

表 4.7 以教师群体持续开课时长差异为因变量的线性无条件发展模型计算结果

固定效应	系数	标准差	T比值	p
初始截距 β_{00}	0.309	0.012	25.984	<0.001
斜率 β_{10}	−0.018	0.001	−11.955	<0.001
随机效应	方差 σ^2	自由度	卡方检验值	p
初始截距 μ_{0i}	0.036	370	1218.531	<0.001
斜率 μ_{1i}	0	370	268.060	>0.05

表 4.8　以教师群体授课领域差异为因变量的线性无条件发展模型计算结果

固定效应	系数	标准差	T比值	p
初始截距 β_{00}	0.191	0.013	14.334	<0.001
斜率 β_{10}	−0.0006	0.001	−1.346	>0.05
随机效应	方差 σ^2	自由度	卡方检验值	p
初始截距 μ_{0i}	0.068	370	37580.834	<0.001
斜率 μ_{1i}	0	370	583.383	>0.05

根据表 4.7 中的固定效应，初始截距 $\beta_{00}=0.309(p<0.001)$ 表示第一个时间单元内 MOOCs 专项课程教师群体持续开课时长差异的均值；斜率 $\beta_{10}=-0.018$ $(p<0.001)$ 表示从第一个时间单元起，MOOCs 专项课程教师群体持续开课时长差异逐渐减小，平均减小速度为 1.8%。

根据表 4.7 中的随机效应，初始截距方差 $\sigma^2(\mu_{0i})=0.036(p<0.001)$，说明第一个时间单元内不同 MOOCs 专项课程教师群体持续开课时长存在显著差异，但斜率方差 $\sigma^2(\mu_{1i})=0(p>0.05)$ 不存在显著差异，说明 MOOCs 专项课程教师群体持续开课时长差异随时间的变化在不同专项课程中表现不明显。因此，下一阶段需继续对初始截距展开进一步讨论，加入可能影响 MOOCs 专项课程教师群体持续开课时长差异的自变量，研究以 MOOCs 专项课程教师群体持续开课时长差异为因变量的全模型。

根据表 4.8 中的固定效应，初始截距 $\beta_{00}=0.191(p<0.001)$ 表示第一个时间单元内 MOOCs 专项课程教师群体授课领域差异的均值；斜率 $\beta_{10}=-0.0006(p>0.05)$ 表示从第一个时间单元起，MOOCs 专项课程教师群体授课领域差异无显著变化。

根据表 4.8 中的随机效应，初始截距方差 $\sigma^2(\mu_{0i})=0.068(p<0.001)$，表明第一个时间单元内不同 MOOCs 专项课程教师群体授课领域之间存在显著差异，但斜率方差 $\sigma^2(\mu_{1i})=0(p>0.05)$ 不存在显著差异，说明 MOOCs 专项课程教师群体授课领域差异随时间的变化在不同专项课程中表现不明显。因此，下一阶段需继续对初始截距展开进一步讨论，加入可能影响 MOOCs 专项课程教师群体授课领域差异的自变量，研究以 MOOCs 专项课程教师群体授课领域差异为因变量的全模型。

3. 全模型分析

根据式（4.15）和式（4.16）分别计算以 MOOCs 专项课程教师群体持续开课时长差异和 MOOCs 专项课程教师群体授课领域差异为因变量的全模型，计算结果见表 4.9 和表 4.10。

第 4 章 MOOCs 教师群体多样性对课程评论量和评分的影响研究

表 4.9 以教师群体持续开课时长差异为因变量的全模型计算结果

固定效应	系数	标准差	T 比值	p
初始截距 β_{00}	0.313	0.011	28.479	<0.001
专项课程内课程总数 β_{01}	0.011	0.010	1.093	>0.05
专项课程开设时间 β_{02}	0.0002	0	7.212	<0.001
专项课程教师总数 β_{03}	0.016	0.005	2.964	<0.01
斜率 β_{10}	−0.017	0.001	−11.689	<0.001
随机效应	方差 σ^2	自由度	卡方检验值	p
初始截距 μ_{0i}	0.028	367	1048.612	<0.001
斜率 μ_{1i}	0	370	267.430	>0.05

表 4.10 以教师群体授课领域差异为因变量的全模型计算结果

固定效应	系数	标准差	T 比值	p
初始截距 β_{00}	0.191	0.013	14.666	<0.001
专项课程内课程总数 β_{01}	0.003	0.012	0.265	>0.05
专项课程开设时间 β_{02}	−0.0001	0	−2.494	<0.05
专项课程教师总数 β_{03}	0.017	0.006	2.633	<0.01
斜率 β_{10}	−0.017	0.001	−11.689	<0.001
随机效应	方差 σ^2	自由度	卡方检验值	p
初始截距 μ_{0i}	0.065	367	35375.179	<0.001
斜率 μ_{1i}	0	370	583.831	>0.05

根据表 4.9 中的固定效应，初始截距 $\beta_{00}=0.313(p<0.001)$ 表示第一个时间单元内 MOOCs 专项课程教师群体持续开课时长的均值；斜率 $\beta_{10}=-0.017$ ($p<0.001$) 表示从第一个时间单元起，MOOCs 专项课程教师群体持续开课时长差异逐渐减小，平均减小速度为 1.7%。因此，H4.5 成立，MOOCs 专项课程教师群体持续开课时长差异会随时间显著减小。

控制变量专项课程内课程总数对 MOOCs 专项课程教师群体持续开课时长差异无显著影响（$\beta_{01}=0.011, p>0.05$）；控制变量专项课程开设时间对 MOOCs 专项课程教师群体持续开课时长差异有显著正向影响（$\beta_{02}=0.0002, p<0.001$）；控制变量专项课程教师总数对 MOOCs 专项课程教师群体持续开课时长差异有显著正向影响（$\beta_{03}=0.016, p<0.01$）。由此，MOOCs 专项课程建立得越早，教师群体数量越多，教师群体持续开课时长差异就越大。

根据表 4.10 中的固定效应，初始截距 $\beta_{00} = 0.191(p < 0.001)$ 表示第一个时间单元内 MOOCs 专项课程教师群体授课领域差异的均值；斜率 $\beta_{10} = -0.017$ $(p < 0.001)$ 表示从第一个时间单元起，MOOCs 专项课程教师群体授课领域差异逐渐减小，平均减小速度为 1.7%。因此，H4.6 成立，MOOCs 专项课程教师群体授课领域差异会随时间显著减小。

控制变量专项课程内课程总数对 MOOCs 专项课程教师群体授课领域差异无显著影响（$\beta_{01} = 0.003, p > 0.05$）；控制变量专项课程开设时间对 MOOCs 专项课程教师群体授课领域差异有显著负向影响（$\beta_{02} = -0.0001, p < 0.05$）；控制变量专项课程教师总数对 MOOCs 专项课程教师群体授课领域差异有显著正向影响（$\beta_{03} = 0.017, p < 0.01$）。由此，MOOCs 专项课程建立得越早，教师群体数量越多，教师群体授课领域差异就越大。

4.5.3 研究结果分析

综合以上分析，研究假设验证结果见表 4.11。

表 4.11 研究假设验证结果

研究假设	成立
H4.1：MOOCs 专项课程教师群体持续开课时长差异与课程评论量之间呈曲线关系。持续开课时长差异对课程评论量有显著负向影响，但持续开课时长差异增大并超过一定水平，课程评论量会随之增加	是
H4.2：MOOCs 专项课程教师群体持续开课时长差异与课程评分之间呈曲线关系。持续开课时长差异对课程评分有显著负向影响，但持续开课时长差异增大并超过一定水平，课程评分会随之增加	是
H4.3：MOOCs 专项课程教师群体授课领域差异与课程评论量之间呈曲线关系。授课领域差异对课程评论量有显著正向影响，但授课领域差异增大并超过一定水平，课程评论量会随之减少	是
H4.4：MOOCs 专项课程教师群体授课领域差异与课程评分之间呈曲线关系。授课领域差异对课程评分有显著正向影响，但授课领域差异增大并超过一定水平，课程评分会随之减少	否
H4.5：MOOCs 专项课程教师群体持续开课时长差异会随时间显著减小	是
H4.6：MOOCs 专项课程教师群体授课领域差异会随时间显著减小	是

1. 教师群体多样性对课程评论量及评分的影响

MOOCs 专项课程教师群体持续开课时长差异表示教师所开设子课程的时间分散程度。总体而言，MOOCs 专项课程教师群体持续开课时长差异与课程评论量和评分呈曲线关系。当 MOOCs 专项课程教师群体持续开课时长差异较小时，MOOCs 专项课程中子课程存续时间的异质性较小，更具有资源聚集效应，MOOCs 专项课程学习者对教师群体持续开课时长差异的敏感性较高，由此 MOOCs 专项课程教师群体持续开课时长差异的增加对 MOOCs 专项课程评论量和评分有负向影响；当教师群体持续开课时长差异超过一定水平时，MOOCs 专项课程教师群体可以通过所拥有的充足开课经验，不断完善和更新 MOOCs 专项课程的目标架构，改善 MOOCs 专项课程学习者的学习体验，由此 MOOCs 专项课程教师群体持续开课时长差异的增加对 MOOCs 专项课程评论量和评分产生正向影响。

MOOCs 专项课程教师群体授课领域差异表示教师所开设课程的领域分散程度。随着跨学科知识领域的普及和完善，在 Coursera 平台，MOOCs 所属的学科领域被划分为 11 个学科下的 37 个学科门类，每门 MOOCs 专项课程中教师授课领域通常存在差异，例如，专项课程"Music Business"将艺术与人文学科的音乐与艺术门类、数据科学学科的数据分析门类，以及商务学科的商业战略门类的课程相结合，形成一套多学科交叉的课程学习链。因此，MOOCs 专项课程学习者可以跳出单一的学科领域，选择更加多元的交叉学科专业，扩展自身的知识储备。总体而言，MOOCs 专项课程教师群体授课领域差异与课程评论量呈曲线关系，MOOCs 专项课程教师群体授课领域差异对课程评分无显著影响。这是由于 MOOCs 专项课程教师群体授课领域差异吸引了更多 MOOCs 学习者的参与，对课程评论量有正向影响；但是当 MOOCs 专项课程教师群体授课领域差异超过一定水平时，专项课程中所涉及的学科过于分散，虽然满足 MOOCs 专项课程学习者追求学科多元化的要求，但不同领域的课程难度不同，可能导致 MOOCs 专项课程学习者放弃课程学习，由此 MOOCs 专项课程教师群体授课领域差异的增加对课程评论量有负向影响；但 MOOCs 专项课程评分最终取决于课程质量，因此授课领域差异对课程评分无显著影响。

2. 教师群体多样性随时间的变化趋势

MOOCs 专项课程教师群体持续开课时长差异随时间逐渐减小。这是由于控制变量专项课程开设时间和专项课程教师总数对 MOOCs 专项课程教师群体持续开课时长差异有显著正向影响，MOOCs 专项课程开设越早、教师数量越多，教师群体持续开课时长差异就越大。

MOOCs 专项课程教师群体授课领域差异也随时间逐渐减小。这是由于控制变量专项课程开设时间和专项课程教师总数对 MOOCs 专项课程教师群体授课领域差异分别有显著负向影响和正向影响，MOOCs 专项课程开设越晚、教师数量越少，教师群体授课领域差异就越小。

因此，随着 MOOCs 专项课程体系的日趋完善，以及 MOOCs 专项课程数量的逐渐增多，教师群体成员在持续开课时长方面和授课领域方面的差异都在逐渐减小，并且随着时间推移，MOOCs 专项课程教师群体的资源聚集效应更加明显。

4.6 研究总结与未来研究方向

4.6.1 研究结论

MOOCs 专项课程教师群体持续开课时长差异对 MOOCs 专项课程评论量和评分均有显著负向影响，但教师群体持续开课时长差异对 MOOCs 专项课程评论量和评分的负向影响会随时间逐渐减小，当 MOOCs 专项课程教师群体持续开课时长差异超过一定水平时，MOOCs 专项课程评论量和评分均会随着教师群体持续开课时长差异的增加而增加。

MOOCs 专项课程教师群体授课领域差异对 MOOCs 专项课程评论量有显著正向影响，但教师群体授课领域差异对 MOOCs 专项课程评论量的正向影响会逐渐减小，当 MOOCs 专项课程教师群体授课领域差异超过一定水平时，MOOCs 专项课程评论量会随教师群体授课领域差异的增大而减少，但教师群体授课领域差异对 MOOCs 专项课程评分无显著影响。在一门 MOOCs 专项课程内，随着时间推移，MOOCs 专项课程教师群体持续开课时长差异会显著减小，授课领域差异也会显著减小。

控制变量专项课程开设时间对 MOOCs 专项课程评论量有显著负向影响，说明，相较开设较早的 MOOCs 专项课程，开设较晚的 MOOCs 专项课程的学习者数量较少，因此 MOOCs 专项课程评论数较少；控制变量专项课程教师总数和专项课程内课程总数对 MOOCs 专项课程评分有显著负向影响，专项课程教师总数少，MOOCs 专项课程内各门课程的教学风格趋向于一致，会提升 MOOCs 专项课程学习者对课程的感知价值和满意度；专项课程内课程总数少，会使得 MOOCs 专项课程学习者快速拿到某门专业的学位或证书，能极大地提高学习效率，相应地，会使 MOOCs 专项课程学习者提高对课程的评分。

4.6.2 研究启示

1. 理论启示

采用多层线性模型进行纵向研究，将带有时间轴的数据集进行分层处理，使数据既具层次性又具动态性。通过抓取 Coursera 平台为期半年的 MOOCs 专项课程数据，形成完备的实验数据集，应用多层线性模型可以发现，纵向研究更适合描述群体多样性的连续性变化，由此对表征 MOOCs 专项课程教师群体多样性的自变量、结合时间因素的 MOOCs 专项课程层面的控制变量及其与 MOOCs 专项课程评价的因变量之间的因果关系推论更加合理。

作为对MOOCs研究领域的扩展,本章强调了MOOCs教师群体多样性的重要影响,重点研究了MOOCs专项课程教师群体之间的差异性对MOOCs专项课程评价的影响。一方面,证实了MOOCs专项课程教师群体多样性会影响MOOCs专项课程学习者对课程的评论量和评分;另一方面,详细论述了MOOCs专项课程教师群体多样性在MOOCs中的表现形式,以及不同程度的教师群体多样性如何对MOOCs专项课程评论量和评分产生影响。

2. 实践启示

在一定的差异水平内,MOOCs专项课程教师群体持续开课时长差异越大,MOOCs专项课程学习者对专项课程的整体评论量越少,评分也越低。因此,MOOCs平台在未来设置专项课程时,应尽可能关注MOOCs专项课程的子课程在开设时间与持续时间方面的同步性,尽量避免在一门专项课程中部分子课程在开设一段时间后就停止更新课程内容,造成因子课程存续时间不一致导致的MOOCs专项课程学习者学习体验下降,甚至造成MOOCs专项课程学习者流失。

MOOCs专项课程教师群体授课领域差异对MOOCs专项课程的整体评论量和评分有正向影响,但值得注意的是,当教师群体授课领域差异增加到一定程度时,反而会对MOOCs专项课程的整体评论量和评分产生负向影响。因此,MOOCs平台在未来设置专项课程时,既要结合跨专业和学科交叉的发展趋势,适度地提高MOOCs专项课程内的学科领域多样性,使MOOCs专项课程学习者能够从不同的专业领域汲取知识,又要在MOOCs专项课程教师群体授课领域相差较大时尽量集中安排课程,满足不同MOOCs专项课程学习者的需要。

MOOCs专项课程教师群体持续开课时长差异随时间逐渐减小,教师授课领域差异也随时间逐渐减小。因此,MOOCs平台在专项课程创建初期,应尽可能提高一门MOOCs专项课程所涉及学科领域的丰富性,以吸引更多的MOOCs专项课程学习者参与。例如,通过在线课程"微专业"的培养模式,有效利用教师群体多样性的价值,快速满足MOOCs专项课程学习者的跨学科学习需求。近几年,MOOCs专项课程建设逐渐向更加科学合理的方向发展,有助于更好地服务于知识型社会建设。

4.6.3 研究局限与研究展望

首先,本章使用的数据由Coursera平台抓取,随着MOOCs专项课程的普及,未来可以关注更多的MOOCs平台,以进一步丰富MOOCs专项课程教师群体多样性的研究场景。其次,本章抓取数据的时间段主要集中于2018年下半年,时间选取的长度有限，未来可进一步收集数据，拓展纵向研究。最后，本章设置的自变量、因变量和控制变量尚未涉及对 MOOCs 平台数据的文本挖掘和内容分析，因此，模型分析变量有待进一步完善。

参 考 文 献

[1] Ahrache S I. Massive open online courses: A new dawn for higher education? [J] International Journal on Computer Science & Engineering, 2013, 5 (5): 323-327.

[2] 高瑜珊, 汪琼. 教师教学能力提升类 MOOC 的探索与实践[J]. 电化教育研究, 2017, 38 (10): 124-128.

[3] Zhu M N, Sari A, Lee M M. A systematic review of research methods and topics of the empirical MOOC literature (2014—2016) [J]. The Internet and Higher Education, 2018, 37: 31-39.

[4] Albert M N, Lazzari Dodeler N. From an association of individuals to communities of persons: How to foster complexity to understand diversity in organizations[J]. Journal of Organizational Change Management, 2022, 35 (8): 1-12.

[5] Moreno A. Social identity changes in networked organizations[J]. Revista de Psicologia Social, 2013, 28 (1): 59-72.

[6] 杨超."专业学术人"抑或"教学学术人"——大学青年教师职业角色的选择取向及重构[J]. 江苏高教, 2018 (6): 45-49.

[7] 彭杏. 基于多层线性模型的时间与创造性绩效关系研究——以高校教师为例[D]. 上海: 东华大学, 2017.

[8] 任英杰, 徐晓东. 基于差异的校际协作教研的考察与思考[J]. 中国电化教育, 2010 (12): 99-103

[9] Ren Y Q, Chen J L, Riedl J. The impact and evolution of group diversity in online open collaboration[J]. Management Science, 2016, 62 (6): 1668-1686.

[10] Bryk A S, Raudenbush S W. Hierarchical Linear Models for Social and Behavioral Research: Applications and Data Analysis Methods[M]. Newbury Park: Sage Publications, 1992.

[11] Chen I C, Westgate P M. Improved methods for the marginal analysis of longitudinal data in the presence of time-dependent covariates[J]. Statistics in Medicine, 2017, 36 (16): 2533-2546.

[12] Conache M, Dima R, Mutu A. A comparative analysis of MOOC (massive open online course) platforms[J]. Informatica Economică, 2016, 20 (2): 5-14.

[13] Harrison D A, Klein J K. What's the difference? Diversity constructs as separation, variety, or disparity in organizations[J]. Academy of Management Review, 2007, 32 (4): 1199-1228.

[14] Ren Y Q. The innovation of blended teaching mode of college English in mobile network environment[J]. Mathematical Problems in Engineering, 2022, 8: 4152884.

[15] 胡亚京, 刘赣洪. 国内 MOOCs 平台课程建设的内容分析[J]. 教育导刊, 2015 (10): 51-55.

[16] Jo D. Exploring the determinants of MOOCs continuance intention[J]. KSII Transactions on Internet and Information Systems, 2018, 12 (8): 3992-4005.

[17] Wang Y, Baker R. Grit and intention: Why do learners complete MOOCs? [J]. International Review of Research in Open and Distributed Learning, 2018, 19 (3): 20-42.

[18] Joo Y J, So H J, Kim N H. Examination of relationships among students' self-determination, technology acceptance, satisfaction, and continuance intention to use K-MOOCs[J]. Computers & Education, 2018, 122: 260-272.

[19] Landry P. A matrix that encompasses the diversity of successions in cultural organizations[J]. International Journal

of Arts Management, 2018, 21 (1): 61-75.

[20] Scherer R, Siddiq F, Howard S K, et al. The more experienced, the better prepared? New evidence on the relation between teachers' experience and their readiness for online teaching and learning[J]. Computers in Human Behavior, 2023, 139: 107530.

[21] Pelled L H. Demographic diversity, conflict, and work group outcomes: An intervening process theory[J]. Organization Science, 1996, 7 (6): 615-631.

[22] Wu B, Chen W. Factors affecting MOOC teacher effectiveness from the perspective of professional capital[J]. Behaviour & Information Technology, 2023, 42 (5): 498-513.

[23] Webber S. Impact of highly and less job-related diversity on work group cohesion and performance: A meta-analysis[J]. Journal of Management, 2001, 27 (2): 141-162.

[24] Islam R, French E, Ali M. Evaluating board diversity and its importance in the environmental and social performance of organizations[J]. Corporate Social Responsibility and Environmental Management, 2022, 29 (5): 1134-1145.

[25] Stahl G K, Maznevski M L. Unraveling the effects of cultural diversity in teams: A retrospective of research on multicultural work groups and an agenda for future research[J]. Journal of International Business Studies, 2021, 52 (1): 4-22.

[26] 陈耀华, 郑勤华, 孙洪涛, 等. 基于学习分析的在线学习测评建模与应用——教师综合评价参考模型研究[J]. 电化教育研究, 2016, 37 (10): 35-41.

[27] Daniel S, Agarwal R, Stewart K. The effects of diversity in global, distributed collectives: A study of user participation in open source projects[J]. Information Systems Research, 2013, 24 (3): 312-333.

[28] 张雷, 雷雳, 郭伯良. 多层线性模型应用[M]. 北京: 教育科学出版社, 2003.

[29] Wu B, Zhou Y N. The impact of MOOC instructor group diversity on review volume and rating-coursera specialization as an example[J]. IEEE Access, 2020, 8: 111974-111986.

[30] Hofmann D A, Gavin M B. Centering decisions in hierarchical linear models: Implications for research in organizations[J]. Journal of Management, 1998, 24 (5): 623-641.

第5章 专业资本视角的MOOCs教师效能影响因素研究

5.1 概　　述

MOOCs重新定义了课堂的形式，为学习者提供了极大的便利，也提高了教师的教学效率。与此同时，MOOCs学习论坛为MOOCs教师和学习者提供了进行在线交流与互动的区域，以MOOCs师生学习共同体的方式来讨论和解决学习过程中的问题[1]。由此，MOOCs引起了很多学者的关注，他们从MOOCs学习者角度研究学习者如何获益[2]，但很少关注MOOCs教师如何获得效能[3]，而教师是MOOCs平台持续发展的保障。

MOOCs平台为MOOCs教师提供了获得效能的途径。通过MOOCs平台，MOOCs教师能够更有效地接收MOOCs学习者对课程的反馈和评价[4]，包括课程评价和互动评价。其中，课程评价体现了MOOCs学习者对MOOCs教师授课的认可；互动评价体现了MOOCs学习者对MOOCs教师互动的认可。MOOCs教师凭借自身的专业资本[5]在MOOCs平台授课并与MOOCs学习者进行交互，通过MOOCs学习者的课程评价和互动评价获得自身的效能[6]，这一过程可以理解为MOOCs教师利用专业资本进行的社会交换过程。

因此，本章从专业资本视角出发，基于社会交换理论，构建MOOCs教师效能影响因素的研究模型，提出影响MOOCs教师效能的研究假设，通过采集中国大学MOOC平台的相关数据，应用多元回归模型分析并验证研究假设，以探讨MOOCs教师的专业资本对获得课程评价和互动评价的影响，在理论上丰富和扩展MOOCs教师研究的理论体系，在实践上为MOOCs平台可持续发展提供建议。

5.2 文　献　综　述

1. MOOCs教师教学

学者采访了8位在Coursera或edX平台上授课的多伦多大学教师，研究发现教师参与MOOCs授课的动机主要包括接触更广泛的国际公众、分享教学和学习方法，还有部分动机来源于学术研究[7]。学者对MOOCs教师的调研发现，相较于传统课堂授课模式，MOOCs 教师授课的满意度较低，这是因为教师的满意度通常与学生在课堂上的直接反馈相关[8]，传统课堂授课模式下教师能获得学生在课堂上的直接反馈。由此，学者将教师开展 MOOCs 教学的动机归因于感知易用性、感知有用性和感知必用性，影响 MOOCs 教师授课动机的因素包括工作绩效、在线工作经验、外部支持、外部影响和信息技术水平[9]。进一步研究发现，MOOCs 教师感知有用性与 MOOCs 教学意愿之间存在正相关性，社群影响、工作相关性、工作绩效及工作经验与 MOOCs 教师感知有用性存在正相关性[10]。此外，基于博弈论和激励相容理论的研究发现，MOOCs 教师参与 MOOCs 授课的决策是基于预期净收益最大化的决策[11]。

基于社会学习的 MOOCs 教学模式既支持正式学习方式也支持碎片化学习方式。在 MOOCs 教学互动方面，MOOCs 论坛对激励 MOOCs 学习者的持续学习有显著影响，MOOCs 教师的积极参与会提高 MOOCs 学习者的课程完成率[12]。由此，学者将社会临场感、教学临场感及态度异同用于建立 MOOCs 协作学习社区，MOOCs 教师参与论坛的频率对提高 MOOCs 学习者的积极性有显著影响[13]。在此基础上，在 MOOCs 教学设计方面，学者通过分析 MOOCs 教师团队，将 MOOCs 教师在教学过程中所表现的社会临场感、教学临场感及态度异同对 MOOCs 教学产生的影响进行对比分析，强调 MOOCs 学习者的课程学习评估信息对 MOOCs 教师的重要性，进而提出对 MOOCs 教学设计的改进意见[14]，以及对现有 MOOCs 评估功能的改进意见[15]。例如，通过数据可视化手段，帮助 MOOCs 教师有效地了解 MOOCs 学习者的具体信息，包括 MOOCs 学习者的年龄分布、学习表现和学习反馈，从而调整和优化课程设计与课程指导[16]。

从 MOOCs 教师专业发展角度的研究发现，大部分 MOOCs 教师缺乏感知和完成启发式课程设计的技能与知识，这可能影响 MOOCs 质量和 MOOCs 学习者的参与积极性。为了解决这个问题，学者在分析 MOOCs 教师人群特征的基础上，设计和开发了针对 MOOCs 教师的定制服务与课程设计训练方法，帮助 MOOCs 教师更好地进行课程设计[17]。因此，基于社会学习的 MOOCs 教学模式研究不仅可以改进 MOOCs 教学绩效，而且可以促进 MOOCs 教师的专业发展[18]。

2. 教师专业资本

专业资本包括人力资本、社会资本和决策资本，其中，人力资本和决策资本在互信互赖的社会关系中都能够得到发展与强化，以促进专业资本的提升[19, 20]。

人力资本关注专业技能和技术的更新与发展。教师人力资本是指通过一定的培训或教育及自身学习，附着于教师自身且可以用来进行创造性活动的资本。教师人力资本是教师专业资本中最重要的资本[21, 22]。对教师人力资本的研究主要包括两个方面，即教师人力资本的价值和教师人力资本发展的激励机制。在教师人力资本的价值方面的研究发现，教师的教育水平是提高学生成绩的重要因素，在此基础上，研究证实了教师人力资本对学生成绩有显著影响，其中，人力资本体现在教学经验上[23, 24]。

社会资本强调可利用的信息和资源，由互动与联结实现社会交换，社会互动、群体关系的质和量会影响成员的信息与知识获取渠道。对社会资本的定义各不相同，具有代表性的定义是社会结构要素说[25]、组织特征说[26]和关系网络资源说[27, 28]。社会资本依赖社会关系网络而存在，通过网络结构不断积累和动态传递，传递具有明确的方向性[29, 30]。

教师决策资本主要体现在教师如何根据自身的专业知识和专业技能对课堂或互动过程中出现的各种问题及复杂情境做出及时的判断和应对，与此同时，教师决策资本体现了教师与学生互动的意愿[31]。因此，教师决策资本反映了教师的教学互动能力，教师决策资本可以通过与学习者的交互体现。

3. 社会交换理论

个体参与社会交往的动因是个体可以从彼此的交往中通过社会交换得到自身需要的资源。但并不是所有的社会交换都是平等的，不平等的社会交换在社会网络中表现为结构性权利，同时，社会网络结构中个体或群体的交换是动态的[32]。

学者开展了对互联网社区中社会交换行为的研究，探究了互联网人群中知识共享行为的动因构成特征，调查发现经济收益和社会收益共同作用于知识共享行为，并且互联网人群的自我认同感、获得尊重和获得社会支持对其知识分享行为均具有显著正向影响，由此强调互联网社区参与行为本质上是一种社会交换过程，交换的效果深刻地影响着互联网社区治理的效能[33]。

4. 教师效能

教师效能来源于自我效能理论[34]，一般是指教师对完成教学任务所具有的能力的主观评估、认知和信念。教师效能通常由教育效能和个人教学效能组成，教育效能是指教师在多大程度上影响学生思想和行为的评估预测；个人教学效能是指教师对自身教学能力的主观评估[35]。国内外学者对教师效能的研究包括获得教师效能、度量教师效能，以及教师效能的影响因素。

在获得教师效能方面，学者提出教师效能既可以预测教师的行为，也会影响教师的离职率，并发现充足的备课工作和专业的指导有助于获得教师效能[35]。进一步地，学者结合社会资本和社会认知理论，探讨教学中不同程度的社交互动如何影响教师效能，研究结果表明，教学实践的互动（如课程反馈、教学资源分享和教学讨论）会提高教师效能[36]。

在度量教师效能方面，学者通过测量教师的教学效能来评估教学功效[37]，并且认为学生对教学的评价、课堂观察和学生学业成就是衡量教师效能的三个指标[38-40]。

在教师效能的影响因素方面，研究发现，在面对新的挑战和约束时，寻求社会支持是教师解决问题的应对策略，同时教师效能与教师的授课动机有关[41]，并进一步影响教师发展的教学专长[42]，由此教师效能感是教师专业发展的重要内驱力[43]。

5. 国内外相关研究评述

在研究对象方面，现有文献侧重研究 MOOCs 学习者如何获益，但 MOOCs 教学是由 MOOCs 学习者和 MOOCs 教师共同组成的在线学习共同体，通过分享资源、交流讨论和相互促进来协作完成 MOOCs 学习目标，因此，需要关注 MOOCs 教师效能及其影响因素。

在研究视角方面，MOOCs 教师在 MOOCs 平台授课并与 MOOCs 学习者进行交互，通过 MOOCs 学习者的课程评价和互动评价来获得效能，因此，需要从教师专业资本视角研究专业资本的社会交换过程。

在数据来源方面，目前 MOOCs 教师效能评价方法大多采用传统的专家打分或问卷调查方式。随着 MOOCs 平台的发展，MOOCs 平台已积累了大量客观数据，因此，可以通过网络挖掘课程评价和互动评价，研究 MOOCs 教师效能的客观评价。

5.3 研究假设与模型构建

考虑 MOOCs 平台的规模与用户数、MOOCs 教师专业资本相关数据获取的可行性，以及 MOOCs 教师效能数据获取的可行性，本章将中国大学 MOOC 作为研究对象。

5.3.1 研究假设

1. 社会资本要素

从个人角度，社会资本着眼于自身社会地位状况所能获取的社会资本要素。教师社会资本是对教师能力、职业生涯和社会认可的标识[44]，MOOCs 教师社会资本主要体现在教师所属学校和职称。例如，截至 2019 年 3 月，在中国大学 MOOC 平台搜索"高等数学"，会得到 609 条结果，其中，精品课程涉及 194 条结果，精品课程的开课学校包括国防科技大学、同济大学、山东大学等学校，授课教师职称大多是副教授、教授。

在社会结构中具有强大社会优势的行动者通常拥有更多或更好的选择方案，容易获得更多的社会资源[45]，由此组织中的教师更容易发挥和利用社会资源。优质高校通常拥有更多的优质资源和高素质教师。在中国大学 MOOC 平台中，每门课程会标注开课学校和授课教师职称信息，作为 MOOCs 学习者选择课程的参考。其中，教师职称是教师知识水平、专业能力和业绩成果的评判标准，教师社会资本可以用学校等级和学术职称来评估。教师社会资本是 MOOCs 学习者参加课程学习的判断标准之一，也是形成期望课程质量的重要因素，因此，本章提出以下研究假设。

H5.1a MOOCs 教师的学校等级对课程评价和互动评价有显著的正向影响。
H5.1b MOOCs 教师的学术职称对课程评价和互动评价有显著的正向影响。

2. 决策资本要素

作为主体之间的交互，社会交换可以看作一个主体对另一个主体产生价值的行为。MOOCs 教师决策资本通过 MOOCs 教师与学习者之间一系列动态的交互活动来体现，反映了 MOOCs 教师对教学交互的意愿和重视程度。社会交换行为可以通过交互频率和交互内容来衡量[46]。在 MOOCs 情境中，MOOCs 教师决策资本可以通过一系列与 MOOCs 学习者的动态交互来体现和衡量，随着 MOOCs 教师与学习者开展交互，MOOCs 学习者将更好地了解与感知 MOOCs 教师的教学能力，进而提高学习的主动性。

在中国大学 MOOC，MOOCs 学习论坛是 MOOCs 教师与学习者互动的主要功能区域，MOOCs 教师与学习者通过发帖提问的互动方式，针对课程学习相关问题进行讨论与交流。MOOCs 教师可以回复 MOOCs 学习者的发帖，即回帖；MOOCs 教师也可以针对回帖进行回复，即评论；MOOCs 教师还可以通过发表主题帖对 MOOCs 学习者进行提问，即主题帖。由此，MOOCs 教师决策资本可以通过教师回帖数、教师评论数、教师主题帖数、教师回帖文本长度和教师回帖频率来评估，反映了 MOOCs 教师参与教学交互的重视程度、意愿和积极性。

MOOCs 教师决策资本的投入有助于提升 MOOCs 学习者对 MOOCs 的满意度，从而获得更高的课程评价和互动评价，因此，本章提出以下研究假设。

H5.2a MOOCs 教师回帖数对课程评价和互动评价有显著的正向影响。
H5.2b MOOCs 教师评论数对课程评价和互动评价有显著的正向影响。
H5.2c MOOCs 教师主题帖数对课程评价和互动评价有显著的正向影响。
H5.2d MOOCs 教师回帖文本长度对课程评价和互动评价有显著的正向影响。
H5.2e MOOCs 教师回帖频率对课程评价和互动评价有显著的正向影响。

3. 人力资本要素

人力资本是指通过劳动促进社会经济增长，主要涵盖劳动者的知识和技能等要素。教师人力资本是衡量学生取得成就的重要指标。

教师人力资本是附着于教师个人，能用来进行创造性劳动的智力资本。相对于传统课堂授课模式，MOOCs 教师需要录制课程教学视频，上传课程资源，在规定的学时完成课程教学；MOOCs 学习者需要利用课程资源和课程视频完成课程的自主学习。合理的课程学时安排、优质的课程教学视频和课程资源配置能够保证 MOOCs 质量，提升 MOOCs 学习者的学习效果[47]。因此，MOOCs 教师团队通常按比例进行授课分工，以保证课程教学活动的有序开展。

MOOCs 平台有助于 MOOCs 教师团队协同合作，合理安排 MOOCs 教师授课学时、MOOCs 教学视频和学习资源的投入，以保证 MOOCs 教学资源的质量。由此，在 MOOCs 平台，教师人力资本体现在 MOOCs 教师授课学时、MOOCs 教师授课数量和 MOOCs 教师开课次数。按课程大纲的章节分配 MOOCs 教师及其授课学时，体现了 MOOCs 教师负责 MOOCs 需要投入的时间和精力；MOOCs 教师授课数量是指 MOOCs 教师参与授课的课程总数；MOOCs 教师开课次数是指 MOOCs 教师累计开课的次数。随着授课数量和开课次数的增加，MOOCs 教师不断积累教学经验，以提升 MOOCs 的课程评价和互动评价，因此，本章提出以下研究假设。

H5.3a MOOCs 教师授课学时对课程评价和互动评价有显著的负向影响。

H5.3b MOOCs 教师授课数量对课程评价和互动评价有显著的正向影响。

H5.3c MOOCs 教师开课次数对课程评价和互动评价有显著的正向影响。

4. 精品课程与社会资本的交互作用

作为高校教学质量与教学改革工程的重要组成部分，精品课程是具有一流教师队伍、一流教学内容、一流教学方法、一流教材，以及一流教学管理的示范性课程。课程质量对课程评价会产生积极的影响，因此，中国大学 MOOC 平台对精品课程有醒目的标识。

截至 2019 年 3 月，中国大学 MOOC 平台共有 815 门精品课程，占所有在线课程的比例为 32.5%。在 MOOCs 教师社会资本（包括学校等级和学术职称）的基础上，作为优质 MOOCs 的标签，精品课程是 MOOCs 学习者选课的重要参考。MOOCs 教师精品授课比例分别与学校等级和学术职称交互作用，会对课程评价和互动评价产生积极影响，因此，本章提出以下研究假设。

H5.4a MOOCs 教师精品授课比例与学校等级的交互作用对课程评价和互动评价有显著的正向影响。

H5.4b MOOCs 教师精品授课比例与学术职称的交互作用对课程评价和互动评价有显著的正向影响。

5.3.2 模型构建

根据以上假设,构建专业资本视角的 MOOCs 教师效能影响因素研究模型,如图 5.1 所示。MOOCs 教师利用专业资本,经由社会交换过程获得教师效能。

除了 MOOCs 教师专业资本,还有一些变量与教师专业资本无关,但可能对研究结果产生影响。截至 2019 年 3 月,中国大学 MOOC 平台设有 15 个学科门类:计算机、工学、理学、哲学、外语、医药卫生、文学文化、艺术设计、管理学、经济学、农林园艺、法学、历史、教育教学和心理学。基于不同的学科和热门程度,MOOCs 学习者数量和学习参与情况都有很大差异,由此可能对课程评价和互动评价产生影响,因此,本章选取授课学科分类作为控制变量。

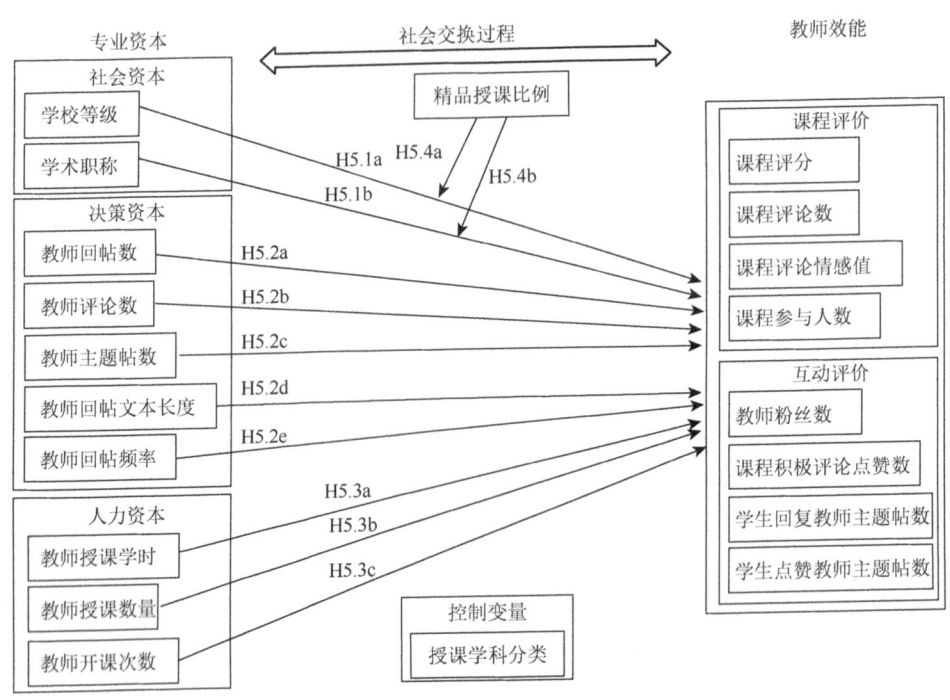

图 5.1 MOOCs 教师效能影响因素研究模型

5.4 数据收集和变量说明

5.4.1 数据收集和预处理

中国大学 MOOC 平台的 MOOCs 分为 15 个学科门类,通过学科分类可以获取各学科的课程信息、授课教师信息和课程学习论坛信息。首先，利用 Python 编写的爬虫程序抓取截至 2019 年 3 月 1 日的 15 个学科门类中 2503 门 MOOCs 的课程数据和教师数据；接着，通过以下三个步骤对数据进行预处理。

（1）将原始数据处理转化为符合模型变量要求的数据，通过格式统一化解决原始数据中存在的不规范和不统一问题。例如，MOOCs 课程学期学时格式不统一，有 2~4 学时/周、120 分钟/周等表述，由此将课程学期学时统一化为"N 学时/周"。

（2）剔除即将开课和正在开课且周数少于 3 周的 MOOCs 数据，这是因为这部分课程的当前学期信息尚无法真实反映课程的相关评价信息。

（3）以 MOOCs 教师为统计对象，将 MOOCs 数据关联到相应的 MOOCs 教师。

基于上述三步数据处理流程，最终得到 7380 条有效的 MOOCs 教师数据。

5.4.2 变量描述与说明

1. 因变量

本章的因变量是 MOOCs 教师在与 MOOCs 学习者进行社会交换过程中获得的效能。中国大学 MOOC 平台的课程评分采用 5 星制评分系统。为了全面衡量 MOOCs 学习者对课程的评价，本章通过对课程评论文本进行情感分析[48]，将 MOOCs 学习者评论的文本情感值（简称评论情感值）作为 MOOCs 学习者对课程总体评价的补充。

在中国大学 MOOC 平台，课程评分、课程评论数、课程评论情感值及课程参与人数可以用来综合衡量 MOOCs 的课程评价，因此，MOOCs 课程评价（记为 CE）= 课程评分 + 课程评论数 + 课程评论情感值 + 课程参与人数；教师粉丝数、课程积极评论点赞数、学生回复教师主题帖数和学生点赞教师主题帖数可以用来综合衡量 MOOCs 的互动评价，因此，MOOCs 互动评价（记为 IE）= 教师粉丝数 + 课程积极评论点赞数 + 学生回复教师主题帖数 + 学生点赞教师主题帖数。

2. 自变量

根据研究模型中提出的研究假设，自变量包括教师专业资本的三个方面：社会资本（记为 SC）、决策资本（记为 DC）和人力资本（记为 HC）。

1) 社会资本

中国大学 MOOC 平台的 MOOCs 由来自各知名高校的不同教师授课，为了研究学校等级和学术职称对 MOOCs 课程评价和互动评价的影响，需要对衡量 MOOCs 教师社会资本的学校等级和学术职称分别进行量化。

将学校等级（记为 SchL）量化为四类：第一类是 985 大学，标注为 4（占比为 52.15%）；第二类是 211 大学，标注为 3（占比为 29.04%）；第三类是非 211 大学的本科院校，标注为 2（占比为 16.14%）；第四类为其他院校，标注为 1（占比为 2.67%）。

将学术职称(记为 AcdT)量化为四类：职称为教授的标注为 4，占比为 32.11%；职称为副教授的标注为 3，占比为 38.78%；职称为讲师的标注为 2，占比为 21.36%；其他职称标注为 1，占比为 7.75%。

2）决策资本

结合中国大学 MOOC 平台中社会交换行为的交互频率和交互内容，对衡量 MOOCs 教师决策资本的课程学习论坛中教师回帖数、教师评论数、教师主题帖数、教师回帖文本长度和教师回帖频率进行量化。

将 MOOCs 教师回帖数（记为 QuaR）定义为 MOOCs 教师在课程学习论坛中对帖子回复的总数；将 MOOCs 教师评论数（记为 QuaC）定义为 MOOCs 教师在课程学习论坛中对帖子评论的总数；将 MOOCs 教师主题帖数（记为 QuaT）定义为 MOOCs 教师在课程学习论坛中发表主题帖的总数；将 MOOCs 教师回帖文本长度（记为 LenR）定义为 MOOCs 教师在课程学习论坛中对所有回帖文本长度的均值；将 MOOCs 教师回帖频率（记为 FreR）定义为 MOOCs 教师在课程学习论坛中回复帖子频率的均值。

3）人力资本

在中国大学 MOOC 平台中，对衡量 MOOCs 教师人力资本的教师授课学时、教师授课数量和教师开课次数进行量化。

将 MOOCs 教师授课学时（记为 PerH）定义为 MOOCs 教师授课学时的均值；将 MOOCs 教师授课数量（记为 QuaK）定义为 MOOCs 教师参与授课的课程总数；将 MOOCs 教师开课次数（记为 QuaS）定义为 MOOCs 教师累计开课的总次数。

4）教师精品授课比例与社会资本的交互项

MOOCs 教师精品授课比例（记为 RtoQ）与社会资本之间的交互作用通过两者的乘积进行衡量。首先，根据 MOOCs 教师所授课程是不是精品课程的情况，将 MOOCs 教师精品授课比例定义为教师精品授课总数占教师授课总数的比例；其次，分别计算 MOOCs 教师精品授课比例与学校等级和学术职称的乘积，形成 MOOCs 教师精品授课比例与学校等级的交互项和 MOOCs 教师精品授课比例与学术职称的交互项。

5.5　实　证　分　析

5.5.1　描述性统计分析

利用 SPSS 软件，对经数据预处理得到的 7380 条有效的教师数据进行描述性统计分析。研究变量的描述性统计如表 5.1 所示。

表 5.1 研究变量的描述性统计

变量	测量指标	均值	标准差
因变量			
课程评价（CE）	课程评分/分	4.76	0.24
	课程评论数/条	51.97	120.97
	课程评论情感值	7.65	2.81
	课程参与人数/人	8470.48	11448.46
互动评价（IE）	教师粉丝数/人	32.42	251.51
	课程积极评论点赞数/个	127.47	393.69
	学生回复教师主题帖数/条	29.46	174.51
	学生点赞教师主题帖数/条	58.14	688.94
自变量			
社会资本（SC）	学校等级（SchL）	3.31	0.83
	学术职称（AcdT）	2.88	1.11
决策资本（DC）	教师回帖数（QuaR）/条	56.66	232.73
	教师评论数（QuaC）/条	13.75	118.63
	教师主题帖数（QuaT）/条	12.68	54.83
	教师回帖文本长度（LenR）/字数	40.10	76.89
	教师回帖频率（FreR）/（次/月）	4.18	7.15
人力资本（HC）	教师授课学时（PerH）/学时	3.35	1.20
	教师授课数量（QuaK）/门	1.31	0.84
	教师开课次数（QuaS）/次	3.73	1.72
调节变量	精品授课比例（RtoQ）	0.34	0.45

在因变量课程评价的描述性统计数据中，课程评分的均值为 4.76 分、标准差为 0.24 分，表明中国大学 MOOC 的课程评分普遍较高，并且离散程度较小；课程评论情感值的均值为 7.65、标准差较大（2.81），表明中国大学 MOOC 的课程评论情感普遍较正面，但情感值存在较大差异，由此体现出 MOOCs 评论情感值是对 5 星制评分系统的必要补充；课程参与人数的标准差较大（11448.46 人），表明不同学科的 MOOCs 参与人数存在客观差距，也体现出高等教育中普遍存在的冷/热门专业现象，因此，将授课学科分类（记为 Subj）作为研究模型的控制变量是合理的。

在因变量互动评价的描述性统计数据中，教师粉丝数（均值为 32.42 人，标准差为 251.51 人）、学生回复教师主题帖数（均值为 29.46 条，标准差为 174.51 条）和学生点赞教师主题帖数（均值为 58.14 条，标准差为 688.94 条）均存在较大差异，因此，将课程评价和互动评价进行对数化：课程评价 = ln（课程评分 + 课程评论数 + 课程评论情感值 + 课程参与人数），互动评价 = ln（教师粉丝数 + 课程积极评论点赞数 + 学生回复教师主题帖数 + 学生点赞教师主题帖数）。

5.5.2 相关性分析

为了分析变量之间是否独立，需要计算各变量之间的皮尔逊相关系数。两个变量之间皮尔逊相关系数的绝对值越大，相关性越强；两个变量之间皮尔逊相关系数越接近 0，相关性越弱。本章各变量之间皮尔逊相关系数均小于 0.6，是满意的[49]，因此各变量之间相互独立，可以进行多元回归分析。

5.5.3 多元回归模型

1. 多元回归模型构建

基于研究模型中提出的研究假设，首先，将变量授课学科分类进行回归，构建如下多元回归模型：

$$CE = \beta_0 + \beta_{Subj}Subj$$
$$IE = \beta_0 + \beta_{Subj}Subj \quad (5.1)$$

其次，在模型（5.1）的基础上，增加 MOOCs 教师社会资本作为自变量，包括学校等级和学术职称；增加 MOOCs 教师决策资本作为自变量，包括教师回帖数、教师评论数、教师主题帖数、教师回帖文本长度及教师回帖频率；增加 MOOCs 教师人力资本作为自变量，包括教师授课学时、教师授课数量和教师开课次数，由此构建如下多元回归模型：

$$CE = \beta_0 + \beta_{Subj}Subj + \beta_{SchL}SchL + \beta_{AcdT}AcdT + \beta_{QuaR}QuaR + \beta_{QuaC}QuaC$$
$$+ \beta_{QuaT}QuaT + \beta_{LenR}LenR + \beta_{FreR}FreR + \beta_{PerH}PerH + \beta_{QuaK}QuaK$$
$$+ \beta_{QuaS}QuaS$$
$$IE = \beta_0 + \beta_{Subj}Subj + \beta_{SchL}SchL + \beta_{AcdT}AcdT + \beta_{QuaR}QuaR + \beta_{QuaC}QuaC \quad (5.2)$$
$$+ \beta_{QuaT}QuaT + \beta_{LenR}LenR + \beta_{FreR}FreR + \beta_{PerH}PerH + \beta_{QuaK}QuaK$$
$$+ \beta_{QuaS}QuaS$$

最后，在模型（5.2）的基础上，增加 MOOCs 教师社会资本与精品授课比例的交互项，包括学校等级与精品授课比例的交互项，以及学术职称与精品授课比例的交互项，由此构建如下多元回归模型：

$$CE = \beta_0 + \beta_{Subj}Subj + \beta_{SchL}SchL + \beta_{AcdT}AcdT + \beta_{QuaR}QuaR + \beta_{QuaC}QuaC + \beta_{QuaT}QuaT$$
$$+ \beta_{LenR}LenR + \beta_{FreR}FreR + \beta_{PerH}PerH + \beta_{QuaK}QuaK + \beta_{QuaS}QuaS$$
$$+ \beta_{SR}SchL \times RtoQ + \beta_{AR}AcdT \times RtoQ$$

$$IE = \beta_0 + \beta_{Subj}Subj + \beta_{SchL}SchL + \beta_{AcdT}AcdT + \beta_{QuaR}QuaR + \beta_{QuaC}QuaC + \beta_{QuaT}QuaT$$
$$+ \beta_{LenR}LenR + \beta_{FreR}FreR + \beta_{PerH}PerH + \beta_{QuaK}QuaK + \beta_{QuaS}QuaS$$
$$+ \beta_{SR}SchL \times RtoQ + \beta_{AR}AcdT \times RtoQ$$

（5.3）

2. 多元回归结果分析

根据模型（5.1）～模型（5.3），分别进行多元回归分析，使用最小二乘法对模型进行参数估计，回归结果如表5.2～表5.4所示。

表 5.2 模型（5.1）回归结果

项目	课程评价 显著性	容差	VIF	互动评价 显著性	容差	VIF
常量	8.184（0.020）***			3.521（0.031）***		
计算机	0.975（0.042）***	0.840	1.191	1.109（0.064）***	0.840	1.191
工学	0.834（0.034）***	0.891	1.129	0.926（0.047）***	0.826	1.183
理学	0.576（0.035）***	0.772	1.295	0.346（0.053）***	0.772	1.295
哲学	0.737（0.124）***	0.981	1.020	1.348（0.189）***	0.981	1.020
外语	1.216（0.048）***	0.873	1.145	1.170（0.074）***	0.873	1.145
医药卫生	0.300（0.036）***	0.786	1.272	0.340（0.055）***	0.786	1.272
文学文化	0.735（0.061）***	0.920	1.087	1.375（0.092）***	0.920	1.087
艺术设计	0.412（0.061）***	0.921	1.086	1.339（0.093）***	0.921	1.086
管理学	0.429（0.045）***	0.858	1.166	0.833（0.068）***	0.858	1.166
经济学	0.948（0.055）***	0.904	1.106	1.076（0.084）***	0.904	1.106
农林园艺	−0.481（0.061）***	0.923	1.084	0.482（0.093）***	0.923	1.084
法学	0.509（0.053）***	0.896	1.116	1.679（0.080）***	0.896	1.116
历史	0.575（0.098）***	0.967	1.034	1.428（0.150）***	0.967	1.034
教育教学	0.005（0.049）	0.878	1.139	1.502（0.074）***	0.878	1.139
心理学	0.840（0.109）***	0.975	1.025	1.764（0.166）***	0.975	1.025
R^2	0.172			0.149		
调整 R^2	0.170			0.147		

注：括号内数字表示估计值的标准误；$N=7380$
***$p<0.001$

表 5.3 模型（5.2）回归结果

项目	课程评价 显著性	容差	VIF	互动评价 显著性	容差	VIF
常量	8.125（0.064）***			3.769（0.085）***		
计算机	0.827（0.038）***	0.820	1.220	0.697（0.051）***	0.820	1.220
工学	0.753（0.033）***	0.789	1.293	0.446（0.036）***	0.802	1.217
理学	0.380（0.033）***	0.729	1.389	0.008（0.043）	0.720	1.389
哲学	0.592（0.112）***	0.976	1.025	1.066（0.149）***	0.976	1.025
外语	1.211（0.057）***	0.846	1.183	1.033（0.059）***	0.846	1.183
医药卫生	0.299（0.033）***	0.773	1.294	0.427（0.044）***	0.773	1.294
文学文化	0.758（0.055）***	0.911	1.098	1.159（0.073）***	0.911	1.098
艺术设计	0.481（0.055）***	0.904	1.106	1.163（0.074）***	0.904	1.106
管理学	0.506（0.041）***	0.842	1.188	0.729（0.054）***	0.842	1.188
经济学	0.926（0.050）***	0.887	1.128	0.830（0.067）***	0.887	1.128
农林园艺	−0.404（0.056）	0.907	1.103	0.427（0.074）***	0.907	1.103
法学	0.489（0.048）***	0.890	1.124	1.520（0.063）***	0.890	1.124
历史	0.690（0.089）***	0.965	1.036	1.400（0.118）***	0.965	1.036
教育教学	0.025（0.046）	0.822	1.216	1.136（0.061）***	0.822	1.216
心理学	0.693（0.099）***	0.972	1.029	1.363（0.131）***	0.972	1.029
学校等级	0.066（0.012）***	0.856	1.168	−0.213（0.016）**	0.856	1.168
学术职称	−0.020（0.009）	0.936	1.068	0.010（0.007）	0.936	1.080
教师回帖数	0.158（0.010）***	0.229	4.361	0.208（0.013）***	0.229	4.361
教师评论数	−0.046（0.011）***	0.489	2.044	−0.046（0.014）**	0.489	2.044
教师主题帖数	−0.069（0.008）***	0.596	1.677	0.184（0.011）***	0.596	1.677
教师回帖文本长度	−0.025（0.007）*	0.360	2.781	0.013（0.270）	0.360	2.781
教师回帖频率	0.155（0.019）***	0.888	1.127	0.115（0.025）***	0.888	1.127
教师授课学时	−0.005（0.001）	0.897	1.114	−0.007（0.001）***	0.897	1.114
教师授课数量	−0.094（0.016）***	0.497	2.011	−0.048（0.021）*	0.497	2.011
教师开课次数	0.080（0.004）***	0.483	2.069	0.126（0.005）***	0.483	2.069
R^2		0.324			0.473	
调整 R^2		0.322			0.472	

注：括号内数字表示估计值的标准误；$N = 7380$

*$p < 0.05$

**$p < 0.01$

***$p < 0.001$

第5章 专业资本视角的MOOCs教师效能影响因素研究

表5.4 模型(5.3)回归结果

项目	课程评价 显著性	容差	VIF	互动评价 显著性	容差	VIF
常量	8.108(0.062)***			3.754(0.083)***		
计算机	0.859(0.037)***	0.818	1.222	0.728(0.050)***	0.818	1.222
工学	0.782(0.035)***	0.773	1.294	0.463(0.036)***	0.786	1.283
理学	0.399(0.032)***	0.720	1.390	0.026(0.043)	0.720	1.390
哲学	0.572(0.108)***	0.976	1.025	1.050(0.460)***	0.976	1.025
外语	1.258(0.043)***	0.843	1.186	1.077(0.058)***	0.843	1.186
医药卫生	0.352(0.032)***	0.766	1.305	0.475(0.043)***	0.766	1.305
文学文化	0.816(0.053)***	0.870	1.149	1.213(0.072)***	0.908	1.101
艺术设计	0.503(0.054)***	0.879	1.138	1.187(0.073)***	0.879	1.107
管理学	0.522(0.040)***	0.842	1.188	0.744(0.054)***	0.842	1.188
经济学	0.920(0.049)***	0.882	1.134	0.820(0.066)***	0.882	1.134
农林园艺	−0.394(0.054)***	0.907	1.103	0.436(0.073)***	0.907	1.103
法学	0.494(0.046)***	0.890	1.524	1.691(0.062)***	0.890	1.124
历史	0.780(0.086)***	0.963	1.039	1.497(0.116)***	0.963	1.039
教育教学	0.078(0.044)	0.820	1.220	1.186(0.060)***	0.820	1.220
心理学	0.790(0.096)**	0.970	1.031	1.458(0.129)***	0.970	1.031
学校等级	0.007(0.018)	0.730	1.369	−0.264(0.017)***	0.730	1.369
学术职称	−0.023(0.010)	0.679	1.473	0(0.014)	0.679	1.473
教师回帖数	0.136(0.010)***	0.227	4.408	0.187(0.013)***	0.227	4.408
教师评论数	−0.033(0.010)***	0.487	2.055	−0.034(0.014)*	0.487	2.055
教师主题帖数	−0.068(0.008)***	0.596	1.679	0.185(0.011)***	0.596	1.697
教师回帖文本长度	−0.020(0.007)**	0.359	2.785	0.019(0.010)	0.359	2.785
教师回帖频率	0.161(0.018)***	0.897	1.127	0.121(0.025)***	0.887	1.127
教师授课学时	−0.004(0.01)***	0.893	1.120	−0.006(0.001)**	0.893	1.120
教师授课数量	0.063(0.017)***	0.413	2.423	0.103(0.023)***	0.413	2.423
教师开课次数	0.027(0.004)***	0.332	3.013	0.075(0.006)***	0.332	3.013
交互变量						
精品授课比例与学校等级	0.159(0.015)***	0.145	6.914	0.135(0.020)***	0.145	6.914
精品授课比例与学术职称	0.009(0.016)	0.151	6.624	0.029(0.022)	0.151	6.624
R^2		0.367			0.491	
调整 R^2		0.650			0.489	

注：括号内数字表示估计值的标准误；$N = 7380$

*$p<0.05$
**$p<0.01$
***$p<0.001$

由表 5.2~表 5.4 可见，3 个模型中所有变量的 VIF ∈ (0,10)，容差 > 0.1，在共线性诊断中变量之间不存在多重共线性，因此，所构建的多元回归模型中变量不存在多重共线性问题。

通过最小二乘法估计回归系数，比较模型（5.1）～模型（5.3），在依次加入控制变量、自变量和交互变量的过程中[50]，各变量的显著性水平和回归系数均无明显变动，说明模型具有较强的稳健性。此外，三个模型对课程评价和互动评价的 R^2 分别为 (0.172, 0.149)、(0.324, 0.473) 和 (0.367, 0.491)，说明自变量和交互变量的引入使得模型的解释力度增加，多元回归模型拟合得更好。

由表 5.4 的回归结果可见，授课学科分类作为研究模型的控制变量，绝大多数学科的 MOOCs 对课程评价与互动评价均有显著正向影响，比较特殊的学科课程是理学类 MOOCs、农林园艺类 MOOCs 和教育教学类 MOOCs。其中，理学类 MOOCs 仅对课程评价有显著正向影响，而对互动评价无显著影响；农林园艺类 MOOCs 和教育教学类 MOOCs 仅对互动评价有显著正向影响，而对课程评价无显著正向影响。通过分析发现，理学类 MOOCs 包括数学、物理、化学、天文学、地理科学、生物、大气与海洋，这些课程通常研究自然物质运动基本规律，相对于其他学科中 MOOCs 学习者与教师之间的交流互动，更需要 MOOCs 学习者自身更多地投入课程学习，因此对 MOOCs 互动评价无显著影响。农林园艺类 MOOCs 多与植物、昆虫、动物和农业相关，专业性和实践性很强，相对其他类别的课程，农林园艺类 MOOCs 的参与人数和评论数较少；教育教学类 MOOCs 包括教学方法、教学能力、信息化教学、职业素养、学科教学、素质教育、体育教育和学前教育，这些课程主要针对教育工作者，相对其他类别的课程，教育教学类 MOOCs 受众面较窄。因此，选修农林园艺类 MOOCs 和教育教学类 MOOCs 的学习者更需要通过与 MOOCs 教师的互动来深入理解所学知识，由此对课程评价无显著正向影响。

根据表 5.4 的回归结果，作为自变量的社会资本（包括学校等级和学术职称）对课程评价（$\beta_{SchL} = 0.007, p > 0.05; \beta_{AcdT} = -0.023, p > 0.05$）和互动评价（$\beta_{SchL} = -0.264, p < 0.001; \beta_{AcdT} = 0, p > 0.05$）均无显著正向影响，因此，H5.1a 和 H5.1b 都不成立。这说明在中国大学 MOOC 平台，学校等级和学术职称虽然可以为 MOOCs 学习者选课提供参考，但不会成为 MOOCs 课程评价和互动评价的最终决定因素。近 81% 的 MOOCs 开设学校来自 985 和 211 大学，近 71% 的教师学术职称为副教授及以上，学校等级与学术职称存在较大的优质性和同质性，因此，学校等级与学术职称对课程评价和互动评价均无显著正向影响。此外，在中国大学 MOOC 平台中，学校等级对互动评价存在负向影响。这说明相对于等级低的大学，等级高的大学的 MOOCs 教师在课程论坛与 MOOCs 学习者进行交流互动方面有所欠缺。

为进一步研究作为模型自变量的社会资本，引入精品授课比例作为调节变量，分别研究精品授课比例与学校等级和学术职称的交互作用。研究发现，精品授课比例与学校等级的交互项对课程评价（$\beta_{SR} = 0.159, p < 0.001$）和互动评价（$\beta_{SR} = 0.135, p < 0.001$）均有显著正向影响，而精品授课比例与学术职称的交互项对课程评价（$\beta_{AR} = 0.009, p > 0.05$）和互动评价（$\beta_{AR} = 0.029, p > 0.05$）均无显著影响，因此，H5.4a 成立，H5.4b 不成立。这说明在中国大学 MOOC 平台，高品质 MOOCs 有助于推动学校等级对课程评价和互动评价的正面影响，但无助于推动学术职称对课程评价和互动评价的影响。

根据表 5.4 的回归结果，作为自变量的决策资本（包括教师回帖数和教师回帖频率）对课程评价（$\beta_{QuaR} = 0.136, p < 0.001; \beta_{FreR} = 0.161, p < 0.001$）和互动评价（$\beta_{QuaR} = 0.187, p < 0.001; \beta_{FreR} = 0.121, p < 0.001$）均有显著正向影响，由此，H5.2a 和 H5.2e 均成立。教师评论数对课程评价（$\beta_{QuaC} = -0.033, p < 0.001$）和互动评价（$\beta_{QuaC} = -0.034, p < 0.05$）均无显著正向影响，由此，H5.2b 不成立，并且教师评论数对课程评价和交互评价均有显著负向影响。教师主题帖数对课程评价（$\beta_{QuaT} = -0.068, p < 0.001$）有显著负向影响，对互动评价（$\beta_{QuaT} = 0.185, p < 0.001$）有显著正向影响，由此，H5.2c 部分成立。教师回帖文本长度对课程评价（$\beta_{LenR} = -0.020, p < 0.01$）有显著负向影响，对互动评价（$\beta_{LenR} = 0.019, p > 0.05$）无显著影响，由此，H5.2d 不成立。

根据表 5.4 的回归结果，作为自变量的人力资本（包括教师授课学时、教师授课数量和教师开课次数）对课程评价（$\beta_{PerH} = -0.004, p < 0.001; \beta_{QuaK} = 0.063, p < 0.001; \beta_{QuaS} = 0.027, p < 0.001$）和互动评价（$\beta_{PerH} = -0.006, p < 0.01; \beta_{QuaK} = 0.103, p < 0.001; \beta_{QuaS} = 0.075, p < 0.001$）有显著影响。其中，教师授课学时对课程评价和互动评价均有显著负向影响，由此，H5.3a 成立；教师授课数量和教师开课次数对课程评价和互动评价均有显著正向影响，由此，H5.3b 和 H5.3c 均成立。

综上所述，研究假设验证结果如表 5.5 所示。

表 5.5 研究假设验证结果

研究假设	检验结果
H5.1a MOOCs 教师的学校等级对课程评价和互动评价有显著的正向影响	不成立
H5.1b MOOCs 教师的学术职称对课程评价和互动评价有显著的正向影响	不成立
H5.2a MOOCs 教师回帖数对课程评价和互动评价有显著的正向影响	成立
H5.2b MOOCs 教师评论数对课程评价和互动评价有显著的正向影响	不成立
H5.2c MOOCs 教师主题帖数对课程评价和互动评价有显著的正向影响	部分成立
H5.2d MOOCs 教师回帖文本长度对课程评价和互动评价有显著的正向影响	不成立
H5.2e MOOCs 教师回帖频率对课程评价和互动评价有显著的正向影响	成立

研究假设	续表 检验结果
H5.3a MOOCs 教师授课学时对课程评价和互动评价有显著的负向影响	成立
H5.3b MOOCs 教师授课数量对课程评价和互动评价有显著的正向影响	成立
H5.3c MOOCs 教师开课次数对课程评价和互动评价有显著的正向影响	成立
H5.4a MOOCs 教师精品授课比例与学校等级的交互作用对课程评价和互动评价有显著的正向影响	成立
H5.4b MOOCs 教师精品授课比例与学术职称的交互作用对课程评价和互动评价有显著的正向影响	不成立

5.6 研究启示与未来研究方向

5.6.1 理论启示

首先，专业资本通常可以分为社会资本、决策资本和人力资本，但是直接对专业资本进行定量研究是困难的，因此，本章基于社会交换理论，将专业资本理解为应用社会网络进行动态交互的社会资源，从而利用社会资本（包括学校等级和学术职称）、决策资本（包括教师回帖数、教师评论数、教师主题帖数、教师回帖文本长度和教师回帖频率），以及人力资本（包括教师授课学时、教师授课数量和教师开课次数）三方面的观测数据来衡量专业资本。

其次，现有研究大多从 MOOCs 学习者或平台角度出发，分析 MOOCs 学习者的参与积极性、满意度，以及 MOOCs 平台质量等问题，以 MOOCs 教师角度进行的研究相对不足。MOOCs 教师作为 MOOCs 平台的重要组成部分，MOOCs 平台的持续发展依赖 MOOCs 教师的参与，因此，本章从 MOOCs 教师角度出发，实证研究了专业资本对 MOOCs 教师效能的影响，扩展了 MOOCs 研究领域。

最后，现有研究教师效能的文献以定性研究方法为主，依赖感知数据和问卷调查数据，通常这些数据会因个人心理预期与实际回报之间的差距而产生测量误差，因此，本章使用中国大学 MOOC 平台中客观的课程数据，减少了由主观感知数据造成的误差，并且通过定量研究方法评估针对 MOOCs 教师效能的课程评价（包括课程评分、课程评论数、课程评论情感值和课程参与人数）和互动评价（包括教师粉丝数、课程积极评论点赞数、学生回复教师主题帖数和学生点赞教师主题帖数）。

5.6.2 实践启示

1. 学科类别对课程评价和互动评价的影响

不同学科的 MOOCs 教师可以采取不同的教学策略。对于研究自然物质运动基本规律的理学类 MOOCs，MOOCs 教师应增加课程视频资源和阅读资源，便于 MOOCs 学习者更深入地学习课程，从而提高课程评价。对于思辨能力要求较高的法学、历史和心理学类 MOOCs，MOOCs 教师应注重参与课程学习论坛的交流，通过增加回复数量和提高参与频率，获得来自 MOOCs 学习者的更高互动评价。对于实践能力要求较高的农林园艺和医药卫生类 MOOCs，MOOCs 教师应重视线上与线下结合的教学方式，加入实习考核环节。对于外语类 MOOCs，MOOCs 平台应在课程学习论坛增加语音功能，使 MOOCs 学习者发帖和回帖都可以使用语音，提高语言学习的实用性。对于教育教学类 MOOCs，该课程主要给高校、教师和社会学习者提供技术方法论，建议 MOOCs 教师开设以精品课程为主题的系列 MOOCs。

2. 社会资本对教师效能的影响

MOOCs 开设学校应积极建设和严格甄选精品课程，提高 MOOCs 的多元性和代表性，保证 MOOCs 的质量，并做好精品课程后续的建设与维护工作。尤其是知名高校应充分挖掘自身的优质教学资源，激励更多教师共同参与 MOOCs 建设，这是由于学校等级在很大程度上影响了 MOOCs 学习者对 MOOCs 的期望与评价，较高的学习期望往往会让 MOOCs 学习者具有更高的积极性和参与度，从而提升 MOOCs 学习效果，与此同时，精品课程建设推动了 MOOCs 教师参与 MOOCs 学习论坛的互动，促进了优质教育资源的广泛传播，进而提升 MOOCs 平台的整体课程质量。

3. 决策资本对教师效能的影响

由于 MOOCs 学习论坛教师评论数对 MOOCs 课程评价和互动评价均有显著负向影响，MOOCs 教师应将侧重点放在对帖子的回复，直接解答学生的问题，帖子的标题可以起到对问题归类的作用，MOOCs 教师直接回复帖子可以提高回复的效用。与此同时，MOOCs 教师应减少对回复进行评论，这对 MOOCs 学习者获取有用信息没有实质性作用，反而会干扰 MOOCs 学习者查找有用的信息。此外，MOOCs 平台应细化学习论坛的帖子分类功能，避免 MOOCs 学习者重复提问，提升 MOOCs 学习论坛帖子列表的质量，由此提高 MOOCs 教师与学习者之间的讨论交流效率。

4. 人力资本对教师效能的影响

MOOCs 教师宜采用团队协作的教学形式，既可以减轻 MOOCs 教师授课负担，又可以整合优质教学资源。与此同时，MOOCs 平台应丰富教师个人主页，增加 MOOCs 教师授课情况和开课信息，一方面，可以在较为显眼的位置显示 MOOCs 学习者关注的课程信息，提升 MOOCs 学习者的体验；另一方面，可以提升 MOOCs 教师的荣誉感和成就感，促进 MOOCs 教师更好地投入 MOOCs 教学。

5.6.3 研究局限与研究展望

学生学业成就指标在衡量教师效能方面一直受到相关研究者的关注。本章关于 MOOCs 教师效能的研究数据来自中国大学 MOOC 平台，无法获取 MOOCs 学习者的学业成就相关信息，因此，后续需要将线上数据和线下数据相结合，进一步完善 MOOCs 教师效能的研究。

国内外存在较多 MOOCs 平台，不同的 MOOCs 平台之间存在较大差异和不同的受众群体。本章选择国内活跃用户最多的中国大学 MOOC 作为研究对象，为提高研究结论的普适性，后续需要对其他 MOOCs 平台进行研究，并展开 MOOCs 平台间的对比。

参 考 文 献

[1] Veletsianos G, Shepherdson P. A systematic analysis and synthesis of the empirical MOOC literature published in 2013—2015[J]. International Review of Research in Open and Distributed Learning, 2016, 17 (2): 198-221.

[2] Littlejohn A, Hood N, Milligan C, et al. Learning in MOOCs: Motivations and self-regulated learning in MOOCs[J]. The Internet Higher Education, 2016, 29: 40-48.

[3] Lundberg C A, Kim Y K, Andrade L M, et al. High expectations, strong support: Faculty behaviors predicting latina/o community college student learning[J]. Journal of College Student Development, 2018, 59 (1): 55-70.

[4] Rincón-Gallardo S, Fullan M. Essential features of effective networks in education[J]. Journal of Professional Capital and Community, 2016, 1 (1): 5-22.

[5] 葛楠, 孟召坤, 徐梅丹, 等. 非正式网络学习共同体中社会存在感影响因素研究[J]. 中国远程教育, 2017 (1): 37-44.

[6] Bos-Nehles A C, Meijerink J G. HRM implementation by multiple HRM actors: A social exchange perspective[J]. The International Journal of Human Resource Management, 2018, 29 (22): 3068-3092.

[7] Evans S, Myrick J G. How MOOC instructors view the pedagogy and purposes of massive open online courses[J]. Distance Education, 2015, 36 (3): 295-311.

[8] 冯瑞. 高校教师开展慕课的行动意向及其动因研究——基于扩展的技术接受模型[J]. 江苏高教, 2017 (7): 68-73.

[9] 方旭, 杨改学. 高校教师慕课教学行为意向影响因素研究[J]. 开放教育研究, 2016, 22 (2): 67-76.

[10] 徐舜平. 中国大学和教师参与 MOOC 的行为分析——以清华大学为例[J]. 中国远程教育, 2014 (6): 33-39, 64, 96.

[11] Tsai Y H, Lin C H, Hong J C, et al. The effects of metacognition on online learning interest and continuance to learn with MOOCs[J]. Computers & Education, 2018, 121: 18-29.

[12] Watson S L, Watson W R, Richardson J, et al. Instructor's use of social presence, teaching presence, and attitudinal dissonance: A case study of an attitudinal change MOOC[J]. International Review of Research in Open and Distributed Learning, 2016, 17 (3): 54-74.

[13] 吴冰. 慕课讨论区反馈对学习者学习进度的影响研究[J]. 高教发展与评估, 2021, 37 (4): 33-43, 108-109.

[14] Douglas K A, Zielinski M W, Merzdorf H, et al. Meaningful learner information for MOOC instructors examined through a contextualized evaluation framework[J]. International Review of Research in Open and Distributed Learning, 2019, 20 (1): 204-220.

[15] Emmons S R, Light R P, Börner K. MOOC visual analytics: Empowering students, teachers, researchers, and platform developers of massively open online courses[J]. Journal of the Association for Information Science and Technology, 2017, 68 (10): 2350-2363.

[16] 郑瑞强, 卢宇. 高校翻转课堂教学模式优化设计与实践反思[J]. 高校教育管理, 2017, 11 (1): 97-103.

[17] Garreta-Domingo M, Hernández-Leo D, Sloep P B. Evaluation to support learning design: Lessons learned in a teacher training MOOC[J]. Australasian Journal of Educational Technology, 2018, 34 (2): 56-77.

[18] 高瑜珊, 汪琼. 教师教学能力提升类 MOOC 的探索与实践[J]. 电化教育研究, 2017, 38 (10): 124-128.

[19] 高振宇. 教师专业资本的内涵、要素与建设策略[J]. 教师发展研究, 2017, 1 (1): 72-78.

[20] 毛荟, 何云峰, 王宁. 慕课浪潮下高校教师发展策略研究[J]. 教育理论与实践, 2017, 37 (12): 18-20.

[21] 孙先洪, 张茜, 韩登亮. 慕课中的教师角色研究[J]. 现代教育技术, 2018, 28 (11): 100-106.

[22] Yoon S, Yom J K, Yang Z T, et al. The effects of teachers' social and human capital on urban science reform initiatives: Considerations for professional development[J]. Teachers College Record, 2017, 119 (4): 1-32.

[23] 张茂聪, 李睿. 人力资本理论视域下高校教师的流动问题研究[J]. 高校教育管理, 2017, 11 (5): 1-6.

[24] 刘军仪, 杨春梅. 人力资本视角下中美高校教师薪酬制度的比较研究[J]. 高教探索, 2017 (7): 68-72.

[25] Wasko M M, Faraj S. Why should I share? Examining social capital and knowledge contribution in electronic networks of practice[J]. MIS Quarterly, 2005, 29 (1): 35-57.

[26] Al-Husseini S J. Social capital and individual motivations for information sharing: A theory of reasoned action perspective[J]. Journal of Information Science, 2023, 49 (6): 1493-1505.

[27] Bridwell-Mitchell E N, Cooc N. The ties that bind: How social capital is forged and forfeited in teacher communities[J]. Educational Researcher, 2016, 45 (1): 7-17.

[28] Edinger S K, Edinger M J. Improving teacher job satisfaction: The roles of social capital, teacher efficacy, and support[J]. Journal of Psychology, 2018, 152 (8): 573-593.

[29] Sole S L, Zaragoza M C, Diaz-Gibson J. Social capital and social networks of teachers: Systematic review[J]. Revista de Educacion, 2018, 381: 233-257.

[30] Quinn D M, Kim J S. Experimental effects of program management approach on teachers' professional ties and social capital[J]. Educational Evaluation and Policy Analysis, 2018, 40 (2): 196-218.

[31] Toom A. Social relations contributing to teachers' professional capabilities and integrity: For the best of student learning[J]. Teachers and Teaching, 2017, 23 (6): 631-634.

[32] Blau P M. Exchange and Power in Social Life[M]. London: Routledge, 2017.

[33] Tsai H Y S, Hsu P J, Chang C L, et al. High tension lines: Negative social exchange and psychological well-being

in the context of instant messaging[J]. Computers in Human Behavior, 2019, 93: 326-332.

[34] Brown C G. A systematic review of the relationship between self-efficacy and burnout in teachers[J]. Educational and Child Psychology, 2012, 29 (4): 47-63.

[35] Neugebauer S R, Hopkins M. Social sources of teacher self-efficacy: The potency of teacher interactions and proximity to instruction[J]. Teachers College Record, 2019, 121 (4): 040305.

[36] Klassen R M, Tze V M C. Teachers' self-efficacy, personality, and teaching effectiveness: A meta-analysis[J]. Educational Research Review, 2014, 12: 59-76.

[37] Kane T, Kerr K, Pianta R. Designing Teacher Evaluation Systems: New Guidance from the Measures of Effective Teaching Project[M]. Hoboken: John Wiley & Sons, 2014.

[38] Wallace T L, Kelcey B, Ruzek E. What can student perception surveys tell us about teaching? Empirically testing the underlying structure of the tripod student perception survey[J]. American Educational Research Journal, 2016, 53 (6): 1834-1868.

[39] Kim L E, Jörg V, Klassen R M. A meta-analysis of the effects of teacher personality on teacher effectiveness and burnout[J]. Educational Psychology Review, 2019, 31 (1): 163-195.

[40] Frenzel A C, Becker-Kurz B, Pekrun R, et al. Emotion transmission in the classroom revisited: A reciprocal effects model of teacher and student enjoyment[J]. Journal of Educational Psychology, 2018, 110 (5): 628-639.

[41] Clark S, Newberry M. Are we building preservice Teacher self-efficacy? A large-scale study examining teacher education experiences[J]. Asia-Pacific Journal of Teacher Education, 2019, 47 (1): 32-47.

[42] 蔡永红, 申晓月, 李燕丽. 基本心理需要满足、自我效能感与教师教学专长发展[J]. 教育研究, 2018, 39 (2): 103-111.

[43] Fullan M, Rincón-Gallardo S, Hargreaves A. Professional capital as accountability[J]. Education Policy Analysis Archives, 2015, 23: 15.

[44] Guo S S, Guo X T, Fang Y L, et al. How doctors gain social and economic returns in online health-care communities: A professional capital perspective[J]. Journal of Management Information Systems, 2017, 34 (2): 487-519.

[45] Nazir S, Qun W, Hui L, et al. Influence of social exchange relationships on affective commitment and innovative behavior: Role of perceived organizational support[J]. Sustainability, 2018, 10 (12): 4418-4438.

[46] Rehm M, Notten A. Twitter as an informal learning space for teachers!? The role of social capital in Twitter conversations among teachers[J]. Teaching and Teacher Education, 2016, 60 (S1): 215-223.

[47] Kim L E, MacCann C. Instructor personality matters for student evaluations: Evidence from two subject areas at university[J]. British Journal of Educational Psychology, 2018, 88 (4): 584-605.

[48] Wu B, Chen W. Factors affecting MOOC teacher effectiveness from the perspective of professional capital[J]. Behaviour & Information Technology, 2023, 42 (5): 498-513.

[49] Escanciano J C, Goh S C. Quantile-regression inference with adaptive control of size[J]. Journal of the American Statistical Association, 2019, 114 (527): 1382-1393.

[50] Bun M J G, Harrison T D. OLS and IV estimation of regression models including endogenous interaction terms[J]. Econometric Reviews, 2019, 38 (7): 814-827.

第6章　MOOCs学习论坛反馈对学习进度的影响研究

6.1　概　　述

MOOCs平台作为"互联网＋教育"的产物，具有大规模、开放性、网络在线等特点，可有效降低教育成本，有助于实现个性化教育，使教育资源向大众倾斜。但随着MOOCs的发展，MOOCs教学中教师和学习者时空分离，教师不能及时了解学习者的学习状况，因此，如何提高MOOCs教学交互的活跃性成为MOOCs研究者和实践者关注的问题[1]。MOOCs学习论坛是解决这一问题的有效工具，MOOCs学习论坛是教师和学习者进行交流与互动的重要场所，MOOCs学习者在课程学习论坛发帖提问，经由MOOCs教师或其他MOOCs学习者的反馈而得到解答。由此，通过有效的课程学习论坛反馈，激发MOOCs协作学习的团体意识和团体参与[2,3]，推进MOOCs学习者的学习积极性，是一个社会认知的过程，但目前相关研究很少。

因此，本章从MOOCs学习者视角，基于社会认知理论，提出影响MOOCs学习者学习进度的研究假设，构建MOOCs学习者学习进度研究模型。抓取国际知名Coursera平台中MOOCs热门课程"机器学习"学习论坛的相关数据，通过多元回归分析MOOCs学习论坛反馈对MOOCs学习者学习进度的影响，在理论上深化对MOOCs学习者的研究，在实践中为推进MOOCs学习者学习进度提供建议。

6.2　文　献　综　述

1. 社会认知理论

学者基于认知主义理论，概括社会学习对人类认知的作用，由此形成了融合认知主义与行为主义的社会认知理论[4]。社会认知理论作为社会心理学的重要理论之一，通过关注人的信念、记忆、期望、动机及自我强化等认知因素，可以解释社会学习过程[5]。

社会认知理论可以为学习行为分析带来两方面启示：一方面，社会认知理论强调学习者通过观察各种行为及其结果来进行学习；另一方面，社会认知理论强调自我调节,包括设定标准和目标、自我观察、自我评估、自我反映和自我反思,由此,学习者通过控制与指导自身行为、自我监控和自我强化来进行学习。

MOOCs平台为教师和学习者提供了交流互动的学习情境,MOOCs教师与学习者及MOOCs学习者之间可以在课程学习论坛交流学习问题、激发问题思考和开展思辨讨论[3],由此,MOOCs学习论坛成为激发MOOCs教师与学习者群体意识和群体参与的有效途径。在MOOCs学习论坛中,若MOOCs学习者发现所提问题总能得到及时而满意的回复,就更有可能设定使自己不断进步的学习目标,培养自我强化的学习行为。

2. MOOCs学习论坛的参与

学者通过分析评分最高的MOOCs学习论坛社会性交互的现状与交互质量,建议构建MOOCs学习共同体,发挥MOOCs学习的社会效应,建立健全课程评价机制,以此提高MOOCs学习论坛的社会性交互质量[6-9]。

通过语义网络分析与文本分析发现MOOCs学习者的发言特征,研究MOOCs学习者在MOOCs学习论坛中参与交互的意愿[10,11],发现具有内在动机的MOOCs学习者及持续参与MOOCs学习论坛的MOOCs学习者更有可能取得较好成绩[12,13],由此MOOCs学习论坛在激励MOOCs学习者继续学习方面发挥了重要作用[14]。考虑MOOCs学习者能力存在差异,通过对MOOCs学习论坛中MOOCs学习者的互动能力进行建模,可以将MOOCs学习者的互动能力进行合理分类[2,15]。

3. 现有研究评述

目前虽然有研究探讨MOOCs学习论坛的影响与作用[16,17],但从MOOCs学习者视角探究MOOCs学习者学习进度影响因素的研究缺乏。MOOCs平台已积累大量客观数据,可以通过网络挖掘MOOCs学习论坛相关数据[18,19],尤其Coursera平台的MOOCs学习论坛还提供了MOOCs学习者的学习进度数据,为定量研究MOOCs学习者学习进度的影响因素提供了可行性。

与此同时,社会认知理论可用于理解MOOCs学习论坛中MOOCs学习者更有可能设定使自己不断进步的学习目标,培养自我强化的学习行为,因此,本章基于社会认知理论,定量研究MOOCs学习者学习进度影响因素。

6.3 研究假设与模型构建

6.3.1 研究假设

根据社会认知理论,本章将MOOCs学习论坛被回帖归为MOOCs学习者学习情境，MOOCs 学习者发帖归为 MOOCs 学习者学习行为，MOOCs 学习者学习进度归为 MOOCs 学习者学习效果，研究学习情境、学习行为和学习效果三者之间的关联模式。

MOOCs 平台要求 MOOCs 教师不仅提供 MOOCs 教学内容，而且积极参与 MOOCs 学习论坛并与学习者进行交流互动，由此，来自 MOOCs 教师的支持与鼓励能促进 MOOCs 学习者完成学习，发挥 MOOCs 教学引导者的作用[20]。MOOCs 学习论坛最基本的功能是为 MOOCs 教师与学习者提供互动的平台，通过营造良好互动的学习环境，推进 MOOCs 教师与学习者之间的知识交流和知识传递[21]。

MOOCs 教师参与 MOOCs 学习论坛交流和互动，有助于引导 MOOCs 学习者积极提问、深入思考和学习讨论，更能激发 MOOCs 学习者的学习积极性。在 MOOCs 学习论坛发帖的学习者，相对于得到来自其他 MOOCs 学习者的回复，更希望得到来自 MOOCs 教师的回复[11]。这是由于 MOOCs 教师的学习论坛参与行为在一定程度上能够提高 MOOCs 学习者的学习积极性和学习论坛的参与积极性[22]。因此，本章提出以下研究假设。

H6.1a 回帖人身份对 MOOCs 学习者学习进度有显著正向影响。

H6.1b 回帖人身份对 MOOCs 学习者发帖总数有显著正向影响。

MOOCs 学习论坛为 MOOCs 学习者提供了社会学习的平台，有助于提高 MOOCs 学习者作为 MOOCs 学习共同体的归属感、培养 MOOCs 学习者的表达能力、培养 MOOCs 学习者的竞争能力，以及培养 MOOCs 学习者之间的知识互动能力，由此提升 MOOCs 学习者的学习积极性。尤其当 MOOCs 学习者从 MOOCs 学习论坛获得及时而有效的反馈时，可以减少重复的提问发帖，提高 MOOCs 学习效率，进而对 MOOCs 学习者持续学习行为有显著影响[23]。因此，本章提出以下研究假设。

H6.2a 被回帖间隔天数对 MOOCs 学习者学习进度有显著负向影响。

H6.2b 被回帖间隔天数对 MOOCs 学习者发帖总数有显著正向影响。

从 MOOCs 学习者角度，MOOCs 学习者通过参与 MOOCs 学习论坛交互，MOOCs 学习者之间相互学习，可以通过获得有价值的学习信息，增加 MOOCs 学习者自身的社会临场感，以及通过建立和谐的 MOOCs 学习氛围，激励 MOOCs 学习者进行积极的思考和探索，以提高 MOOCs 学习效果。由此，在 MOOCs 学习论坛，当某话题的回复所包含的信息丰富时，MOOCs 学习论坛成员更倾向于参与该话题的讨论，并且用较多文字继续参与该话题的讨论[24]。因此，本章提出以下研究假设。

H6.3a 被回帖长度对 MOOCs 学习者学习进度有显著正向影响。

H6.3b 被回帖长度对 MOOCs 学习者发帖总数有显著正向影响。

MOOCs 学习者来自不同的社会文化背景，MOOCs 学习论坛为 MOOCs 学习者提供了社会互动环境,由此,MOOCs学习者之间的协作学习既能促进学习者积极地完成MOOCs,还能通过了解其他MOOCs学习者的学习进度,感知来自其他MOOCs学习者的竞争压力[25],由此,促进MOOCs学习者完成课程。此外,MOOCs学习进度较快的回帖人能更有效地解决MOOCs学习者的提问,减少学习者重复提问发帖,以提高发帖效用。因此,本章提出以下研究假设。

H6.4a 回帖人学习进度对MOOCs学习者学习进度有显著正向影响。

H6.4b 回帖人学习进度对MOOCs学习者发帖总数有显著负向影响。

在MOOCs学习论坛中,MOOCs教师与学习者通过参与共同话题的讨论,连接成为一个教学协作共同体,由此创造与保持畅通的信息交流环境。不同的回帖反馈情感会影响MOOCs学习者的学习认知、学习动机和学习策略,从而影响MOOCs学习者的学习积极性。在此基础上,回帖反馈情感还会对MOOCs学习者积极参与MOOCs学习论坛,并且采用积极的情感表达进行发帖,产生正面影响[26]。因此,本章提出以下研究假设。

H6.5a 被回帖情感值对MOOCs学习者学习进度有显著正向影响。

H6.5b 被回帖情感值对MOOCs学习者发帖总数有显著正向影响。

H6.5c 被回帖情感值对MOOCs学习者发帖情感值有显著正向影响。

MOOCs学习者在MOOCs学习论坛的发帖总数可以有效地反映出MOOCs学习者参与MOOCs学习论坛的积极性及进行动态交互的能力,并且参与MOOCs学习论坛的积极性及进行动态交互的能力均与MOOCs完成率之间存在正相关性[27]。因此,本章提出以下研究假设。

H6.6 MOOCs学习者发帖总数对MOOCs学习者学习进度有显著正向影响。

MOOCs学习者在MOOCs学习论坛中表达的情感与学习积极性之间有明显的关联[28],MOOCs学习者积极的情感表达会影响MOOCs学习者的学习进度。因此,本章提出以下研究假设。

H6.7 MOOCs学习者发帖情感值对MOOCs学习者学习进度有显著正向影响。

6.3.2 模型构建

根据以上研究假设,构建基于社会认知理论的MOOCs学习者学习进度研究模型,如图6.1所示。作为学习情境,MOOCs学习论坛被回帖要素包括回帖人身份、被回帖间隔天数、被回帖长度、回帖人学习进度和被回帖情感值,对作为学习效果的MOOCs学习者学习进度产生影响,并且对作为学习行为的MOOCs学习者发帖要素产生影响;MOOCs学习者发帖要素包括发帖总数和发帖情感值,对作为学习效果的MOOCs学习者学习进度产生影响。

第 6 章 MOOCs学习论坛反馈对学习进度的影响研究

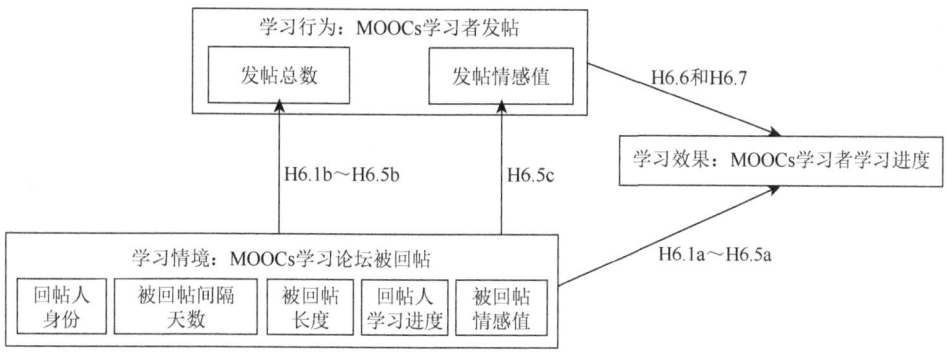

图 6.1 MOOCs 学习者学习进度研究模型

6.4 数据获取与分析

6.4.1 数据获取

本章选取国际知名 Coursera 平台的 MOOCs 热门课程"机器学习"作为研究对象，Python 编程抓取 2016 年 8 月～2019 年 11 月 MOOCs 学习论坛的相关数据。通过数据预处理，获得 37927 个 MOOCs 学习者的有效数据。

6.4.2 变量说明

1. 因变量和自变量

研究模型的因变量是 MOOCs 学习者学习进度。在"机器学习"课程学习论坛中，MOOCs 学习者学习进度定义为 MOOCs 学习者学习进程在 MOOCs 教学计划进程中的占比。

研究模型的自变量按 MOOCs 学习者发帖及 MOOCs 学习论坛被回帖情况进行统计，包括 MOOCs 学习者的发帖总数和发帖情感值，MOOCs 学习论坛的回帖人身份、被回帖间隔天数、被回帖长度、回帖人学习进度和被回帖情感值。其中，MOOCs 学习者的发帖总数定义为在 MOOCs 学习论坛的发帖总数；MOOCs 学习者的发帖情感值定义为所有发帖文本的平均情感值；MOOCs 学习论坛回帖人身份定义为所有回帖用户的身份均值，0 代表学生，1 代表助教/教师；MOOCs 学习论坛被回帖间隔天数定义为所有回帖的平均间隔天数；MOOCs 学习论坛被回帖长度定义为所有回帖文本的平均字数；MOOCs 学习论坛被回帖情感值定义为所有回帖文本的平均情感值。

在"机器学习"课程学习论坛中，所有帖子文本均为英文。为了获得发帖文本和回帖文本的情感值，本章使用 R 语言进行文本情感分析，正数代表积极情感，负数代表消极情感，0 代表中立情感，情感绝对值越大，情感越强烈。

2. 变量描述性统计

研究变量的描述性统计如表 6.1 所示。MOOCs 学习者学习进度有一定差异；发帖总数存在一定差异，但发帖情感值是正面的并且相差不大；被回帖间隔天数有很大的差异，有的回帖很及时；被回帖长度通常较大，但被回帖长度也存在一定的差异；被回帖情感值是正面的并且相差不大；回帖人学习进度的均值高于 MOOCs 学习者学习进度的均值。

表 6.1　研究变量的描述性统计

变量	极小值	极大值	均值	标准差
MOOCs 学习者学习进度（Pg）	0	100	59.24	26.49
发帖总数（Pn）/条	1	1581	3.60	9.65
发帖情感值（Ps）	−7	20	0.36	1.59
被回帖间隔天数（Rd）/天	0	1153	6.54	40.64
被回帖长度（Rl）/字数	1	4651	200.67	167.93
被回帖情感值（Rs）	−6	16	0.50	1.14
回帖人身份（Ri）（0 代表学生，1 代表助教/教师）	0	1	0.37	0.48
回帖人学习进度（Rg）	0	100	65.09	13.15

6.4.3　相关性分析

为了分析变量之间是否独立，需要计算各变量之间的皮尔逊相关系数。两个变量之间皮尔逊相关系数的绝对值越大，相关性越强，反之，两个变量之间皮尔逊相关系数越接近 0，相关性越弱。本章各变量之间的皮尔逊相关系数均小于 0.6[28]，因此各变量之间是相互独立的，可以进行多元回归分析。

6.4.4　多元回归模型

基于 H6.5c，将 MOOCs 学习者发帖情感值作为因变量，MOOCs 学习论坛被回帖情感值作为自变量，构建如下多元回归模型：

$$Ps = \beta_0 + \beta_{Rs} Rs \tag{6.1}$$

基于H6.1b~H6.5b，将MOOCs学习者发帖总数作为因变量，MOOCs学习论坛回帖人身份、被回帖间隔天数、被回帖长度、回帖人学习进度和被回帖情感值作为自变量，构建如下多元回归模型：

$$Pn = \beta_0 + \beta_{Ri}Ri + \beta_{Rd}Rd + \beta_{Rl}Rl + \beta_{Rg}Rg + \beta_{Rs}Rs \qquad (6.2)$$

基于H6.1a~H6.5a、H6.6和H6.7，将MOOCs学习者学习进度作为因变量，MOOCs学习论坛的回帖人身份、被回帖间隔天数、被回帖长度、回帖人学习进度和被回帖情感值，以及MOOCs学习者发帖总数和发帖情感值作为自变量，构建如下多元回归模型：

$$Pg = \beta_0 + \beta_{Ri}Ri + \beta_{Rd}Rd + \beta_{Rl}Rl + \beta_{Rg}Rg + \beta_{Rs}Rs + \beta_{Pn}Pn + \beta_{Ps}Ps \qquad (6.3)$$

根据以上三个多元回归模型，进行多元线性回归分析，回归结果如表6.2所示，三个多元回归模型在共线性诊断中，所有变量的VIF $\in (0,10)$，容差>0.1，变量之间不存在多重共线性[28]，因此，三个多元回归模型中变量不存在多重共线性问题。

表6.2 模型回归结果

项目	模型（6.1）发帖情感值 显著性	容差	VIF	模型（6.2）发帖总数 显著性	容差	VIF	模型（6.3）MOOCs学习者学习进度 显著性	容差	VIF
常量	0.244（0.009）***			0.215（0.059）***			9.628（1.763）***		
回帖人身份				−1.112（0.021）***	0.844	1.185	−0.588（0.696）	0.667	1.500
被回帖间隔天数				0.048（0.005）***	0.902	1.109	−0.768（0.143）***	0.893	1.120
被回帖长度				0.230（0.010）***	0.880	1.137	−1.330（0.307）***	0.839	1.192
回帖人学习进度				−0.001（0）**	0.976	1.024	0.835（0.014）***	0.976	1.025
被回帖情感值	0.243（0.007）***	1.000	1.000	−0.099（0.007）***	0.898	1.115	−0.294（0.214）	0.841	1.190
发帖总数							3.454（0.287）***	0.671	1.490
发帖情感值							0.281（0.135）**	0.946	1.057
R^2	0.031			0.242			0.327		
调整R^2	0.030			0.240			0.321		

**$p<0.01$

***$p<0.001$

6.4.5 假设检验结果分析

对以上研究假设检验结果进行总结，如表6.3所示。在13个研究假设中，有8个研究假设成立。

表 6.3 研究假设检验总结

假设	是否成立
H6.1a 回帖人身份对 MOOCs 学习者学习进度有显著正向影响	不成立
H6.1b 回帖人身份对 MOOCs 学习者发帖总数有显著正向影响	不成立
H6.2a 被回帖间隔天数对 MOOCs 学习者学习进度有显著负向影响	成立
H6.2b 被回帖间隔天数对 MOOCs 学习者发帖总数有显著正向影响	成立
H6.3a 被回帖长度对 MOOCs 学习者学习进度有显著正向影响	不成立
H6.3b 被回帖长度对 MOOCs 学习者发帖总数有显著正向影响	成立
H6.4a 回帖人学习进度对 MOOCs 学习者学习进度有显著正向影响	成立
H6.4b 回帖人学习进度对 MOOCs 学习者发帖总数有显著负向影响	成立
H6.5a 被回帖情感值对 MOOCs 学习者学习进度有显著正向影响	不成立
H6.5b 被回帖情感值对 MOOCs 学习者发帖总数有显著正向影响	不成立
H6.5c 被回帖情感值对 MOOCs 学习者发帖情感值有显著正向影响	成立
H6.6 MOOCs 学习者发帖总数对 MOOCs 学习者学习进度有显著正向影响	成立
H6.7 MOOCs 学习者发帖情感值对 MOOCs 学习者学习进度有显著正向影响	成立

与 H6.1a、H6.1b、H6.5a、H6.5b 不一致，MOOCs 学习论坛回帖人身份和被回帖情感值不能正向影响 MOOCs 学习者学习进度和发帖总数。这可能是由于 MOOCs 教师很少直接参与 Coursera 平台"机器学习"课程学习论坛，主要由 MOOCs 学习者参与回帖，因此回帖人身份及其情感表达并不能提高 MOOCs 学习者的学习积极性和发帖积极性。

与 H6.5c 一致，MOOCs 学习论坛被回帖情感值正向影响 MOOCs 学习者发帖情感值。这说明在 Coursera 平台"机器学习"课程学习论坛，情感积极的回帖更易于为 MOOCs 学习者所接受和认可。与 H6.6 和 H6.7 一致，MOOCs 学习者发帖总数和发帖情感值均显著正向影响 MOOCs 学习者学习进度，这说明在 Coursera 平台"机器学习"课程学习论坛，积极参与课程学习论坛交流的 MOOCs 学习者对学习有着浓厚的兴趣，由此学习积极性会更高。

与 H6.2a 和 H6.2b 一致，MOOCs 学习论坛被回帖间隔天数对 MOOCs 学习者学习进度有显著负向影响，对 MOOCs 学习者发帖总数有显著正向影响。这说明在 Coursera 平台"机器学习"课程学习论坛，一旦被回帖及时，MOOCs 学习者就可以减少不必要的重复发帖，并且有可能从课程学习论坛已有的各种回帖中获得满意的解答，借此感受到浓厚的同伴学习氛围，从而推进自身的 MOOCs 学习进程。

与 H6.3a 不一致，MOOCs 学习论坛被回帖长度对 MOOCs 学习者学习进度没有显著正向影响；与 H6.3b 一致，MOOCs 学习论坛被回帖长度对 MOOCs 学习者发帖总数有显著正向影响。这说明在 Coursera 平台"机器学习"课程学习论坛，详细的解答并不能直接影响 MOOCs 学习者的学习进度，但详细的解答会吸引 MOOCs 学习者积极参与课程学习论坛，提高 MOOCs 学习者的学习积极性，进而推进学习进程。

与 H6.4a 和 H6.4b 一致，MOOCs 学习论坛回帖人学习进度对 MOOCs 学习者学习进度和发帖总数分别有显著正向影响和负向影响。这说明在 Coursera 平台"机器学习"课程学习论坛，学习进度较快的同伴参与交流互动能激励 MOOCs 学习者更深入地了解学习内容，因而更能带动课程学习论坛中 MOOCs 学习者的学习积极性，但回帖人的学习进度较快，可能使得他们在论坛上花费更少的时间，从而减少了发帖总数。

6.5 研究启示与未来研究方向

6.5.1 理论启示

首先，基于社会认知理论，为研究 MOOCs 学习者通过 MOOCs 学习论坛反馈，设定使自己不断进步的学习目标，培养自我强化的学习行为，进而提高学习积极性提供了理论依据。

其次，现有 MOOCs 学习论坛的研究大多探讨 MOOCs 教师和学习者的参与积极性、满意度和 MOOCs 学习论坛的特征，而从 MOOCs 学习者角度研究学习进度影响因素的研究相对缺乏，但 MOOCs 学习者的学习积极性是 MOOCs 发展的关键，因此，探讨 MOOCs 学习者学习进度的影响因素，有助于深化对 MOOCs 学习者的行为研究。

最后，现有 MOOCs 学习论坛的研究缺乏对 MOOCs 学习者学习进度的定量分析，因此，本章以 MOOCs 学习者学习进度为因变量，MOOCs 学习者发帖总数和发帖情感值，以及 MOOCs 学习论坛回帖人身份、被回帖间隔天数、被回帖长度、回帖人学习进度和被回帖情感值为自变量，对 MOOCs 学习者学习进度的影响因素进行多元回归定量分析。

6.5.2 实践启示

首先，MOOCs 学习论坛回帖人身份和被回帖情感值不能直接影响 MOOCs 学习者学习进度，但 MOOCs 学习论坛被回帖情感值可以通过影响 MOOCs 学习者发帖情感值而间接影响 MOOCs 学习者学习进度。因此，在 MOOCs 学习论坛中，MOOCs 助教和学习者采用客观的语气和清晰的思路，既可以解答课程问题，也可以分享与交流学习经验和学习体会，以此引导与调动 MOOCs 学习者学习积极性，进而将 MOOCs 学习目标定位在知识积累和能力提高方面。

其次，MOOCs 学习论坛被回帖间隔天数对 MOOCs 学习者学习进度有显著负向影响，对 MOOCs 学习者发帖总数有显著正向影响，因此，MOOCs 学习论坛要着力建设良好互动的学习环境，鼓励 MOOCs 学习者积极参与课程讨论，保持 MOOCs 学习论坛的活跃度，使得 MOOCs 学习者的发帖提问能及时而有效地得到解答，激发 MOOCs 学习者的社会学习动机，从而推进 MOOCs 学习者的学习进程。

再次，MOOCs 学习论坛被回帖长度不能直接影响 MOOCs 学习者学习进度，但可以通过影响 MOOCs 学习者发帖总数而间接影响 MOOCs 学习者学习进度，因此，MOOCs 助教可以定期收集与整理 MOOCs 学习者发帖提问，详尽地对这些问题做出解答，建立常见问题及解答专区，通过激发 MOOCs 学习者学习交流的积极性，推进课程学习。

最后，MOOCs 学习论坛回帖人学习进度越快，越能推进 MOOCs 学习者的课程学习，说明 MOOCs 同伴学习可以支持 MOOCs 学习者从互动参与中获得社会存在感，因此，MOOCs 学习论坛可以通过采取有效的措施，鼓励 MOOCs 同伴学习，根据 MOOCs 学习者发帖的被回帖数和被点赞数，综合 MOOCs 学习者学习进度，在 MOOCs 学习论坛设置排行榜，促进 MOOCs 学习者在 MOOCs 学习论坛进行深入交流与探讨。

6.5.3 研究局限与研究展望

本章获取国际知名 Coursera 平台 MOOCs 热门课程"机器学习"课程学习论坛 37927 个学习者的有效数据进行实证，验证了研究假设，因此，后续研究将扩展到 Coursera 平台更多的课程学习论坛，扩大实证研究的样本范围。在此基础上，后续研究还要进一步拓展研究变量，例如，增加授课学科分类控制变量。

参 考 文 献

[1] 周季蕾，柴剑彬. 网页营销信息对大型开放式在线课程收入的影响——基于 Heckman 两阶段模型的分析[J]. 软科学，2018，32（9）：98-102

[2] Cohen A, Shimony U, Nachmias R, et al. Active learners' characterization in MOOC forums and their generated knowledge[J]. British Journal of Educational Technology, 2019, 50（1）: 177-198.

[3] He C C, Ma P H, Zhou L S, et al. Is participating in MOOC forums important for students? A data-driven study from the perspective of the supernetwork[J]. Journal of Data and Information Science, 2018, 3（2）: 62-77.

[4] Goradia T, Bugarcic A. A social cognitive view of self-regulated learning within online environment[J]. Advances in Integrative Medicine, 2017, 4（1）: 5-6.

[5] Lo Schiavo M, Prinari B, Saito I, et al. A dynamical systems approach to triadic reciprocal determinism of social

[6] Pérez-Nicolás R L, Alario-Hoyos C, Estévez-Ayres I, et al. Evaluation of an algorithm for automatic grading of forum messages in MOOC discussion forums[J]. Sustainability, 2021, 13 (16): 9364.

[7] 曹传东, 赵华新. MOOC 课程讨论区的社会性交互个案研究[J]. 中国远程教育, 2016 (3): 39-44.

[8] 史慧姗. MOOC 教师对学习者论坛互动的引导策略分析[D]. 长春: 东北师范大学, 2018.

[9] 吕春祥. MOOC 与 SPOC 论坛交互分析对比研究: 以《现代教育技术》课程为例[D]. 西安: 陕西师范大学, 2017.

[10] 张婧婧, 蒋琪, 查冉翀. MOOC 论坛中"重要的"参与者发言特征分析[J]. 现代远距离教育, 2016 (5): 31-37.

[11] 吴江, 贺超城, 马磐昊. 基于迭代超中心度的 MOOC 论坛用户知识互动超网络研究[J]. 数据分析与知识发现, 2017, 1 (8): 1-8.

[12] Tang H T, Xing W L, Pei B. Exploring the temporal dimension of forum participation in MOOCs[J]. Distance Education, 2018, 39 (3): 353-372.

[13] Chiu T K F, Hew T K F. Factors influencing peer learning and performance in MOOC asynchronous online discussion forum[J]. Australasian Journal of Educational Technology, 2018, 34 (4): 16-28.

[14] Zhang C H, Chen H, Phang C W. Role of instructors' forum interactions with students in promoting MOOC continuance[J]. Journal of Global Information Management, 2018, 26 (3): 105-120.

[15] 刘国超. 基于机器学习的慕课论坛主题分类研究[D]. 大连: 大连理工大学, 2018.

[16] 董庆兴, 李华阳, 曹高辉, 等. 基于深度学习的 MOOC 论坛探索型对话识别方法研究[J]. 图书情报工作, 2019, 63 (5): 92-99.

[17] 秦昌博. 中文 MOOC 论坛课程中情绪分析及知识难点的挖掘研究[D]. 北京: 北京邮电大学, 2017.

[18] Moore R L, Oliver K M, Wang C. Setting the pace: Examining cognitive processing in MOOC discussion forums with automatic text analysis[J]. Interactive Learning Environments, 2019, 27 (5-6): 655-669.

[19] Zhang J J, Skryabin M, Song X W. Understanding the dynamics of MOOC discussion forums with simulation investigation for empirical network analysis (SIENA) [J]. Distance Education, 2016, 37 (3): 270-286.

[20] Garreta-Domingo M, Hernández-Leo D, Sloep P B. Evaluation to support learning design: Lessons learned in a teacher training MOOC[J]. Australasian Journal of Educational Technology, 2018, 34 (2): 56-77.

[21] 郑燕林, 李卢一. MOOC 有效教学的实施路径选择——基于国外 MOOC 教师的视角[J]. 现代远程教育研究, 2015 (3): 43-52.

[22] 孙洪涛, 郑勤华, 陈丽. 中国 MOOCs 教学交互状况调查研究[J]. 开放教育研究, 2016, 22 (1): 72-79.

[23] 郑勤华, 于畅, 陈丽. 基于学习者视角的 MOOCs 教学交互状况调查研究[J]. 中国电化教育, 2016 (6): 77-85.

[24] 孙洪涛, 李秋劼, 郑勤华. MOOCs 交互模式聚类研究[J]. 中国远程教育, 2016 (3): 33-38, 44, 80.

[25] Senko C, Harackiewicz J M. Regulation of achievement goals: The role of competence feedback[J]. Journal of Educational Psychology, 2005, 97 (3): 320-336.

[26] Wang L, Hu G L, Zhou T H. Semantic analysis of learners' emotional tendencies on online MOOC education[J]. Sustainability, 2018, 10 (6): 1921.

[27] Pekrun R, Cusack A, Murayama K, et al. The power of anticipated feedback: Effects on students' achievement goals and achievement emotions[J]. Learning and Instruction, 2014, 29: 115-124.

[28] Pekrun R. The control-value theory of achievement emotions: Assumptions, corollaries, and implications for educational research and practice[J]. Educational Psychology Review, 2006, 18 (4): 315-341.

第 7 章　MOOCs 学习论坛参与对课程评论的影响研究

7.1　概　　述

MOOCs 学习者根据自身学习情况自行决定 MOOCs 学习进度，可以在 MOOCs 平台提供的 MOOCs 学习论坛中积极参与问题的讨论和分享[1]，也可以在 MOOCs 平台提供的 MOOCs 评论论坛对 MOOCs 进行评价与反馈，由此，不仅有助于 MOOCs 学习者选择课程，而且有助于 MOOCs 教师优化教学。因此，MOOCs 学习论坛和 MOOCs 评论论坛是 MOOCs 平台为学习者提供交流与反馈的重要途径，有必要将二者结合起来，探讨 MOOCs 学习者参与 MOOCs 学习论坛对课程评论的影响，但目前大多数研究仅单独研究 MOOCs 学习论坛或 MOOCs 评论论坛，尚缺乏将二者结合的研究。

本章在文献综述的基础上，从 MOOCs 学习者角度，建立 MOOCs 学习者参与 MOOCs 学习论坛对课程评论产生影响的研究假设，选取国际知名 MOOCs 平台 Coursera 的 MOOCs 热门课程"机器学习"作为实证研究对象，通过抓取 MOOCs 学习论坛和 MOOCs 评论论坛的 MOOCs 学习者数据，结合自然语言处理技术和统计分析方法，验证研究假设，在理论上拓宽 MOOCs 的研究视野，丰富 MOOCs 的研究内容，在实践上为 MOOCs 教师及时改进教学、MOOCs 平台管理者改进平台设计、提高 MOOCs 学习者满意度提供针对性的建议。

7.2　文　献　综　述

1. 自我决定理论

在充分认识个体所处环境和个体需求的基础上，自我决定理论强调自我意识在决策过程中的能动作用，由此个体对自己的行动做出自由的选择。根据自我决定理论，所有个体无论是否存在性别、年龄及文化背景差异，都有三个最基本的心理需求：自主性、关联性和能力[2]。

自主性是指个体对自由的需求或对个体行为的感知选择，个体可以选择参与或不参与某项活动，可以自己决定做什么。认知评价理论认为，当一个人被赋予选择感、情感认知或自我决定的机会时，内在动机就会增强。关联性是指个体需要通过与家庭成员、朋友、老师和同学等其他人关联而产生安全感。与此同时，个体需要有挑战感，由此，能力是指个体能够掌握自己的追求，从而有效率地从事一项活动。

在MOOCs情境中，学习能力是指MOOCs学习者参与MOOCs学习的关键基础能力，MOOCs学习论坛为MOOCs学习者提供了交流互动的关联情境，MOOCs评论论坛为MOOCs学习者提供了课程评论的自主环境。通常学习进度较快的MOOCs学习者更有可能参与MOOCs评论论坛[1]，从而通过增强在MOOCs学习论坛的交流关联，提高在MOOCs评论论坛的评论自主性。

2. MOOCs学习论坛交互

缺乏社交互动会对在线学习产生负面影响，并成为在线学习者感到孤独的原因之一[3]。当在线学习者坚持参与课程讨论时，MOOCs学习论坛的支持与陪伴作用就会增强[4]。社会学习和同伴学习是促进学习者参与在线学习的重要因素，只有MOOCs学习者在MOOCs学习过程中获得一定的归属感，才会更积极地参与MOOCs学习[5]。

MOOCs学习论坛的社交互动是MOOCs学习者信息交流和知识共享的重要途径，也是影响MOOCs学习质量的关键因素。研究发现，社会交互不仅影响个体心理需求，而且影响MOOCs学习者的学习投入[6]，由此在MOOCs平台的协作学习会积极影响MOOCs学习者持续学习的意愿[7]。在此基础上，对MOOCs学习投入度的研究发现，MOOCs学习者的学习投入度越大，在MOOCs平台坚持学习的时间就会越长[8,9]。通过分析Coursera平台的相关数据，研究发现每周发帖的MOOCs学习者的辍学可能性较低[10,11]。这是由于在MOOCs学习论坛发帖的MOOCs学习者的课程完成率相对更高[12,13]，更有可能频繁地发帖或浏览MOOCs学习论坛发帖[14,15]。

3. 现有研究评述

MOOCs平台不仅为MOOCs学习者提供了知识交流与互动的MOOCs学习论坛，而且为MOOCs学习者提供了进行课程评分与课程评价的MOOCs评论论坛。与在线购物类似，MOOCs评论论坛有助于其他MOOCs学习者选择合适的课程进行学习。因此，有必要将MOOCs学习论坛与MOOCs评论论坛结合起来，探讨MOOCs学习者参与MOOCs学习论坛对MOOCs学习者参与课程评论的影响，但目前尚缺乏相关研究。

自我决定理论可用于理解 MOOCs 学习者基于自身的学习进程在 MOOCs 学习论坛互动关联,以提高在 MOOCs 评论论坛的评论自主性。因此,本章基于自我决定理论,定量研究 MOOCs 学习者学习进度和 MOOCs 学习论坛的互动关联对课程评论的影响。

7.3 研究假设与模型构建

7.3.1 研究假设

1. MOOCs 学习者学习进度的影响

学者研究了参与课程评论的 MOOCs 学习者学习行为与学习者特征之间的关系,发现发表课程评论最多的 MOOCs 学习者大多是课程完成度较高、学习较为积极的 MOOCs 学习者[5]。进一步,学者研究了课程评分和完成度较高的三门 MOOCs,发现 MOOCs 学习者的学习进度对课程评论及课程评分有积极影响[16]。在此基础上,学者对 MOOCs 学习者特征及学习效果进行了分析,发现在 MOOCs 学习过程中进行更多讨论互动的 MOOCs 学习者学习效果更好[17]。学习进度成为 MOOCs 学习者参与 MOOCs 学习论坛交互,以及提高 MOOCs 评论论坛评论自主性的关键能力。因此,本章提出以下研究假设。

H7.1a MOOCs 学习者学习进度对课程评论长度有显著正向影响。

H7.2a MOOCs 学习者学习进度对 MOOCs 学习论坛发帖的被浏览数有显著正向影响。

2. MOOCs 学习者互动关联性的影响

当 MOOCs 学习者之间通过在 MOOCs 学习论坛的频繁互动建立联系时,MOOCs 学习者倾向与熟悉的人进行更多互动,由此为 MOOCs 学习者带来更强烈的 MOOCs 学习意愿。自主性需求为 MOOCs 学习者参与课程评论提供了动机,MOOCs 学习者出于自己的意愿,自愿参与课程评论[18, 19]。因此,MOOCs 学习者参与课程评论可以被视为自主性需求的外显化,并且社区网络规模、网络密度和发帖的被浏览数均对课程评论有显著正向影响[20]。因此,本章提出以下研究假设。

H7.1b MOOCs 学习者在 MOOCs 学习论坛的发帖数对课程评论长度有显著正向影响。

H7.1c MOOCs 学习者在 MOOCs 学习论坛发帖的被浏览数对课程评论长度有显著正向影响。

H7.1d MOOCs 学习者在 MOOCs 学习论坛发帖的被跟帖数对课程评论长度有显著正向影响。

MOOCs学习论坛是MOOCs学习者之间交流互动的主要渠道，MOOCs学习者在MOOCs学习论坛可以主动发帖、浏览发帖、点赞发帖，以及在发帖后跟帖。学者分析了MOOCs学习者在MOOCs学习论坛交互的网络结构特征，发现MOOCs学习者之间的交互可以鼓励MOOCs学习者之间共享知识，这是激励MOOCs学习者持续学习的重要因素[11]。因此，本章提出以下研究假设。

H7.2b MOOCs学习者在MOOCs学习论坛的发帖数对被浏览数有显著正向影响。

H7.3a MOOCs学习者在MOOCs学习论坛发帖的被浏览数对被跟帖数有显著正向影响。

H7.3b MOOCs学习者在MOOCs学习论坛的发帖数对被跟帖数有显著正向影响。

H7.3c MOOCs学习者在MOOCs学习论坛发帖的被点赞数对被跟帖数有显著正向影响。

H7.4a MOOCs学习者在MOOCs学习论坛发帖的被浏览数对被点赞数有显著正向影响。

H7.4b MOOCs学习者在MOOCs学习论坛的发帖数对被点赞数有显著正向影响。

3. MOOCs学习者评论自主性的影响

在电子商务领域的实证研究表明，消费者评论情感值和评论长度与在线评论和评分呈显著相关性[21]，其中，评论情感值与评分之间显著正相关，这是由于消费者对产品和服务满意时，不仅会给出高评分，而且会发布采用积极情感表达的评论；评论长度与评分之间显著负相关，这是由于当消费者对所提供的产品和服务不满意时，趋向于写长评论详细描述不满。在MOOCs情境中，课程评分与评论与此类似。因此，本章提出以下研究假设。

H7.1e MOOCs学习者的课程评分对课程评论长度有显著负向影响。

H7.1f MOOCs学习者的课程评论情感值对课程评论长度有显著正向影响。

7.3.2 模型构建

根据自我决定理论，本章将MOOCs学习者学习进度表征为MOOCs学习者的学习能力，将MOOCs学习论坛交互表征为MOOCs学习者的关联性，将MOOCs评论表征为MOOCs学习者的评论自主性，研究MOOCs学习者能力、关联性和自主性三者之间的作用。基于自我决定理论的MOOCs评论研究模型如图7.1所示。

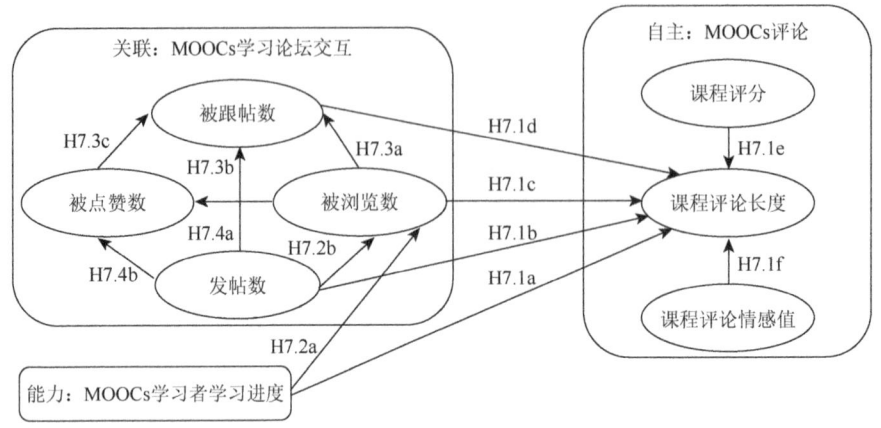

图 7.1 MOOCs 评论研究模型

7.4 数据获取与分析

7.4.1 数据获取

本章选取国际知名 Coursera 平台的 MOOCs 热门课程"机器学习"为研究对象，Python 编程抓取 2016 年 8 月～2019 年 11 月"机器学习"课程学习论坛的相关数据。通过数据预处理，获得 37927 个 MOOCs 学习者的有效数据。其中，同时参与 MOOCs 学习论坛与 MOOCs 评论论坛的 MOOCs 学习者有 4376 个，由此对 4376 个 MOOCs 学习者展开研究。

7.4.2 变量说明

1. 因变量和自变量

研究模型的因变量是 MOOCs 学习者在 MOOCs 评论论坛的课程评论长度。在 Coursera 平台的"机器学习"课程评论论坛中，MOOCs 学习者可以对这门课程发表一条课程评论。

研究模型的自变量包括 MOOCs 学习者在 MOOCs 评论论坛的课程评分和课程评论情感值、MOOCs 学习者学习进度，以及 MOOCs 学习者在 MOOCs 学习论坛交互数据。其中，课程评论情感值通过 R 语言计算课程评论文本情感值得到，正数代表积极情感，负数代表消极情感，0 代表中立情感，情感绝对值越大，情感越强烈；MOOCs 学习者学习进度是指 MOOCs 学习者的学习进程占 MOOCs 教学计划进程的比例；MOOCs 学习论坛交互数据按 MOOCs 学习者的发帖数、被浏览数、被跟帖数和被点赞数分别进行统计。

2. 变量描述性统计

研究变量的描述性统计如表 7.1 所示。MOOCs 学习者在 MOOCs 评论论坛的课程评论长度的均值和标准差分别为 158.71 字数、206.82 字数，说明 MOOCs 学习者在 MOOCs 评论论坛的课程评论通常较长，但评论长度有较大差异。MOOCs 学习者学习进度的均值和标准差分别为 77.31%、20.58%，说明 MOOCs 学习者普遍学习完成度较高；MOOCs 学习者在 MOOCs 学习论坛的发帖数的均值和标准差分别为 5.62 条、9.26 条，被浏览数的均值和标准差分别为 87.41 次、167.69 次，被跟帖数的均值和标准差分别为 3.84 条、6.43 条，被点赞数的均值和标准差分别为 1.14 次、4.11 次，说明 MOOCs 学习者在 MOOCs 学习论坛进行交互的行为差异不大；MOOCs 评论论坛的课程评分的均值和标准差分别为 4.90 分、0.37 分，MOOCs 评论论坛的课程评论情感值的均值和标准差分别为 2.13、2.43，说明 MOOCs 学习者在 MOOCs 评论论坛的课程评分都很高，课程评论情感积极，并且差异不大。

表 7.1 研究变量的描述性统计

变量	极小值	极大值	均值	标准差
课程评论长度（Cl）/字数	1	2593	158.71	206.82
MOOCs 学习者学习进度（Pg）/%	4	100	77.31	20.58
发帖数（Pn）/条	1	212	5.62	9.26
被浏览数（Pv）/次	0	2765	87.41	167.69
被跟帖数（Pf）/条	0	158	3.84	6.43
课程评分（Cr）/分	1	5	4.90	0.37
课程评论情感值（Cs）	−3	25	2.13	2.43
被点赞数（Pl）/次	0	149	1.14	4.11

7.4.3 相关性分析

为了分析变量间是否独立，需要计算各变量之间的皮尔逊相关系数。两个变量之间皮尔逊相关系数的绝对值越大，相关性越强，反之，两个变量之间皮尔逊相关系数越接近 0，则相关性越弱。本章各变量之间的皮尔逊相关系数均小于 0.6，因此各变量之间是相互独立的，可以进行多元回归研究。

7.4.4 多元回归模型

基于 H7.2a 和 H7.2b，将 MOOCs 学习者在 MOOCs 学习论坛发帖的被浏览数作为因变量，MOOCs 学习者学习进度和在 MOOCs 学习论坛的发帖数作为自变量，构建如下多元回归模型：

$$Pv = \beta_0 + \beta_{Pg}Pg + \beta_{Pn}Pn \tag{7.1}$$

基于 H7.4a 和 H7.4b，将 MOOCs 学习者在 MOOCs 学习论坛发帖的被点赞数作为因变量，MOOCs 学习者在 MOOCs 学习论坛的发帖数和发帖的被浏览数作为自变量，构建如下多元回归模型：

$$Pl = \beta_0 + \beta_{Pn}Pn + \beta_{Pv}Pv \tag{7.2}$$

基于 H7.3a～H7.3c，将 MOOCs 学习者在 MOOCs 学习论坛发帖的被跟帖数作为因变量，MOOCs 学习者在 MOOCs 学习论坛的发帖数、发帖的被浏览数和发帖的被点赞数作为自变量，构建如下多元回归模型：

$$Pf = \beta_0 + \beta_{Pv}Pv + \beta_{Pn}Pn + \beta_{Pl}Pl \tag{7.3}$$

基于 H7.1a～H7.1f，将 MOOCs 学习者在 MOOCs 评论论坛的课程评论长度作为因变量，MOOCs 学习者学习进度、MOOCs 学习者在 MOOCs 学习论坛的发帖数、发帖的被浏览数、发帖的被跟帖数、MOOCs 学习者在 MOOCs 评论论坛的课程评分和课程评论情感值作为自变量，构建如下多元回归模型：

$$Cl = \beta_0 + \beta_{Pg}Pg + \beta_{Pn}Pn + \beta_{Pv}Pv + \beta_{Pf}Pf + \beta_{Cr}Cr + \beta_{Cs}Cs \tag{7.4}$$

根据以上四个多元回归模型，使用 SPSS 软件进行多元线性回归分析，回归结果如表 7.2 所示。四个多元回归模型中所有变量的 $VIF \in (0,10)$，容差 > 0.1，因此，四个多元回归模型中变量不存在多重共线性问题。

表 7.2 模型回归结果

项目	模型（7.1）被浏览数	模型（7.2）被点赞数	模型（7.3）被跟帖数	模型（7.4）课程评论长度
常量	-3.839（0.853）***	-0.299（0.058）***	0.623（0.074）***	5.338（0.921）***
MOOCs 学习者学习进度	0.962（0.105）***			0.336（0.108）***
发帖数	0.915（0.234）***	0.306（0.006）***	0.334（0.010）***	0.725（0.329）*
被浏览数		-0.003（0）***	0.014（0）***	-0.037（0.017）*
被跟帖数				1.468（0.528）***
课程评分				-5.693（0.859）***
课程评论情感值				3.454（0.287）***

续表

项目	模型（7.1）被浏览数	模型（7.2）被点赞数	模型（7.3）被跟帖数	模型（7.4）课程评论长度
被点赞数			0.096（0.019）***	
R^2	0.519	0.632	0.730	0.771
调整 R^2	0.269	0.400	0.532	0.595

*$p<0.05$

***$p<0.001$

7.4.5 假设检验结果分析

总结以上假设检验的结果，如表 7.3 所示。在 13 个研究假设中，有 11 个研究假设成立。

表 7.3 研究假设检验总结

假设	是否成立
H7.1a MOOCs 学习者学习进度对课程评论长度有显著正向影响	成立
H7.1b MOOCs 学习者在 MOOCs 学习论坛的发帖数对课程评论长度有显著正向影响	成立
H7.1c MOOCs 学习者在 MOOCs 学习论坛发帖的被浏览数对课程评论长度有显著正向影响	不成立
H7.1d MOOCs 学习者在 MOOCs 学习论坛发帖的被跟帖数对课程评论长度有显著正向影响	成立
H7.1e MOOCs 学习者的课程评分对课程评论长度有显著负向影响	成立
H7.1f MOOCs 学习者的课程评论情感值对课程评论长度有显著正向影响	成立
H7.2a MOOCs 学习者学习进度对 MOOCs 学习论坛发帖的被浏览数有显著正向影响	成立
H7.2b MOOCs 学习者在 MOOCs 学习论坛的发帖数对被浏览数有显著正向影响	成立
H7.3a MOOCs 学习者在 MOOCs 学习论坛发帖的被浏览数对被跟帖数有显著正向影响	成立
H7.3b MOOCs 学习者在 MOOCs 学习论坛的发帖数对被跟帖数有显著正向影响	成立
H7.3c MOOCs 学习者在 MOOCs 学习论坛发帖的被点赞数对被跟帖数有显著正向影响	成立
H7.4a MOOCs 学习者在 MOOCs 学习论坛发帖的被浏览数对被点赞数有显著正向影响	不成立
H7.4b MOOCs 学习者在 MOOCs 学习论坛的发帖数对被点赞数有显著正向影响	成立

MOOCs 学习者在 MOOCs 学习论坛交流互动，学习进度较快的 MOOCs 学习者在 MOOCs 学习论坛发帖的被浏览数较多，因此 H7.2a 成立，说明在 MOOCs 学习论坛中，MOOCs 学习者倾向浏览学习进度较快的学习者发帖。MOOCs 学习者在 MOOCs 学习论坛的发帖数越多，发帖被跟帖、被浏览和被点赞的机会也就越大，因此 H7.2b～H7.4b 成立；MOOCs 学习者在 MOOCs 学习论坛发帖的被浏览数和被点赞数越多，被跟帖数也会越多，因此 H7.3a 和 H7.3c 成立。与研究假

设不一致，MOOCs 学习者在 MOOCs 学习论坛发帖的被浏览数对被点赞数无显著正向影响，因此 H7.4a 不成立，这说明被点赞数多的帖子通常是质量较高的帖子，由此会吸引更多 MOOCs 学习者交互关联，发帖的被跟帖数也随之增多，但 MOOCs 学习者在 MOOCs 学习论坛发帖的被点赞数取决于发帖本身的质量，因此发帖的被浏览数不能显著正向影响被点赞数。

MOOCs 学习者学习进度显著正向影响 MOOCs 学习者在 MOOCs 评论论坛的课程评论长度，因此 H7.1a 成立，这是由于学习进度较快的 MOOCs 学习者通常学习能力较强，由此对课程评论有更大的自主性；MOOCs 学习者在 MOOCs 评论论坛的课程评分显著负向影响课程评论长度，MOOCs 学习者在 MOOCs 评论论坛的课程评论情感值显著正向影响课程评论长度，因此，H7.1e 和 H7.1f 成立，这是由于 MOOCs 学习者对课程满意度很高，评分均值为 4.90 分，MOOCs 学习者倾向发表相对较短的课程评论，并且采用积极的情感发表课程评论。

MOOCs 学习者在 MOOCs 学习论坛的发帖数和发帖的被跟帖数显著正向影响 MOOCs 学习者在 MOOCs 评论论坛的课程评论长度，因此 H7.1b 和 H7.1d 成立。与研究假设不一致，MOOCs 学习者在 MOOCs 学习论坛发帖的被浏览数对 MOOCs 学习者在 MOOCs 评论论坛的课程评论长度无显著正向影响，因此 H7.1c 不成立。这是由于 MOOCs 学习者在 MOOCs 学习论坛发帖体现了 MOOCs 学习者主动与其他 MOOCs 学习者产生关联，并且相较于发帖被浏览，发帖被跟帖使得 MOOCs 学习者之间产生实质性的知识交互和关联，由此为 MOOCs 学习者参与课程评论带来更多的自主动机。

7.5 研究启示与未来研究方向

7.5.1 理论启示

首先，本章基于自我决定理论，为研究通过提升 MOOCs 学习者学习能力，加强 MOOCs 学习论坛和 MOOCs 评论论坛交互关联，以提高 MOOCs 学习者参与课程评论的自主性提供了理论依据。

其次，目前集成 MOOCs 学习论坛和 MOOCs 评论论坛的研究相对缺乏，因此，本章整合 MOOCs 学习论坛和 MOOCs 评论论坛的 MOOCs 学习者相关数据，探讨 MOOCs 学习者课程评论的影响因素，深化对 MOOCs 学习者学习行为的研究。

最后，目前对 MOOCs 学习者课程评论影响因素的定量研究较少，本章以 MOOCs 学习者在 MOOCs 评论论坛的课程评论长度为因变量，以 MOOCs 学习者学习进度，MOOCs 学习者在 MOOCs 学习论坛的发帖数、发帖的被浏览数、发帖的被跟帖数和发帖的被点赞数，以及 MOOCs 学习者在 MOOCs 评论论坛的课程评论情感值和课程评分为自变量,为研究 MOOCs 学习者在 MOOCs 评论论坛的课程评论提供多元回归定量分析。

7.5.2 实践启示

在 MOOCs 学习论坛,MOOCs 学习者学习进度直接显著正向影响 MOOCs 学习论坛发帖的被浏览数和 MOOCs 学习者在 MOOCs 评论论坛的课程评论长度,但 MOOCs 学习论坛发帖的被浏览数不影响 MOOCs 学习者在 MOOCs 评论论坛的课程评论长度。因此,在 MOOCs 学习论坛,根据 MOOCs 学习者学习进度,对 MOOCs 学习者发帖按学习进度进行排序展示,是提高 MOOCs 学习者课程评论自主性的直接途径。

MOOCs 学习者在 MOOCs 学习论坛的发帖数可以通过以下四种途径显著正向影响 MOOCs 学习者在 MOOCs 评论论坛的课程评论长度。首先,MOOCs 学习者在 MOOCs 学习论坛的发帖数直接影响 MOOCs 学习者在 MOOCs 评论论坛的课程评论长度。其次,MOOCs 学习者在 MOOCs 学习论坛的发帖数通过被跟帖数间接影响 MOOCs 学习者在 MOOCs 评论论坛的课程评论长度。再次,MOOCs 学习者在 MOOCs 学习论坛的发帖数通过被点赞数影响被跟帖数,进而间接影响 MOOCs 学习者在 MOOCs 评论论坛的课程评论长度。最后,MOOCs 学习者在 MOOCs 学习论坛的发帖数通过被浏览数影响被跟帖数,进而间接影响 MOOCs 学习者在 MOOCs 评论论坛的课程评论长度。与此同时,MOOCs 学习者在 MOOCs 学习论坛发帖的被跟帖数直接显著正向影响 MOOCs 学习者在 MOOCs 评论论坛的课程评论长度。因此,推进 MOOCs 学习者在 MOOCs 学习论坛交互关联,例如,设置 MOOCs 学习者的 MOOCs 学习论坛经验值或积分,推出等级或积分排行榜,有助于提升 MOOCs 学习者在 MOOCs 学习论坛的交互质量。

MOOCs 学习者在 MOOCs 评论论坛的课程评论情感值对课程评论长度有显著的正向影响,而 MOOCs 学习者在 MOOCs 评论论坛的课程评分对课程评论长度有显著的负向影响。因此,在 MOOCs 评论论坛使用明亮轻快的色调,为 MOOCs 学习者评论课程营造积极的情感氛围,通过提升 MOOCs 学习者评论课程的意愿,使得 MOOCs 学习者倾向发表情感积极及内容充实的课程评论,既可以为其他 MOOCs 学习者选课提供有价值的参考,也可以为 MOOCs 教学内容的改进和优化提供有价值的反馈。

7.5.3 研究局限与研究展望

本章选取国际知名 Coursera 平台 MOOCs 热门课程"机器学习",对同时参与

MOOCs 学习论坛与 MOOCs 评论论坛的 4376 个 MOOCs 学习者展开实证研究。后续研究将抓取 Coursera 平台更多同时参与 MOOCs 学习论坛和 MOOCs 评论论坛的 MOOCs 学习者数据，扩大实证研究范围。在此基础上，将研究模型进一步拓展，以提高模型的预测效果。

参 考 文 献

[1] Wu B. Influence of MOOC learners discussion forum social interactions on online reviews of MOOC[J]. Education and Information Technologies，2021，26（3）：3483-3496.

[2] Khan I U，Hameed Z，Yu Y G，et al. Predicting the acceptance of MOOCs in a developing country：Application of task-technology fit model，social motivation，and self-determination theory[J]. Telematics and Informatics，2018，35（4）：964-978.

[3] Gasevic D，Kovanovic V，Joksimovic S，et al. Where is research on massive open online courses headed？A data analysis of the MOOC research initiative[J]. International Review of Research in Open and Distributed Learning，2014，15（5）：134-176.

[4] Wu B，Chen X H. Continuance intention to use MOOCs：Integrating the technology acceptance model（TAM）and task technology fit（TTF）model[J]. Computers in Human Behavior，2017，67：221-232.

[5] Swinnerton B，Hotchkiss S，Morris N P. Comments in MOOCs：Who is doing the talking and does it help？[J]. Journal of Computer Assisted Learning，2017，33（1）：51-64.

[6] 方佳明，唐璐昐，马源鸿，等. 社会交互对 MOOC 课程学习投入的影响机制[J]. 现代教育技术，2018，28（12）：87-93.

[7] Bapst M S，Genoud P A，Hascoët M. Taking a step towards understanding interactions between teacher efficacy in behavior management and the social learning environment：A two-level multilevel analysis[J]. European Journal of Psychology of Education，2023，38（3）：1129-1144.

[8] 兰国帅，郭倩，钟秋菊. MOOC 学习投入度与学习坚持性关系研究[J]. 开放教育研究，2019，25（2）：65-77.

[9] 曹传东，赵华新. MOOC 课程讨论区的社会性交互个案研究[J]. 中国远程教育，2016（3）：39-44.

[10] 孙洪涛，郑勤华，陈丽. 中国 MOOCs 教学交互状况调查研究[J]. 开放教育研究，2016，22（1）：72-79.

[11] 吴冰. 慕课讨论区反馈对学习者学习进度的影响研究[J]. 高教发展与评估，2021，37（4）：33-43，108-109.

[12] Zhang C H，Chen H，Phang C W. Role of instructors' forum interactions with students in promoting MOOC continuance[J]. Journal of Global Information Management，2018，26（3）：105-120.

[13] Deng R Q，Benckendorff P，Gannaway D. Linking learner factors，teaching context，and engagement patterns with MOOC learning outcomes[J]. Journal of Computer Assisted Learning，2020，36（5）：688-708.

[14] Woodgate A，Macleod H，Scott A M，et al. Differences in online study behavior between subpopulations of MOOC learners[J]. Educacion XXI，2015，18：147-163.

[15] Amjad T，Shaheen Z，Daud A. Advanced learning analytics：Aspect based course feedback analysis of MOOC forums to facilitate instructors[J]. IEEE Transactions on Computational Social Systems，2022：1-9.

[16] Hew K F. Promoting engagement in online courses：What strategies can we learn from three highly rated MOOCs？[J]. British Journal of Educational Technology，2016，47（2）：320-341.

[17] Mellati M，Khademi M. MOOC-based educational program and interaction in distance education：Long life mode of teaching[J]. Interactive Learning Environments，2020，28（8）：1022-1035.

[18] Xiang L，Zheng X B，Zhang K Z K，et al. Understanding consumers' continuance intention to contribute online

reviews[J]. Industrial Management & Data Systems,2018,118（1）：22-40.
[19] Dixit S,Jyoti Badgaiyan A,Khare A. An integrated model for predicting consumer's intention to write online reviews[J]. Journal of Retailing and Consumer Services,2019,46（1）：112-120.
[20] Zhang J R,Liu R R. The more the better? Exploring the effects of reviewer social networks on online reviews[J]. Journal of Marketing Management,2019,35（17-18）：1667-1688.
[21] Ghasemaghaei M,Eslami S P,Deal K,et al. Reviews' length and sentiment as correlates of online reviews' ratings[J]. Internet Research,2018,28（3）：544-563.

第8章 基于指数随机图模型的MOOCs学习论坛知识扩散影响机理研究

8.1 概 述

MOOCs近年来在全球范围内快速增长。利用互联网的开放性和高度连接性，MOOCs允许全球任何热衷学习的个体参加课程学习，突破了地域及教育水平的限制。尽管MOOCs学习者数量庞大，但是根据相关研究统计，MOOCs平均完成率仅为19.2%[1]，其中一个重要原因是MOOCs教学缺乏面对面的参与，MOOCs学习者在学习过程中会产生孤独感。MOOCs学习论坛允许MOOCs学习者参与不同主题论坛，与其他MOOCs学习者建立关联，由此可以在一定程度上缓解MOOCs学习者的孤独感[2]。

MOOCs学习论坛对MOOCs学习者有重要的影响[3]，目前关于MOOCs学习论坛的研究主要分为以下三个方面：第一，研究如何设计MOOCs学习论坛，以促进MOOCs学习者学习；第二，研究MOOCs学习论坛对MOOCs学习者持续学习意愿的影响；第三，研究MOOCs学习论坛中MOOCs学习者行为。MOOCs学习者在MOOCs学习论坛中进行交流互动，知识在MOOCs学习论坛中得以传递与分享。因此，探究MOOCs学习者在MOOCs学习论坛中知识交互行为的影响因素不仅有利于提升MOOCs学习者的学习积极性，而且有利于提高MOOCs学习论坛的活跃度，但目前对MOOCs学习论坛中知识扩散的研究较少。

在MOOCs学习论坛中，知识扩散形成与知识扩散网络紧密相关，虽然社会网络分析（social network analysis，SNA）已广泛用于知识网络研究，但MOOCs学习论坛涉及大量不同背景的MOOCs学习者，并且MOOCs学习者之间的知识交互关系复杂，有必要探讨网络形成是源于网络成员属性特征还是源于网络形成过程中的关系结构，但社会网络分析缺乏对网络内在形成机制的深入理解。指数随机图模型提供了构建复杂社会网络的有效方法[4]，因此，本章应用指数随机图模型探究MOOCs学习论坛中知识扩散形成机制。

8.2 文献综述

1. MOOCs 学习论坛知识扩散

1）MOOCs 学习论坛中知识扩散形式

目前缺乏对 MOOCs 学习论坛中知识扩散形式的直接研究，相近的研究领域是在线论坛知识扩散形式的研究，包括知识传递和知识共享。

知识传递是指由一位用户创建一个主题帖，其他用户在主题帖下留言，接收或贡献自己的知识，由此知识在用户之间发生了传递。以雅虎财经（Yahoo! Finance）论坛为研究对象，在用户 A 创建的主题帖下，若用户 B、C 对用户 A 进行回帖，则用户 B、C 阅读接收来自用户 A 的知识，由此，知识从创建主题帖的用户 A 流向回复主题帖的用户 B 和 C，形成知识传递[5]。类似的研究以 MetaFilter 中的 AskMe 板块为研究对象，将知识传递定义为知识在不同组织或个体间传递的过程，用户之间传递知识是有向的，知识从创建主题帖的用户流向回复主题帖的用户[6]。

知识共享涉及两个或两个以上用户的互动过程，其特点是分享个人知识，用户主动将拥有的知识分享给其他用户，或从其他用户获得自己所需要的知识[7]，用户通过各种形式的交流途径进行知识交换，以扩大知识受益者或产生新知识[8]。在线论坛中知识共享的实质是用户围绕讨论主题进行知识转移的过程，用户参与讨论，与其他用户分享知识[9]。若两个用户回复同一个帖子，则这两个用户对该特定主题表现出相似的兴趣，这两个用户可能经常浏览该主题帖，关注并参与讨论；在这个过程中，以该主题帖为载体，这两个用户分享与所讨论主题相关的知识。因此，在同一主题帖内用户参与讨论被视为知识共享，用户间知识共享关系是无向的[5]。

MOOCs 学习论坛类似问答社区，采取提问-回答的形式，MOOCs 用户提出问题，创建并赋予讨论主题，问题被其他 MOOCs 用户回复而得到解答。MOOCs 用户间形成知识传递网络。由此，本章定义 MOOCs 学习论坛中知识传递形式为 B→A、C→A，其中，A 为主题帖创建者，B、C 为回帖者，知识从回帖者 B、C 流向主题帖创建者 A。与此同时，在同一主题帖内参与讨论的 MOOCs 用户围绕该主题帖分享并讨论与主题相关的知识。由此，本章定义 MOOCs 学习论坛中知识共享形式为 A—B、A—C、B—C，其中，A 为主题帖创建者，B、C 为主题帖讨论者。

2）MOOCs 学习论坛中知识扩散影响因素

网络的结构特征侧重网络的拓扑特征及节点之间的关系，常用的度量指标为中心性和结构洞。其中，中心性常用于衡量节点的重要性[10]。网络中与节点直接相连的其他节点的数量称为节点的点度中心性。在有向网络中，根据箭头的链入和链出，每个节点可以划分为入度和出度。在知识交流网络中，具有高点度中心性的节点通常与其他节点有显著联系[11]。通过对虚拟学术社区用户知识交流行为的研究发现，用户之间的互动是知识交流的基础[12]。通过对在线论坛中知识共享活动的研究发现，拥有高点度中心性的用户在论坛中更积极，但不一定由此收到更多回复[13]。结构洞常用于识别网络中的关键节点，当节点位于结构洞时，节点会以更高的效率控制网络中的知识流[14]。

在线论坛中用户属性会影响知识流动方向。在线论坛中用户的地理位置属性会影响用户间知识传递方向[15]；在线论坛中知识共享网络的成年人数量多，但青少年更活跃，青少年发帖与回帖次数均多于成年人，并且学历低的新用户有更多的疑问，发帖次数也比其他用户多[13]。学者对在线健康论坛中用户回帖关系网络形成进行了研究，发现用户性别、年龄对回帖行为的影响不显著，用户的健康状态、积分、好友数、发帖数和回帖数会影响回帖行为[11]。进一步，学者对用户参与在线论坛动机的研究发现，除了特定领域的动机，个人行为通常由个人属性决定[16]。由此，学者基于社会资本理论和社会认知理论，构建了在线论坛的知识共享动机模型，发现信任、认同、共同观点、用户角色、文化和互惠性会影响个人知识共享，对结果的期望同样促使知识共享[17]。

通过社会网络分析在线学习环境中社交网络结构的密度和点度中心性，发现社会网络分析可用于评估在线学习环境[1, 18]。在 MOOCs 情境中，使用社会网络分析探讨 MOOCs 学习论坛交互中心度与交互质量的关系，发现 MOOCs 用户之间的社会交互呈现基数大、用户流失率高、受多种因素影响且随机性强的特征，这是由于 MOOCs 学习论坛不同于社交媒体，不能保存用户之间的社会关系，由此难以形成稳定的社会网络关系。在社会网络分析的基础上，学者结合归纳定性分析，发现社会关系对课程互动讨论存在显著影响[19, 20]。

在 MOOCs 学习论坛中，大量 MOOCs 用户交流各种与学习内容相关的主题，但目前综合网络结构和 MOOCs 用户属性，对 MOOCs 学习论坛知识扩散影响因素的研究较少。随机指数图模型可以系统地探究网络关系出现的方式和原因，因此能有效地对知识扩散网络进行多维度建模与仿真。

2. 指数随机图模型

近年来，指数随机图模型主要用于研究引文网络形成机制和社交媒体网络形成机制。

在引文网络形成机制研究方面，指数随机图模型克服了引文网络形成机制观察视角不足与统计推断方法不足两个薄弱点[21-23]。在社交媒体网络形成机制研究方面，学者使用指数随机图模型对微博和在线论坛进行了探讨[24]，在此基础上，使用指数随机图模型构建了在线健康社区的用户时序交互模式研究模型[25]。此外，基于优先连接理论、活动理论，学者应用指数随机图模型研究了网络的形成机制[26, 27]。

已有研究表明，指数随机图模型是模拟复杂社会网络的有效方法，但将其应用到MOOCs学习论坛的研究很少。因此，本章使用指数随机图模型研究MOOCs学习论坛知识扩散网络，丰富MOOCs领域的研究方法。

3. 现有研究评述

目前有关MOOCs学习论坛中知识扩散影响机理的研究较少，而知识扩散研究有利于探究MOOCs学习者在MOOCs学习论坛进行交流互动的影响因素。因此，本章综合网络结构和MOOCs用户个体属性研究MOOCs学习论坛知识扩散影响机理，拓展MOOCs学习论坛中知识扩散研究。

虽然社会网络分析已广泛应用于知识扩散研究，但社会网络分析难以探究知识扩散网络形成的潜在因素。指数随机图模型以关系数据为基础、以网络局部特征作为统计项来探究网络整体结构特征。因此，基于指数随机图模型模拟MOOCs学习论坛的知识扩散网络，不仅可以系统探究网络结构和节点属性及其交互对知识扩散的影响，而且有助于揭示知识扩散网络形成的社会化过程和内在机理。

8.3 研究假设与模型构建

8.3.1 研究假设

1. 社会网络的影响

1) 中心性

常用的中心性包括点度中心性、中介中心性和接近中心性。其中，中介中心性和接近中心性由于计算量大，不适合大规模复杂社会网络的关键节点分析；点度中心性由于简单直观，适合研究节点之间的互动行为，成为识别复杂网络中关键节点的基础[28]。

点度中心性表示节点在网络中所处位置的重要性，拥有点度中心性优势的节点具有更大的连接概率，连接概率越大，表示该节点与其他节点的联系越紧密，对知识流动的促进作用越强[29]。出度中心度高的用户能够积极响应其他用户，在指导其他用户学习方面发挥了导向作用；入度中心度高的用户能够发起较有讨论价值的话题，从而更易得到其他用户的积极响应，促进讨论主题的深入交流[30]。

处于 MOOCs 学习论坛互动中心位置的节点控制网络的主动权，具有较高的权威性和互动能力，总体贡献高[29]。因此，将 MOOCs 用户在 MOOCs 学习论坛中得到其他 MOOCs 用户响应的帖子数作为该 MOOCs 用户的入度中心性，将 MOOCs 用户在 MOOCs 学习论坛中响应其他 MOOCs 用户的帖子数作为该 MOOCs 用户的出度中心性，入度中心性和出度中心性之和定义为 MOOCs 用户的点度中心性。MOOCs 学习论坛点度中心性高的 MOOCs 用户是知识扩散网络中的关键节点，与其他 MOOCs 用户节点之间的连接更加紧密，对知识扩散的促进作用更强。因此，本章提出以下研究假设。

H8.1a MOOCs 学习论坛中高点度中心性的用户之间易产生知识共享。

H8.1b MOOCs 学习论坛中高点度中心性的用户易产生知识传递。

2）互惠性

互惠性是指在网络中两个互相连接的节点所构成的子集，是对社会网络二元组关系的分析，描述了有向网络中两个节点形成双向连接的紧密程度[21]。在线论坛中，用户的本质是基于社会资本交换和文化互惠的实体，用户感知到其他用户会因自己的知识传递行为进行反馈的可能性越大，用户的知识传递意愿就越强[31]。对在线健康社区的研究发现，用户之间的知识交互具有互惠性，由此，在线健康社区成为用户信息互惠、经验分享与情感支持的重要平台[5, 25]。

在 MOOCs 情境中，MOOCs 用户之间的互相回帖是互惠关系的一种表现，互惠关系对 MOOCs 用户之间的知识扩散有显著推动作用，MOOCs 用户如果通过发帖与回帖的互惠关系得到收益，会直接影响 MOOCs 用户知识传递的意愿和态度[32]。MOOCs 学习论坛中 MOOCs 用户通过积极探讨传递知识，可以形成互惠关系，促进 MOOCs 用户之间的知识交流。因此，本章提出以下研究假设。

H8.2 MOOCs 学习论坛中用户之间的知识传递具有互惠性。

3）传递性

传递性是社交网络的一个重要性质，是指当两个节点共享同一个节点时，这两个节点之间倾向建立联系[23]。

三角结构是网络中的基本结构，表示任意两个节点之间存在直接连接，并且有长度为 2 的间接连接路径。三角结构反映了网络社区化倾向，通过连接的闭合性，提高了网络节点关系的稳定性[21]。三角结构由于其闭合性在知识效率和关系稳定性方面具有优势，因此，共享伙伴参量被应用于研究与模拟引文网络和在线论坛中三角结构关系的形成趋势，解释网络中聚类所对应的知识传递特征[27]。

MOOCs 学习论坛同一主题帖下 MOOCs 用户通过交流互动而形成知识共享，研究表明，三角结构关系反映了 MOOCs 用户倾向以群体结构进行协作[15]。因此，本章提出以下研究假设。

H8.3 MOOCs学习论坛中，若两个用户均和同一个用户产生知识共享，那么这两个用户之间更易产生知识共享，形成三角结构。

2. 社会支持的影响

社会支持理论起源于心理学，对社会支持理论的研究至今尚未形成统一认识。在有向网络中，社会支持可能促进个体更加活跃，建立更多的关系，或使行动者收到更多关系[33]。根据社会支持所提供的资源性质，可将其分为四类[33]，包括情感支持、信息支持、工具支持和归属感支持。MOOCs学习论坛知识扩散研究中主要考虑情感支持、信息支持和归属感支持，具体地，MOOCs学习论坛中MOOCs用户通过情感值提供情感支持，MOOCs用户课程完成度和MOOCs用户角色涉及信息支持，MOOCs用户地区涉及归属感支持。

1）情感支持

情绪感染理论将情绪感染过程定义为个体在交往过程中倾向捕捉和模仿他人的情感，最终导致情绪同质化的过程[34]。具有意见领导能力的用户通过发帖引发更多的关注、讨论和反馈，从而传播与分享观点，进行知识传递与知识共享[35]。在线论坛中用户使用表达情绪的词语次数越多，在后续回帖中重复的表达情绪的词语就越多[36]；带有积极或消极情感的用户经常就不同的主题发表观点或提出建议，参与讨论的用户在后续的讨论回帖中也会由此带有情感[37]。

情感分析提供了对文本情感强度和情感主观性的定量评估。情感可以通过文本信息进行传递，由此，情感可能影响信息的传递方式[38]。MOOCs学习论坛提供文本形式的异步讨论。目前已有学者对MOOCs学习论坛帖子文本内容进行情感分析，发现MOOCs学习论坛不仅是知识交流平台，而且是情感交流平台[39,40]。因此，本章提出以下研究假设。

H8.4a MOOCs学习论坛中带有情感的用户易产生知识传递。

H8.4b MOOCs学习论坛中带有情感的用户之间易产生知识共享。

2）信息支持

在线论坛和网络知识平台的相关研究表明，信息支持在其中发挥着特有的作用，可以为其他用户提供参考性意见、带来学术前沿知识，以及给予科学的指导和帮助[41]。

对在线论坛中知识传递的研究表明，知识传递存在从高势位到低势位的流向[42]，高势位的用户可以对低势位的用户提供信息支持。MOOCs学习论坛中MOOCs用户具有不同的课程完成度，相对于课程完成度低的MOOCs用户，课程完成度高的MOOCs用户与MOOCs接触时间更长，学习知识更多，在知识传递中处于高势位，由此，课程完成度低的MOOCs用户在知识传递中处于低势位。因此，本章提出以下研究假设。

H8.5 MOOCs 学习论坛中课程完成度低的用户易获知识传递。

由于 MOOCs 学习论坛中学习者的数量和多样性远超传统课堂，MOOCs 学习论坛通常会配备若干数量的助教。助教在 MOOCs 学习论坛中凭借自身的专业优势，对 MOOCs 学习者的学习问题进行积极有效的答疑解惑。MOOCs 学习论坛中助教的参与可以促进其他 MOOCs 用户更加深入地进行交流互动[3]，由此，助教通过向其他 MOOCs 用户传递知识而提供信息支持。因此，本章提出以下研究假设。

H8.6 MOOCs 学习论坛中助教易产生知识传递。

3) 归属感支持

基于用户个体特定属性特征考虑网络联系的形成，同质性理论是解释社会关系形成的基本理论，认为具有相似或相同属性特征的个体之间更容易形成社会关系，进行交流或者建立联系[5]。

对同质性机制的解释分为三类[43]：①个体更倾向被感知相似的人吸引，从而建立联系，形成紧密的关系，感知相似给个体带来归属感，感知相似度越高，形成好感的概率越大；②相似属性的个体间更容易建立联系，因为他们可能拥有相似的兴趣爱好，可能拥有更多的共同话题，从而增加形成关联关系的概率；③对相似个体之间做比较的有效性更高，由此，相似的个体之间进行沟通交流时，更容易认同对方的观点或行为，交流起来更加自信。对在线论坛中个体间同质性的研究表明，人口统计学的诸多特征可用于在线论坛中个体同质性的研究[15]。

MOOCs 学习论坛中，MOOCs 用户作为知识扩散网络中的节点，可能具有相似或相同的地域属性特征。因此，本章提出以下研究假设。

H8.7 MOOCs 学习论坛中相同地区的用户易产生知识传递。

3. 社会资本的影响

社会资本是指个人拥有的社会结构资源，由各种形式的实际资源或者潜在资源通过人们之间的关联关系表现出来，社会关系的投资可以积累和增加社会资本[44]。

社会资本主要形成于个体之间的交流互动中，体现个体的社会属性[45]。学者分别从个人层面和团队层面探究社会资本对知识共享的影响，研究表明，两个层面的社会资本均会对知识共享产生影响[46]。社会网络中个体属性会影响社会网络的形成，这是由于个体属性使得用户对社会关系的形成存在偏好，由此，关系型社会资本较高的用户可能在社会网络中获得更多资源[11]。

社会资本理论认为关系就是资本，可以给用户带来权势[27]。MOOCs 学习论坛使得 MOOCs 用户之间的沟通交流突破了时间和空间的限制，MOOCs 用户通过 MOOCs 学习论坛，采用文字和点赞等互动形式，与其他 MOOCs 用户建立联系，从而形成与积累社会资本，MOOCs 用户发帖数及被点赞数是 MOOCs 用户拥有的社会资本的体现。此外，在 MOOCs 学习论坛中，MOOCs 用户之间的发帖和回帖关系本质上是一种社会交换过程，发帖和回帖的互动关系网络是MOOCs学习论坛中知识扩散的途径。基于社会资本理论，拥有较高社会资本的MOOCs用户由于对MOOCs学习论坛贡献较大，更容易得到反馈。因此，本章提出以下研究假设。

H8.8 MOOCs学习论坛中发帖数多的用户易获知识传递。

H8.9 MOOCs学习论坛中被点赞数多的用户易获知识传递。

8.3.2 模型构建

从网络系统角度，知识扩散因素可以抽象为两类：内生性结构嵌入因素和外生性用户属性因素[21]。MOOCs学习论坛中，MOOCs用户的发帖和回帖通过交互作用而形成知识扩散网络，网络中的节点是MOOCs用户。MOOCs学习论坛知识扩散网络的指数随机图模型分析框架如图8.1所示。

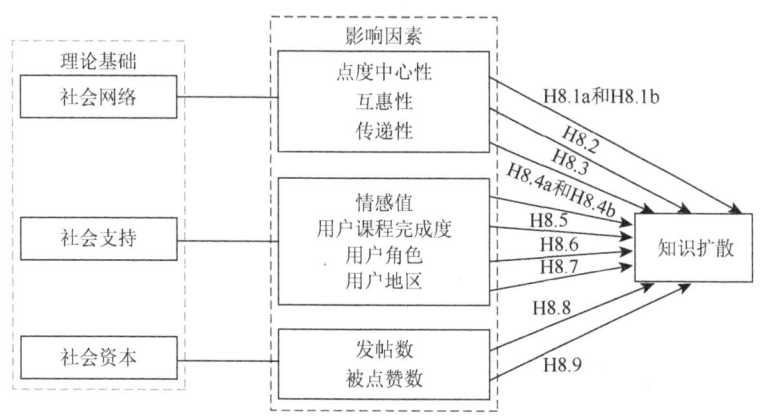

图 8.1　MOOCs学习论坛知识扩散网络的指数随机图模型分析框架

8.4　数据收集与用户属性获取

8.4.1　数据收集和预处理

本章选取国际知名Coursera平台的MOOCs热门课程"机器学习"为研究对象，Python编程抓取2016年3月～2019年12月"Meet and Greet"论坛中52408条主题帖，以及周论坛和专题论坛中59573条主题帖、93949条跟帖和93324条回帖。针对抓取到的原始数据，进行以下预处理。首先，剔除无人回复的主题帖、重复发帖，以及只有表情的帖子数据。其次，在"Meet and Greet"论坛发帖文本中提取展示地区属性的MOOCs用户，与参与周论坛和专题论坛讨论的MOOCs

用户进行匹配，最终得到 4845 个 MOOCs 用户的 8222 条主题帖数据、48571 条跟帖数据和 45936 条回帖数据。

8.4.2　用户属性获取

1. 社会网络特征获取

知识传递网络构建为无权重有向网络，网络节点是 MOOCs 用户，网络中 B→A 的边表示 MOOCs 用户 B 回复 MOOCs 用户 A。由此构建的知识传递网络中节点数量为 4845 个，边的数量为 9612 条，网络密度为 0.0004，点度中心性的最小值为 1，最大值为 6491，均值为 3.970，标准差为 94.297。

知识共享网络构建为无权重无向网络，网络节点是 MOOCs 用户，若 MOOCs 用户 B、C 均参与 MOOCs 用户 A 创建的主题帖讨论，则形成 B—A、B—C、C—A 的边。由此构建的知识共享网络中节点数量为 4845 个，边的数量为 7670 条，网络密度为 0.00065，点度中心性的最小值为 1，最大值为 4308，均值为 3.170，标准差为 62.936。

知识传递网络和知识共享网络中点度中心性的标准差都相对较大，因此，将网络的点度中心性处理为二分类变量[41]。在知识传递网络中，大于网络点度中心性均值的 MOOCs 用户数量为 1203 个，将其点度中心性取值设为 1；小于网络点度中心性均值的 MOOCs 用户数量为 3642 个，将其点度中心性取值设为 0。在知识共享网络中，大于网络点度中心性均值的 MOOCs 用户数量为 1055 个，将其点度中心性取值设为 1；小于网络点度中心性均值的 MOOCs 用户数量为 3790 个，将其点度中心性取值设为 0。

2. 社会资本特征获取

MOOCs 用户之间通过交流互动产生了社会资本，因此，可以使用 MOOCs 用户被点赞数和 MOOCs 用户发帖数来衡量 MOOCs 用户所拥有的社会资本[37]。

MOOCs 用户被点赞数定义为 MOOCs 用户主题帖、跟帖和回帖收到的点赞数之和。4845 个 MOOCs 用户被点赞数的最小值为 0 次，最大值为 30456 次，均值为 9.600 次，标准差为 442.993 次，说明被点赞数在 MOOCs 用户之间存在很大差异，因此，将 MOOCs 用户被点赞数标准化后处理为二分类变量，低于被点赞数均值的 MOOCs 用户数量为 2216 个，将其被点赞数取值设为 0 次；高于被点赞数均值的 MOOCs 用户数量为 2629 个，将其被点赞数取值设为 1 次。

MOOCs 用户发帖数定义为 MOOCs 用户主题帖数、跟帖数和回帖数之和。4845 个 MOOCs 用户发帖数的最小值为 1 条，最大值为 88487 条，均值为 29.340

条，标准差为 1280.013 条，说明发帖数在 MOOCs 用户之间存在很大差异，因此，将 MOOCs 用户发帖数标准化后处理为二分类变量，低于发帖数均值的 MOOCs 用户数量为 2620 个，将其发帖数取值设为 0 条；高于发帖数均值的 MOOCs 用户数量为 2225 个，将其发帖数取值设为 1 条。

3. 社会支持特征获取

"机器学习"课程学习论坛中，MOOCs 用户角色分为学习者和助教；用户的课程完成度有三类：已开始、完成一半和已完成。4845 个 MOOCs 用户中，学习者数量为 4831 个，将其角色属性取值设为 0；助教数量为 14 个，将其角色属性取值设为 1；"已开始"的用户数量为 1551 个，将其课程完成度取值设为 0；"已完成"的用户数量为 1480 个，将其课程完成度取值设为 2；其余课程完成度的用户数量为 1814 个，将其课程完成度取值设为 1。

4. 情感特征和同质性特征获取

对"机器学习"课程学习论坛 MOOCs 用户帖子内容进行情感得分计算，得到 MOOCs 用户情感值最小值为−0.800，最大值为 1.000，均值为 0.075，标准差为 0.153。由此，将 MOOCs 用户情感值处理为二分类变量，带有情感的 MOOCs 用户数量为 4410 个，将其情感值取值设为 1；情感中立的 MOOCs 用户数量为 435 个，将其情感值取值设为 0。

从"Meet and Greet"论坛帖子数据中提取出 108 个国家，映射到五大洲，包括亚洲、美洲、欧洲、大洋洲和非洲。4845 个 MOOCs 用户中，亚洲的 MOOCs 用户数量为 2073 个，美洲的 MOOCs 用户数量为 1573 个，欧洲的 MOOCs 用户数量为 892 个，大洋洲的 MOOCs 用户数量为 121 个，非洲的 MOOCs 用户数量为 186 个，将其相应的地区属性分别取值为 0、1、2、3 和 4。

8.5 知识扩散影响机理分析

采用 R 语言 Statnet 程序包中的指数随机图模型，分别模拟知识传递网络和知识共享网络，使用马尔可夫链蒙特卡罗极大似然估计来估计模型参数[47]。

8.5.1 知识传递网络构建与拟合

构建 MOOCs 学习论坛知识传递网络的指数随机图模型，模型参数估计结果如表 8.1 所示。

表 8.1　MOOCs 学习论坛知识传递网络和知识共享网络指数随机图模型参数估计

假设	分析层级	图解	参数	结果
H8.1a MOOCs 学习论坛中高点度中心性的用户之间易产生知识共享	二元层级	高点度中心性用户 —知识共享— 高点度中心性用户	−0.966*** (0.023)	不成立
H8.1b MOOCs 学习论坛中高点度中心性的用户易产生知识传递	一元层级	高点度中心性用户 —知识传递→ 其他用户	2.171*** (0.025)	成立
H8.2 MOOCs 学习论坛中用户之间的知识传递具有互惠性	二元层级	用户A ⇄知识传递⇄ 用户B	11.336*** (0.217)	成立
H8.3 MOOCs 学习论坛中，若两个用户均和同一个用户产生知识共享，那么这两个用户之间更易产生知识共享，形成三角结构	三元层级	用户A —知识共享— 用户B，用户A —知识共享— 用户C，用户B —知识共享— 用户C	−0.205 (0.011)	不成立
H8.4a MOOCs 学习论坛中带有情感的用户易产生知识传递	一元层级	带有情感倾向的用户 —知识传递→ 其他用户	0.376*** (0.067)	成立
H8.4b MOOCs 学习论坛中带有情感的用户之间易产生知识共享	二元层级	带有情感倾向的用户 —知识共享— 带有情感倾向的用户	0.811*** (0.042)	成立
H8.5 MOOCs 学习论坛中课程完成度低的用户易获知识传递	一元层级	课程完成度低的用户 ←知识传递— 其他用户	−0.797*** (0.027)	不成立
H8.6 MOOCs 学习论坛中助教易产生知识传递	一元层级	助教 —知识传递→ 其他用户	6.831*** (0.084)	成立
H8.7 MOOCs 学习论坛中相同地区的用户易产生知识传递	二元层级	用户A —知识传递— 地区同A的用户B	0.005 (0.022)	不成立
H8.8 MOOCs 学习论坛中发帖数多的用户易获知识传递	一元层级	发帖数多的用户 ←知识传递— 其他用户	0.820*** (0.023)	成立
H8.9 MOOCs 学习论坛中被点赞数多的用户易获知识传递	一元层级	被点赞数多的用户 ←知识传递— 其他用户	0.536*** (0.024)	成立

*** $p<0.001$

H8.1b 的参数估计值为 2.171***，表明 MOOCs 学习论坛中高点度中心性的 MOOCs 用户易对其他 MOOCs 用户产生知识传递，且由 $\exp(2.171)\approx 8.77$ 可得，高点度中心性的 MOOCs 用户产生知识传递的概率是其他 MOOCs 用户的 8.77 倍，因此，H8.1b 成立。

H8.2 的参数估计值为 11.336***，表明 MOOCs 学习论坛中知识传递具有显著的互惠性，当 MOOCs 用户收到其他 MOOCs 用户传递的知识后，倾向积极地进行反馈，由此形成知识传递互惠关系，因此，H8.2 成立。

H8.4a 的参数估计值为 0.376***，说明 MOOCs 学习论坛中带有情感的 MOOCs 用户易对其他 MOOCs 用户产生知识传递，且由 exp(0.376) = 1.46 可得，带有情感的 MOOCs 用户产生知识传递的概率是其他 MOOCs 用户的 1.46 倍，因此，H8.4a 成立。

H8.5 的参数估计值为负，说明在 MOOCs 学习论坛中，课程完成度低的 MOOCs 用户在知识传递过程中并未得到更多的关注，因此，H8.5 不成立。

H8.6 的参数估计值为 6.831***，说明 MOOCs 学习论坛中助教易对其他 MOOCs 用户产生知识传递，且由 exp(6.831) = 926.12 可得，助教产生知识传递行为的概率是其他 MOOCs 用户的 926.12 倍，因此，H8.6 成立。

H8.7 的参数估计值为 0.005，说明在 MOOCs 学习论坛中，相同地区的 MOOCs 用户并非更易产生知识传递，因此，H8.7 不成立。

H8.8 的参数估计值为 0.820***，说明 MOOCs 学习论坛中 MOOCs 用户易对发帖数多的 MOOCs 用户产生知识传递，且由 exp(0.820) = 2.27 可得，发帖数多的 MOOCs 用户获得知识传递的概率是其他 MOOCs 用户的 2.27 倍，因此，H8.8 成立。

H8.9 的参数估计值为 0.536***，说明 MOOCs 学习论坛中 MOOCs 用户易对被点赞数高的 MOOCs 用户产生知识传递，且由 exp(0.536) = 1.71 可得，被点赞数高的 MOOCs 用户获得知识传递的概率是其他 MOOCs 用户的 1.71 倍，因此，H8.9 成立。

8.5.2 知识共享网络构建与拟合

建立 MOOCs 学习论坛知识共享网络的指数随机图模型，模型参数估计结果如表 8.1 所示。

H8.1a 的参数估计值为 −0.966***，说明网络点度中心性相同的 MOOCs 用户之间并非更易发生知识共享，因此，H8.1a 不成立。

H8.3 的参数估计值为 −0.205，说明当两个 MOOCs 用户和同一个 MOOCs 用户产生知识共享时，这两个 MOOCs 用户之间并非更易产生知识共享，因此，H8.3 不成立。

H8.4b 的参数估计值为 0.811***，说明 MOOCs 学习论坛中带有情感的 MOOCs 用户之间更易产生知识共享，且由 exp(0.811) = 2.25 可得，带有情感的 MOOCs 用户之间产生知识共享的概率是其他 MOOCs 用户的 2.25 倍，因此 H8.4b 成立。

8.6 研究总结与未来研究方向

8.6.1 研究结论

1. 网络结构属性的影响

本章通过三种网络结构属性（包括点度中心性、互惠性和传递性）研究了MOOCs学习论坛知识扩散影响机理，实证研究结果表明，MOOCs用户网络结构属性对知识扩散具有不同的影响。

MOOCs学习论坛中高点度中心性的MOOCs用户贡献较多，包括积极解答其他MOOCs用户的疑问、向其他MOOCs用户传递知识，但高点度中心性的MOOCs用户之间并非更易产生知识共享，这可能是由于高点度中心性的MOOCs用户在MOOCs学习论坛中更倾向解答其他MOOCs用户的提问，而不倾向参与同一主题帖的深入讨论。

MOOCs学习论坛中知识传递存在显著的互惠性特征，表明MOOCs学习论坛中MOOCs用户倾向互相回帖，当MOOCs用户接收来自其他MOOCs用户传递的知识后，倾向在MOOCs学习论坛中积极参与答疑，通过知识传递进行回馈，由此形成知识传递的互惠关系。

MOOCs学习论坛中知识共享网络不存在显著的三角结构关系，表明在MOOCs学习论坛中更易形成多个二元组共享伙伴关系，这可能是由于MOOCs学习论坛不提供添加好友或创建学习小组等功能，不能保存MOOCs用户之间的交互关系，弱化了小组学习形式，MOOCs用户大多以个人形式进行MOOCs学习，因此难以形成稳定的三角结构关系。

2. 用户个体属性的影响

本章探讨了MOOCs用户被点赞数、发帖数、角色、课程完成度、情感值和地区属性对MOOCs学习论坛知识扩散的影响，实证研究结果表明，MOOCs用户个体属性会不同程度地影响知识扩散。

被点赞数多且发帖数多的MOOCs用户更易收到来自其他MOOCs用户传递的知识，因而提出的疑问更容易得到解答。这是由于被点赞数和发帖数是MOOCs用户参与MOOCs学习论坛交流过程中产生和积累的社会资本，被点赞数多和发帖数多的MOOCs用户对MOOCs学习论坛的贡献较大，因而提出的问题更容易受到关注，由此获得来自其他MOOCs用户传递知识的概率越大。

助教作为MOOCs学习论坛中知识势位较高的MOOCs用户，易对其他

MOOCs 用户传递知识。这是由于在 MOOCs 学习论坛中，助教在知识传递中有更高的参与性，通过为其他 MOOCs 用户提供信息支持，发挥社会支持作用，由此在 MOOCs 学习论坛知识传递中起着不可或缺的作用。

课程完成度低的 MOOCs 用户并非更易收到其他 MOOCs 用户传递的知识，这可能是由于在 MOOCs 学习论坛中，当 MOOCs 用户解答疑问时，并不关注提问 MOOCs 用户的课程完成度属性，由此课程完成度高的 MOOCs 用户并未通过为课程完成度低的 MOOCs 用户提供信息支持而发挥社会支持作用。

带有情感的 MOOCs 用户倾向向其他 MOOCs 用户传递知识，并且带有情感的 MOOCs 用户之间更易产生知识共享。这是由于带有情感的 MOOCs 用户乐于解答其他 MOOCs 用户的疑问，在知识传递过程中，情感也会随之传播，由此参与主题帖讨论的 MOOCs 用户也偏好情感鲜明的回复，带有情感的 MOOCs 用户易形成知识共享关系。

相同地区 MOOCs 用户之间进行知识传递的趋势并不明显，这可能是由于 MOOCs 突破了地域限制，由此 MOOCs 学习论坛中 MOOCs 用户地区特征的同质性对知识传递无显著影响。

8.6.2 研究启示

1. 理论启示

目前对 MOOCs 学习论坛的研究集中于 MOOCs 用户行为的探讨，缺乏对知识扩散机理的研究。因此，本章以知识扩散为切入点，定义知识传递和知识共享两种知识扩散形式，分别构建知识传递网络和知识共享网络，探讨 MOOCs 用户发帖与回帖行为，拓展了 MOOCs 学习论坛中 MOOCs 用户行为的研究。

目前对 MOOCs 学习论坛中 MOOCs 用户交互网络的研究缺乏综合网络结构和 MOOCs 用户属性的探讨，网络结构嵌入的微观逻辑有待系统解析。因此，本章综合网络结构和 MOOCs 用户属性对 MOOCs 学习论坛知识扩散的影响因素进行研究，丰富了 MOOCs 学习论坛的研究内容。

指数随机图模型适合探索网络形成的潜在因素，以及综合多个特征对网络形成的影响，目前在引文网络形成机制和社交媒体网络形成机制领域应用广泛，但尚缺乏在 MOOCs 用户交互网络领域的研究。因此，本章将指数随机图模型引入 MOOCs 学习论坛的知识扩散研究，为知识扩散网络的建模和仿真提供有效的研究方法。

2. 实践启示

由于高点度中心性 MOOCs 用户倾向积极解答其他 MOOCs 用户的疑问，

MOOCs 学习论坛管理方可以挖掘高点度中心性 MOOCs 用户，引导其在 MOOCs 学习论坛进行深入交流互动。与此同时，基于知识传递的互惠性，MOOCs 学习论坛管理方可以增加信息提醒功能，实时提醒 MOOCs 用户接收信息，促进 MOOCs 用户之间的知识传递。此外，鉴于 MOOCs 学习论坛知识共享网络中 MOOCs 用户之间的知识共享关系不稳定，不易形成三角结构关系，MOOCs 学习论坛管理方可以增加"好友圈"功能，增强知识共享关系的稳定性，提高知识交流效率。

由于助教能够积极解答其他 MOOCs 用户的疑问，在知识传递中发挥显著作用，MOOCs 提供方可以对助教设置适当的激励机制。与此同时，由于带有情感的 MOOCs 用户更易传递知识，并且带有情感的 MOOCs 用户之间易产生知识共享，MOOCs 提供方可以通过助教的参与，适当引导 MOOCs 用户分享与交流学习经验，以推进 MOOCs 用户之间的知识共享。由于课程完成度低的 MOOCs 用户一般处于知识低势位，MOOCs 提供方应通过适当增加对知识高势位用户（如助教或课程完成度高的 MOOCs 用户）的关注，以提高课程完成度低的 MOOCs 用户的学习兴趣。

由于被点赞数多和发帖数多的 MOOCs 用户提出的疑问更易被解答，在知识传递中受到更多的关注，MOOCs 学习者应积极参与 MOOCs 学习论坛，与其他 MOOCs 用户产生更多、更有效的互动，在交互过程中随着被点赞数和发帖数的增加，逐渐积累更多的社会资本，为提高 MOOCs 学习者自身的学习效果积淀基础。

8.6.3 研究局限与研究展望

首先，本章的研究数据来源于 Coursera 平台"机器学习"课程学习论坛，在未来的研究中，应通过对比研究多个 MOOCs 学习论坛来探讨知识扩散影响因素。

其次，本章针对 MOOCs 学习论坛帖子文本仅进行情感分析，在未来的研究中，需要进一步对帖子内容进行文本挖掘。

最后，本章构建的知识传递网络是无权重有向网络，在未来的研究中，需要进一步考虑构建带权重的知识传递网络。

参 考 文 献

[1] Sunar A S, Abbasi R A, Davis H C, et al. Modelling MOOC learners' social behaviours[J]. Computers in Human Behavior, 2020, 107: 105835.

[2] Almatrafi O, Johri A. Systematic review of discussion forums in massive open online courses (MOOCs)[J]. IEEE Transactions on Learning Technologies, 2019, 12 (3): 413-428.

[3] Zhang C H, Chen H, Phang C W. Role of instructors' forum interactions with students in promoting MOOC

[4] van der Pol J. Introduction to network modeling using exponential random graph models (ERGM): Theory and an application using R-project[J]. Computational Economics, 2019, 54 (3): 845-875.

[5] Wu B, Jiang S, Chen H. The impact of individual attributes on knowledge diffusion in web forums[J]. Quality & Quantity, 2015, 49 (6): 2221-2236.

[6] Griswold L A, Overson C E, Benassi V A. Embedding questions during online lecture capture to promote learning and transfer of knowledge[J]. The American Journal of Occupational Therapy, 2017, 71 (3): 1-7.

[7] Marchegiani L, Brunetta F, Annosi M C. Faraway, not so close: The conditions that hindered knowledge sharing and open innovation in an online business social network[J]. IEEE Transactions on Engineering Management, 2022, 69 (2): 451-467.

[8] Nguyen T M, Ngo L V, Gregory G. Motivation in organisational online knowledge sharing[J]. Journal of Knowledge Management, 2022, 26 (1): 102-125.

[9] Jiang S, Gao Q, Chen H, et al. The roles of sharing, transfer, and public funding in nanotechnology knowledge-diffusion networks[J]. Journal of the Association for Information Science and Technology, 2015, 66 (5): 1017-1029.

[10] Kurt Y, Kurt M. Social network analysis in international business research: An assessment of the current state of play and future research directions[J]. International Business Review, 2020, 29 (2): 101633.

[11] Wu B, Wu C C. Research on the mechanism of knowledge diffusion in the MOOC learning forum using ERGMs[J]. Computers & Education, 2021, 173 (11): 104295.

[12] Christiyana ArulSelvi A, Sendhilkumar S, Mahalakshmi G S. Identifying trusted similar users using stochastic model and next-closure based knowledge model in online social networks[J]. Cluster Computing-the Journal of Networks Software Tools and Applications, 2019, 22 (6): 14625-14635.

[13] Li Z Z, Chandler H, Shen H Y. Analysis of knowledge sharing activities on a social network incorporated discussion forum: A case study of DISboards[J]. IEEE Transactions on Big Data, 2018, 4 (4): 432-446.

[14] Ozer M, Zhang G X. The roles of knowledge providers, knowledge recipients, and knowledge usage in bridging structural holes[J]. Journal of Product Innovation Management, 2019, 36 (2): 224-240.

[15] Goh J M, Gao G D, Agarwal R. The creation of social value: Can an online health community reduce rural-urban health disparities?[J]. MIS Quarterly, 2016, 40 (1): 247-263.

[16] Kim H, Lee J, Oh S E. Individual characteristics influencing the sharing of knowledge on social networking services: Online identity, self-efficacy, and knowledge sharing intentions[J]. Behaviour & Information Technology, 2020, 39 (4): 379-390.

[17] Hau Y S, Kang M. Extending lead user theory to users' innovation-related knowledge sharing in the online user community: The mediating roles of social capital and perceived behavioral control[J]. International Journal of Information Management, 2016, 36 (4): 520-530.

[18] Ergün E, Usluel Y. An analysis of density and degree-centrality according to the social networking structure formed in an online learning environment[J]. Educational Technology & Society, 2016, 19 (4): 34-46.

[19] Castellanos-Reyes D. The dynamics of a MOOC's learner-learner interaction over time: A longitudinal network analysis[J]. Computers in Human Behavior, 2021, 123: 106880.

[20] Wise A F, Cui Y. Learning communities in the crowd: Characteristics of content related interactions and social relationships in MOOC discussion forums[J]. Computers & Education, 2018, 122: 221-242.

[21] 詹宁·K·哈瑞斯. 指数随机图模型导论[M]. 杨冠灿, 译. 上海: 格致出版社, 2016.

[22] 杨冠灿，刘占麟，李纲. 基于指数随机图模型的专利引用关系形成机制研究—以奈拉滨药物为例[J]. 图书情报工作，2019，63（10）：75-86.

[23] Krivitsky P N，Morris M，Bojanowski M. Impact of survey design on estimation of exponential-family random graph models from egocentrically-sampled data[J]. Social Networks，2022，69：22-34.

[24] Clark D A，Handcock M S. Comparing the real-world performance of exponential-family random graph models and latent order logistic models for social network analysis[J]. Journal of the Royal Statistical Society Series A-Statistics in Society，2022，185（2）：566-587.

[25] 吴冰，彭彧. 在线健康社区中基于用户属性的时序交互模式研究[J]. 知识管理论坛，2019，4（3）：163-172.

[26] Prusaczyk B，Pietka K，Landman J M，et al. Utility of Facebook's social connectedness index in modeling COVID-19 spread：Exponential random graph modeling study[J]. JMIR Public Health and Surveillance，2021，7（12）：e33617.

[27] 段庆锋，冯珍. 基于指数随机图模型的学术社交网络形成机制研究[J]. 情报科学，2019，37（7）：84-89，145.

[28] Enos J R，Nilchiani R R. Understanding the importance of expanding the definition of interoperability through social network analysis[J]. Systems Engineering，2020，23（2）：139-153.

[29] He C C，Ma P H，Zhou L S，et al. Is participating in MOOC forums important for students？A data-driven study from the perspective of the supernetwork[J]. Journal of Data and Information Science，2018，3（2）：62-77.

[30] 王慧敏，陈丽. cMOOC 微信群社会网络特征及其对学习者认知发展的影响[J]. 中国远程教育，2019（11）：15-23，92.

[31] Kuciapski M. How the type of job position influences technology acceptance：A study of employees' intention to use mobile technologies for knowledge transfer[J]. IEEE Access，2019，7：177397-177413.

[32] Feng Y Y，Ye H. Why do you return the favor in online knowledge communities？A study of the motivations of reciprocity[J]. Computers in Human Behavior，2016，63：342-349.

[33] Hsu J Y，Chen C C，Ting P F. Understanding MOOC continuance：An empirical examination of social support theory[J]. Interactive Learning Environments，2018，26（8）：1100-1118.

[34] Mafessoni F，Lachmann M. The complexity of understanding others as the evolutionary origin of empathy and emotional contagion[J]. Scientific Reports，2019，9：5794.

[35] Liu J Q，Zhang Z P，Qi J Y，et al. Understanding the impact of opinion leaders' characteristics on online group knowledge-sharing engagement from in-group and out-group perspectives：Evidence from a Chinese online knowledge-sharing community[J]. Sustainability，2019，11（16）：4461.

[36] Weeks B E，Ardèvol-Abreu A，Gil de Zúñiga H. Online influence？Social media use，opinion leadership，and political persuasion[J]. International Journal of Public Opinion Research，2017，29（2）：214-239.

[37] Stieglitz S，Dang-Xuan L，Bruns A，et al. Social media analytics-an interdisciplinary approach and its implications for information systems[J]. Business & Information Systems Engineering，2014，6（2）：89-96.

[38] Asif M，Ishtiaq A，Ahmad H，et al. Sentiment analysis of extremism in social media from textual information[J]. Telematics and Informatics，2020，48：101345.

[39] Prinsloo P，Slade S，Khalil M. Student data privacy in MOOCs：A sentiment analysis[J]. Distance Education，2019，40（3）：395-413.

[40] 秦昌博. 中文 MOOC 论坛课程中情绪分析及知识难点的挖掘研究[D]. 北京：北京邮电大学，2017.

[41] Apps T，Beckman K，Bennett S，et al. The role of social cues in supporting students to overcome challenges in online multi-stage assignments[J]. The Internet and Higher Education，2019，42：25-33.

[42] Hazır C S, LeSage J, Autant Bernard C. The role of R&D collaboration networks on regional knowledge creation: Evidence from information and communication technologies[J]. Papers in Regional Science, 2018, 97 (3): 549-568.

[43] Kang J H, Chung D Y. Homophily in an anonymous online community: Sociodemographic versus personality traits[J]. Cyberpsychology Behavior and Social Networking, 2017, 20 (6): 376-381.

[44] Kroll A, deHart-Davis L, Vogel D. Mechanisms of social capital in organizations: How team cognition influences employee commitment and engagement[J]. The American Review of Public Administration, 2019, 49(7): 777-791.

[45] Petter S, Barber C S, Barber D. Gaming the system: The effects of social capital as a resource for virtual team members[J]. Information & Management, 2020, 57 (6): 103239.

[46] Martín-Alcázar F, Ruiz-Martínez M, Sánchez-Gardey G. Assessing social capital in academic research teams: A measurement instrument proposal[J]. Scientometrics, 2019, 121 (2): 917-935.

[47] Asghari P, Soleimani E, Nazerfard E. Online human activity recognition employing hierarchical hidden Markov models[J]. Journal of Ambient Intelligence and Humanized Computing, 2020, 11 (3): 1141-1152.

第 9 章　基于 MOOCs 学习者动态偏好和多维能力的课程个性化混合推荐研究

9.1　概　　述

随着 MOOCs 平台的发展，一方面，注册学习用户及课程数量不断增长，给 MOOCs 学习者寻找合适的 MOOCs 带来一定的困难[1, 2]，同时一些优质的课程资源难以为目标 MOOCs 学习者所发现；另一方面，MOOCs 平台产生的海量学习数据蕴含了 MOOCs 学习者的丰富信息。因此，有必要深入挖掘 MOOCs 学习者及课程特征，通过为 MOOCs 学习者提供个性化课程推荐，提升 MOOCs 学习者的学习效果和学习体验。

目前 MOOCs 领域的很多推荐算法注重挖掘 MOOCs 学习者的课程评分，但 MOOCs 学习者学习课程在个人兴趣和偏好的基础上受到 MOOCs 学习者自身的知识领域和学习能力的影响，并且 MOOCs 学习者的兴趣和偏好会随着时间而动态变化[3, 4]。因此，本章针对 MOOCs 情境，基于心理测量学中的多维项目反应理论和艾宾浩斯遗忘曲线，挖掘融合记忆权重的 MOOCs 学习者-课程评分偏好、MOOCs 学习者-课程属性偏好和匹配课程特质的 MOOCs 学习者多维能力，提出集成聚类算法和协同过滤算法的混合推荐算法，在理论方面丰富与发展 MOOCs 领域的个性化推荐研究，在实践方面有助于提升 MOOCs 学习者的学习体验，并推进优质课程资源的知识传播。

9.2　文献综述

MOOCs 个性化推荐成为近年的研究热点。目前主流的推荐算法可归纳为基于内容的推荐算法、基于协同过滤的推荐算法、基于机器学习模型的推荐算法和基于混合模型的推荐算法。

1. 基于内容的推荐算法

MOOCs 平台中基于内容的推荐算法是指根据 MOOCs 学习者搜索的相关内容及课程学习记录所表现的课程偏好，直接匹配相关度高的 MOOCs 进行推荐。

这种推荐算法的优势体现在易于实现,只需要根据 MOOCs 的描述信息和 MOOCs 学习者的搜索内容或学习记录,就可以进行 MOOCs 推荐。例如,通过对 MOOCs 信息进行文本挖掘,基于 MOOCs 学习者的浏览记录,提出基于内容的 MOOCs 推荐模型,与随机推荐相比,具有更高的准确率,并且文本信息越丰富,MOOCs 推荐结果越准确[5, 6]。

但 MOOCs 平台中基于内容的推荐算法由于根据 MOOCs 学习者的历史行为进行推荐,很可能出现推荐内容过于一致的现象,由此导致所推荐的 MOOCs 与 MOOCs 学习者已学习过的课程具有较高的相似度,难以挖掘 MOOCs 学习者的新兴趣。

2. 基于协同过滤的推荐算法

基于协同过滤的推荐算法是广泛使用的一种推荐方法,其核心思想是基于物以类聚、人以群分的假设,喜欢过相同物品的用户更可能具有相同的兴趣[7, 8]。

MOOCs 平台中基于 MOOCs 学习者的协同过滤的推荐算法是指根据目标 MOOCs 学习者对 MOOCs 的评分判断 MOOCs 学习者的偏好,从而找出与目标 MOOCs 学习者相似的 MOOCs 学习者群体,在此基础上,根据相似 MOOCs 学习者群体所偏好的课程集为目标 MOOCs 学习者提供 MOOCs 推荐。MOOCs 平台中基于课程的协同过滤的推荐算法是指通过对 MOOCs 建模,计算 MOOCs 相似度,找出相似 MOOCs,从而为 MOOCs 学习者推荐相似 MOOCs[9]。

但 MOOCs 平台中基于协同过滤的推荐算法的核心是基于历史数据进行推荐,对新注册的 MOOCs 学习者及新开设的课程可能存在冷启动问题,导致数据稀疏而影响推荐性能。

3. 基于机器学习模型的推荐算法

基于机器学习模型的推荐算法已应用于 MOOCs 个性化推荐。例如,学者通过分析 MOOCs 学习者学习行为,提出了基于多注意机制的深度学习 MOOCs 个性化推荐算法[10];在此基础上,学者充分利用深度信念网络在函数逼近、特征提取和预测分类方面的性能,提出了基于深度信念网络的 MOOCs 个性化推荐算法[11];此外,学者通过揭示 MOOCs 间的关联规则,提出了基于先验(apriori)聚类的 MOOCs 个性化推荐算法[12]。

虽然基于机器学习模型的推荐算法具有较高的准确率,得到了越来越多的关注,但由于推荐过程类似一个黑匣子,对推荐结果的可解释性较弱,与此同时,为了保证模型具有更好的效果,需要人工干预数据属性的筛选及参数的调整修正,由此会耗费较多的资源。

4. 基于混合模型的推荐算法

在实际应用中，由于上述各种推荐算法都具有一定的缺陷，通常很少单独使用一种算法进行推荐。很多个性化推荐系统为了提升推荐性能，通过组合使用不同推荐算法，综合各种推荐算法的优势，以获得更精确的推荐结果。

针对MOOCs平台的特点，综合深度信念网络模型和CD-K算法①构建的MOOCs资源推荐模型具有更高的准确性[13]；基于联合概率分布的多社交网络框架矩阵分解模型有助于提高推荐效率[14]；基于二分图上下文的协同过滤算法可以有效解决协同过滤冷启动问题[15]。此外，集成协同过滤算法和深度学习算法的混合推荐模型[16]及基于深度学习和多视图融合的个性化推荐方法[17]都具有较好的推荐效果。

由此可见，基于混合模型的推荐算法结合多种推荐算法的优势，逐渐成为热门的推荐算法，与此同时，基于混合模型的多样化，基于混合模型的推荐算法具有较大的研究扩展空间。

5. 现有研究评述

基于协同过滤的推荐算法由于简单、高效仍广受关注，但数据稀疏性和冷启动问题亟待解决，基于混合模型的推荐算法是目前主流的推荐算法。例如，针对电影数据集场景，首先根据用户个人属性或根据用户评分矩阵对用户进行聚类[18,19]，然后应用协同过滤推荐，有助于提高推荐算法的准确性。

MOOCs情境中，学习者会根据MOOCs平台提供的课程信息选课并学习，MOOCs信息在一定程度上反映了MOOCs学习者对课程的兴趣偏好。因此，在MOOCs学习者对课程评分的基础上结合课程的属性，可以进一步挖掘MOOCs学习者的多维兴趣。此外，目前的推荐算法虽然关注学习者的兴趣，例如，基于学习者的学习序列为学习者推荐下一步学习的课程[9]，但较少关注学习者的知识领域和学习层级。

因此，本章针对MOOCs情境，基于多维项目反应理论和艾宾浩斯遗忘曲线，在分析MOOCs学习者-课程评分的基础上，进一步挖掘融合记忆权重的MOOCs学习者-课程评分偏好、MOOCs学习者-课程属性偏好及匹配课程特质的MOOCs学习者多维能力，提出集成聚类和协同过滤的混合推荐算法，旨在解决基于协同过滤的推荐算法存在的数据稀疏和单一性问题。

---

① CD指对比分歧（contrastive divergence），K指采样步数（steps）

9.3 混合推荐模型框架

基于个性化推荐系统一般架构，本章提出的 MOOCs 个性化混合推荐模型如图 9.1 所示。

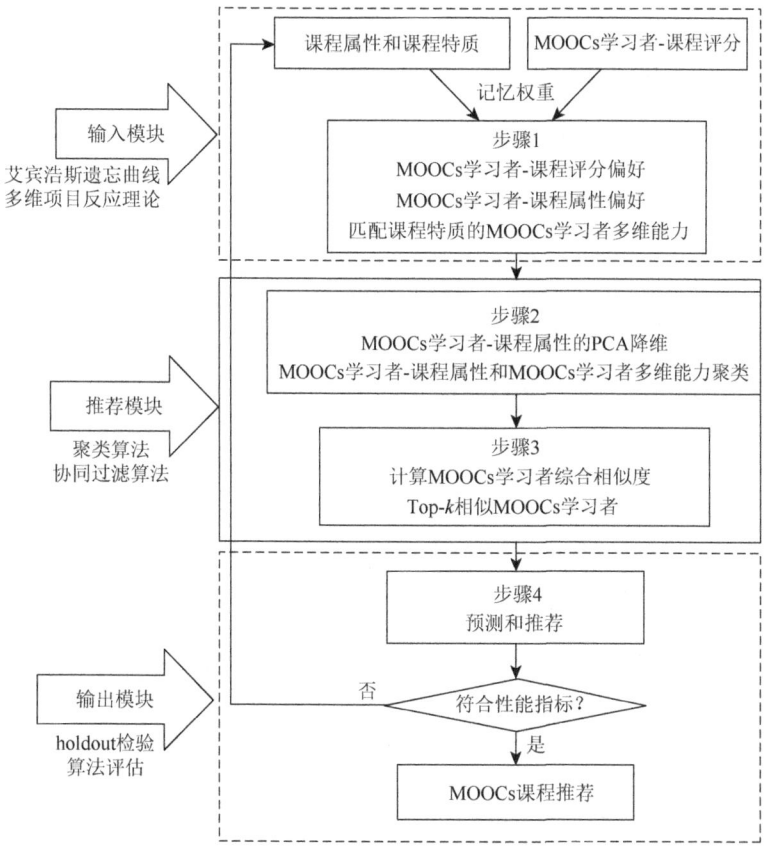

图 9.1 MOOCs 个性化混合推荐模型

PCA 指主成分分析（principal component analysis）；holdout 检验指留出法检验

9.3.1 输入模块

1. MOOCs 学习者-课程评分偏好

艾宾浩斯遗忘曲线将人们的遗忘和记忆表示成一个与时间相关的函数，人的遗忘速率由快至慢，最后趋于稳定[20]：

$$f_t = \frac{f_0 \cdot k'}{(\lg t)^c + k'} = \frac{f_0 \times 1.84}{(\lg t)^{1.25} + 1.84} \quad (9.1)$$

其中，f_t 为记忆保留比率；f_0 为记忆初始值；t 为初始记忆时间与当前时间的间隔；c 和 k' 为控制常量。实验表明，当 $f_0 = 100, c = 1.25, k' = 1.84$ 时，该函数与人的实际遗忘特性最契合[21]。因此，在进行课程推荐时，应将 MOOCs 学习者的遗忘特性纳入模型，根据 MOOCs 学习者的课程评分时间，将课程至今的记忆保留比率作为记忆因子，融入 MOOCs 学习者-课程评分偏好。

首先，构建 MOOCs 学习者-课程评分的二维矩阵 rate，矩阵行数为 MOOCs 学习者数量，矩阵列数为课程数量，元素 rate_{ij} 表示 MOOCs 学习者 u_i 对课程 j_1 的评分；接着，融合记忆权重的评分如下：

$$\text{rate}'_{ij} = \text{rate}_{ij} \cdot f_t \quad (9.2)$$

由此，得到 MOOCs 学习者-课程评分偏好。

2. MOOCs 学习者-课程属性偏好

由于 MOOCs 学习者-课程评分数据单一，本章将 MOOCs 学习者-课程评分扩展为 MOOCs 学习者-课程属性。

首先，根据 MOOCs 学习者-课程评分，获取所评分课程的属性信息，构建 MOOCs 学习者-课程属性的二维矩阵 attr，矩阵行数为 MOOCs 学习者数量，矩阵列数为课程属性数量，元素 $\text{attr}_{ij} = \dfrac{\sum_{c=1}^{n''} n_{cj}}{n}$ 表示 MOOCs 学习者 u_i-课程属性 j_2 的值，其中，n'' 为 MOOCs 学习者 u_i 评分的课程数量，n_{cj} 为第 c 门课程的属性 j_2 取值；接着，将融合记忆权重后的 MOOCs 学习者-课程评分 rate'_{ij} 作为影响权重：

$$\text{attr}'_{ij} = \text{attr}_{ij} \cdot \text{rate}'_{ij} \quad (9.3)$$

由此，得到 MOOCs 学习者-课程属性偏好。

3. MOOCs 学习者多维能力

由于 MOOCs 学科代表了涉及的知识领域，MOOCs 授课语言代表了学习课程必备的语言基础，MOOCs 级别代表了课程的难易层级，本章将 MOOCs 学科、MOOCs 授课语言及 MOOCs 级别作为课程特质，基于多维项目反应理论，挖掘匹配课程特质的 MOOCs 学习者多维能力。

首先，根据 MOOCs 学习者-课程评分，获取 MOOCs 学习者所评分课程的特质信息，由于课程特质信息为文本属性，使用 one-hot 编码将课程特质信息转换为数值向量后，构建 MOOCs 学习者多维能力矩阵 ability，矩阵行数为 MOOCs 学习者数量，矩阵列数为课程特质数量，元素 $\text{ability}_{ij} = \dfrac{\sum_{c=1}^{n''} n_{cj}}{n}$ 表示 MOOCs 学习者 u_i-课程特质 j_3 的值，其中，n'' 为 MOOCs 学习者 u_i 评分的课程数量，n_{cj} 为第 c 门课程的特质 j_3 取值；接着，将融合记忆权重后的 MOOCs 学习者-课程评分 rate'_{ij} 作为影响权重：

$$\text{ability}'_{ij} = \text{ability}_{ij} \cdot \text{rate}'_{ij} \qquad (9.4)$$

由此，得到匹配课程特质的 MOOCs 学习者多维能力。

9.3.2 推荐模块

1. 聚类算法

MOOCs 属性较多，需要进行特征提取和特征选择，减少数据冗余，使得每个课程属性可以更好地代表 MOOCs 学习者偏好，提升聚类效果。由此，使用主成分分析法对课程属性进行降维，进而联合 MOOCs 学习者-课程属性和 MOOCs 学习者多维能力对 MOOCs 学习者进行聚类。

聚类作为一种无监督机器学习算法，基于某种距离衡量方式，将总体划分为数个不重叠的群体类别，使得每个群体内的个体较为相似、不同群体内的个体有较大的差异，从而使每个类别区分明显。聚类算法有多种，其中，k 均值（k-means）聚类算法具有简单高效的优势，通过不断迭代计算，把不同个体划分到不同类别中，适用于数据量较大的场景，因此，本章选择 k 均值聚类算法，联合 MOOCs 学习者-课程属性偏好和匹配课程特质的 MOOCs 学习者多维能力，将 MOOCs 学习者分为 k 簇聚类。

2. 协同过滤算法

MOOCs 学习者对课程的选择更多地基于个人兴趣及能力，并且个性化推荐中多样性是重要的评价指标，由此，针对 MOOCs 学习者聚类，采用基于 MOOCs 学习者的协同过滤算法计算 MOOCs 学习者综合相似度，进而采用 k 最近邻（k-nearest neighbor，KNN）算法寻找 MOOCs 学习者的 Top-k 最近邻。

MOOCs 学习者-课程评分偏好的相似度计算公式如下：

$$\text{sim}_{\text{rate}}(u_i, u_j) = \dfrac{\sum_{k \in I_{u_i, u_j}} (x_{ik} - \overline{x}_k)(x_{jk} - \overline{x}_k)}{\sqrt{\sum_{k \in I_{u_i, u_j}} (x_{ik} - \overline{x}_k)^2} \sqrt{\sum_{k \in I_{u_i, u_j}} (x_{jk} - \overline{x}_k)^2}} \qquad (9.5)$$

其中，I_{u_i, u_j} 为 MOOCs 学习者 u_i 与 u_j 评分的课程交集；x_{ik}、x_{jk} 分别为 MOOCs 学习者 u_i 与 u_j 对课程 k 的评分；$\overline{x}_k = 0.5 \times (x_{ik} + x_{jk})$ 为 MOOCs 学习者 u_i 与 u_j 对课程 k 评分的均值。$\text{sim}_{\text{rate}}(u_i, u_j)$ 的绝对值越大，说明 MOOCs 学习者 u_i 与 u_j 的课程评

分偏好相似度越大。

MOOCs 学习者-课程属性偏好的相似度计算公式如下：

$$\text{sim}_{\text{attr}}(u_i, u_j) = \frac{\sum_{k \in A_{u_i,u_j}} x_{ik} x_{jk}}{\sqrt{\sum_{k \in A_{u_i,u_j}} x_{ik}^2} \sqrt{\sum_{k \in A_{u_i,u_j}} x_{jk}^2}} \quad (9.6)$$

其中，A_{u_i,u_j} 为 MOOCs 学习者 u_i 与 u_j 已评分的课程属性值的交集；x_{ik}、x_{jk} 分别为 MOOCs 学习者 u_i 与 u_j 已评分的课程具有属性值 k 的次数。$\text{sim}_{\text{attr}}(u_i, u_j)$ 的值越大，说明 MOOCs 学习者 u_i 与 u_j 的课程属性偏好相似度越大。

匹配课程特质的 MOOCs 学习者多维能力的相似度计算公式如下：

$$\text{sim}_{\text{ability}}(u_i, u_j) = \frac{\sum_{k \in H_{u_i,u_j}} x_{ik} x_{jk}}{\sqrt{\sum_{k \in H_{u_i,u_j}} x_{ik}^2} \sqrt{\sum_{k \in H_{u_i,u_j}} x_{jk}^2}} \quad (9.7)$$

其中，H_{u_i,u_j} 为 MOOCs 学习者 u_i 与 u_j 特质能力的交集；x_{ik}、x_{jk} 分别为 MOOCs 学习者 u_i 与 u_j 在特质能力 k 的状态值。$\text{sim}_{\text{ability}}(u_i, u_j)$ 的值越大，说明匹配课程特质的 MOOCs 学习者 u_i 与 u_j 多维能力相似度越大。

综上，$\text{sim}_{\text{rate}}(u_i, u_j)$ 从 MOOCs 学习者-课程评分方面评价了 MOOCs 学习者对课程评分偏好的相似度，$\text{sim}_{\text{attr}}(u_i, u_j)$ 从 MOOCs 学习者-课程属性方面评价了 MOOCs 学习者对课程属性偏好的相似度，$\text{sim}_{\text{ability}}(u_i, u_j)$ 从课程特质方面评价了 MOOCs 学习者多维能力的相似度。由此，MOOCs 学习者综合相似度计算公式如下：

$$\text{sim}(u_i, u_j) = \alpha \cdot \text{sim}_{\text{rate}}(u_i, u_j) + \beta \cdot \text{sim}_{\text{attr}}(u_i, u_j) + \lambda \cdot \text{sim}_{\text{ability}}(u_i, u_j) \quad (9.8)$$

其中，α、β、λ 为权重系数，取值范围为[0, 1]且满足 $\alpha + \beta + \lambda = 1$，用于平衡 MOOCs 学习者-课程评分偏好相似度、MOOCs 学习者-课程属性偏好相似度及匹配课程特质的 MOOCs 学习者多维能力相似度。

通过 MOOCs 学习者之间的相似度计算，形成 $m \times m$ 的对称相似度矩阵 s，其中，m 为 MOOCs 学习者数量，元素 s_{ij} 为 MOOCs 学习者 u_i 与 u_j 的相似度，根据每个 MOOCs 学习者与其他 MOOCs 学习者的相似度对 MOOCs 学习者进行排序，选出 Top-k 最近邻作为目标 MOOCs 学习者的近邻群体。

9.3.3 输出模块

1. 预测 MOOCs 学习者-课程评分

将 Top-k 最近邻 MOOCs 学习者已学课程，而目标 MOOCs 学习者未学课程作为候选课程，计算 Top-k 最近邻 MOOCs 学习者对候选课程评分的加权平均值，作为目标 MOOCs 学习者对候选课程的预测评分。由此,将预测评分最高的 Top-n 课程推荐给目标 MOOCs 学习者。

由于有些 MOOCs 学习者对课程评分较为保守,有些 MOOCs 学习者对课程评分较为激进,为保证 MOOCs 学习者对课程评分的一致性,目标 MOOCs 学习者 u_i 对未学课程 c 的预测评分计算公式如下:

$$\widehat{r_{ic}} = \overline{r_i} + \frac{\sum_{j \in k_i} \text{sim}(u_i, u_j) \cdot (r_{jc} - \overline{r_j})}{\sum_{j \in k_i} \text{sim}(u_i, u_j)} \tag{9.9}$$

其中,$\widehat{r_{ic}}$ 为 MOOCs 学习者 u_i 对课程 c 的预测评分;$\overline{r_i}$ 为 MOOCs 学习者 u_i 对已学课程的评分均值;k_i 为 MOOCs 学习者 u_i 的 Top-k 最近邻集合中对课程 c 评过分的学习者数量;u_j 为 Top-k 最近邻集合中的 MOOCs 学习者;$\overline{r_j}$ 为 MOOCs 学习者 u_j 对已学课程的评分均值;r_{jc} 为 MOOCs 学习者 u_j 对课程 c 的评分;$\text{sim}(u_i, u_j)$ 为 MOOCs 学习者 u_i 与 u_j 的综合相似度。

2. 性能指标分析

精确率又称精准率,表示预测正确的正样本占所有被预测为正样本的样本数量的比例,具体描述推荐课程列表中 MOOCs 学习者已评分课程占推荐课程的比例。召回率表示预测正确的正样本占实际正样本的样本数量的比例,具体描述推荐课程列表中 MOOCs 学习者已评分课程占所有评分课程的比例。精确率和召回率的计算公式分别如下:

$$P_L = \frac{1}{n} \sum_{u \in U} \frac{L_u \bigcap B_u}{L_u} \tag{9.10}$$

$$R_L = \frac{1}{n} \sum_{u \in U} \frac{L_u \bigcap B_u}{B_u} \tag{9.11}$$

其中,L_u 为 MOOCs 学习者 u 推荐的课程列表;B_u 为 MOOCs 学习者 u 评分的课程列表;n 为 MOOCs 学习者总数量;U 为 MOOCs 学习者集合。

为了综合反映精确率和召回率的结果[9,13],综合评价系统性能,本章使用精确率和召回率的综合指标 F1 分数(F1-score)对系统性能进行评价:

$$\text{F1-score} = \frac{2 \cdot P_L \cdot R_L}{P_L + R_L} \tag{9.12}$$

平均绝对误差(mean absolute error,MAE)描述 MOOCs 学习者实际评分与预测评分之间的误差:

$$\text{MAE} = \frac{\sum |y - \hat{y}|}{N_{\text{test}}} \tag{9.13}$$

其中，y 为 MOOCs 学习者实际评分；$\hat{y}$ 为 MOOCs 学习者预测评分；N_{test} 为预测课程与实际评分课程交集中的课程数量。

9.4　Coursera 平台 MOOCs 的混合推荐

9.4.1　数据收集与预处理

本章选取国际知名 Coursera 平台作为研究对象，采集 Coursera 平台 2015 年 1 月~2020 年 12 月 MOOCs 学习者的课程评分数据、课程属性数据和课程特质数据。经过数据预处理，筛选评分课程数量至少为 10 门的 MOOCs 学习者[22]。由此得到至少评分 10 门课程的 7849 个学习者，课程数量为 2951 门，评分数量和评论数分别为 42485 个和 41741 条。

9.4.2　MOOCs 推荐过程

根据图 9.1 所示的步骤 1，应用式（9.2）~式（9.4），分别计算融合记忆权重的 MOOCs 学习者-课程评分偏好、MOOCs 学习者-课程属性偏好，以及匹配课程特质的 MOOCs 学习者多维能力，包括 MOOCs 授课语言、MOOCs 学科及 MOOCs 级别。

根据图 9.1 所示的步骤 2，使用主成分分析法对课程属性进行降维，提取有效特征。选取保留 86%的成分信息，课程属性可以得到较大保留的同时具有较低的特征维度，降维后主成分和课程属性的对应关系如表 9.1 所示。对课程属性降维后，对 MOOCs 学习者聚类。首先，由于组合 MOOCs 学习者-课程属性偏好和 MOOCs 学习者多维能力进行聚类具有更好的聚类表现，将降维后的 MOOCs 学习者-课程属性偏好与 MOOCs 学习者多维能力进行组合；接着，使用 k 均值聚类算法对 MOOCs 学习者进行聚类，使用肘部（elbow）方法快速有效地找到合适的拐点，确定 $k=5$ 为最佳聚类数[23, 24]。

表 9.1　主成分解释与命名

课程属性	降维后主成分						
	热度	价格	专项	资源	时长	评分
材料数量				√		
助教数量				√		
价格		√			√	
时长					√	
课时					√	

续表

课程属性	降维后主成分					
	热度	价格	专项	资源	时长	评分
周数					√	
浏览人数	√					
注册人数	√					
评分人数	√					
评论人数	√					
平均评分						√
专项计划			√			

根据图9.1所示的步骤3，应用式（9.5）～式（9.8），设 $\alpha = \beta = \lambda = 1/3$，由此得到MOOCs学习者综合相似度矩阵。

根据图9.1所示的步骤4，为了使得模型发挥最佳性能，通过敏感性分析确定模型中的最佳参数，包括MOOCs学习者-课程评分偏好相似度权重系数 α、最近邻数 k 以及推荐课程数 n'。为了验证权重系数及最近邻数对预测结果的影响，可以通过迭代最近邻数 k，计算权重系数 α 及 MAE。MAE通常随着最近邻数 k 平缓变化，一般设步长为5或10进行观察[25]，首先将步长初始值设为10，然后逐步增加步长，依次增加10、20和30，观察MAE的变化，在权重系数 $\alpha = 0.8$、最近邻数 $k = 20$ 时，模型具有最小的 MAE。

改变推荐课程数进行敏感性分析。随着推荐课程数 n' 从5增加至30，模型的精确率从66%降低至22%，而召回率从24%增加至45%，因此，以F1分数为评价标准来判断最佳参数，当推荐课程数 $n' = 10$ 时，F1分数达到最大值（39%）。由此，根据Top-20最近邻对课程的评分，预测目标MOOCs学习者对课程的评分，得到评分预测矩阵后，选取最高预测评分Top-10课程进行推荐。

9.4.3 模型性能评价

首先，使用holdout法时，随机将80%的课程评分数据作为训练集，其余20%的课程评分数据作为测试集[26]。

其次，将混合推荐算法移除聚类后的算法（记为NoCluster-CF）、基于用户的协同过滤算法（记为User-CF），以及基于项目的协同过滤算法（记为Item-CF）作为基准算法，与本章提出的混合推荐算法（记为Cluster-CF）进行性能比较与分析。

最后，根据之前敏感性分析得到的最佳最近邻数 Top-k = 20 和最佳推荐课程数 Top-n' =10，对四种算法的精确率、召回率和 F1 分数进行比较分析。本章提出的混合推荐算法相较于基准算法（NoCluster-CF、User-CF、Item-CF）的精确率和召回率都有了明显提升，F1 分数分别提高了 12%、17% 和 10%。

9.5 研究总结与未来研究方向

9.5.1 研究结论

MOOCs 的发展对促进教育的公平与发展具有重要意义，但随着 MOOCs 提供方和 MOOCs 资源大量增长，MOOCs 学习者在寻找学习资源时面临着信息过载的问题，从而对 MOOCs 学习者的学习效率和学习体验，以及知识的分享与传播产生限制与阻碍。目前许多推荐算法主要关注 MOOCs 学习者已评分课程，但 MOOCs 学习者对课程的选择不仅取决于 MOOCs 学习者-课程评分偏好，而且受到 MOOCs 学习者-课程属性偏好及匹配课程特质的 MOOCs 学习者多维能力的影响，此外，MOOCs 学习者偏好和多维能力还会随着时间动态变化。因此，本章提出基于 MOOCs 学习者动态偏好和多维能力的 MOOCs 个性化混合推荐算法，不仅改善了推荐算法的性能，而且提高了推荐算法的运行效率。

9.5.2 研究启示

在理论方面，首先，针对仅使用 MOOCs 学习者-课程评分数据所带来的数据源单一和稀疏问题，基于心理测量学中的多维项目反应理论，本章将 MOOCs 学习者-课程评分数据扩展为 MOOCs 学习者-课程评分偏好、MOOCs 学习者-课程属性偏好和匹配课程特质的 MOOCs 学习者多维能力；其次，考虑 MOOCs 学习者偏好和 MOOCs 学习者多维能力会随着时间产生动态变化，本章引入艾宾浩斯遗忘曲线，融合记忆权重动态调整 MOOCs 学习者偏好和 MOOCs 学习者多维能力，以提高推荐算法的准确性和解释性；最后，由于协同过滤算法在计算 MOOCs 学习者综合相似度时效率较低，本章提出集成聚类与协同过滤的混合推荐算法，以提升推荐算法的运行效率。

在实践方面，本章采用国际知名 Coursera 平台作为研究对象，通过与基准算法进行性能比较，发现所提出的集成聚类与协同过滤的混合推荐算法具有更高的准确性和运行效率，由此有助于 MOOCs 平台广泛传播优质 MOOCs 资源、MOOCs 学习者有效发现知识资源，以及改善 MOOCs 学习者进行知识探索和知识吸收的学习体验。

9.5.3 研究局限与研究展望

首先，本章仅选取 Coursera 平台作为研究对象，在未来研究中可以选取不同的 MOOCs 平台，尤其是可以获取 MOOCs 学习者个人属性信息的 MOOCs 平台，使得实证研究对象更加多样化。其次，在模型实验过程中，在未来研究中可以结合其他方法对最近邻数、相似度权重系数和推荐课程数进行选取，例如，通过机器学习中参数优化函数进行更精细的比较，以获取最佳参数。

参 考 文 献

[1] Luik P，Suviste R，Lepp M，et al. What motivates enrolment in programming MOOCs？[J]. British Journal of Educational Technology，2019，50（1）：153-165.

[2] 王宇. 慕课低完成率问题的归因与解法[J]. 现代教育技术，2018，28（9）：80-85.

[3] Deng Y Z. Construction of higher education knowledge map in university libraries based on MOOC[J]. The Electronic Library，2019，37（5）：811-829.

[4] Bustamante-León M，Herrera P，Domínguez-Granda L，et al. The personalized and inclusive MOOC：Using learning characteristics and quality principles in instructional design[J]. Sustainability，2022，14（22）：15121.

[5] 孙茜. 国内 MOOC 研究热点可视化分析[J]. 软件导刊，2019，18（12）：211-214.

[6] Bonk C J，Zhu M N，Kim M，et al. Pushing toward a more personalized MOOC：Exploring instructor selected activities，resources，and technologies for MOOC design and implementation[J]. International Review of Research in Open and Distributed Learning，2018，19（4）：92-115.

[7] Ma L，Pahlevan Sharif S，Ray A，et al. Investigating the relationships between MOOC consumers' perceived quality，emotional experiences，and intention to recommend：An NLP-based approach[J]. Online Information Review，2023，47（3）：582-603.

[8] 耿晓利，邓添文，罗桦锋，等. 基于用户协同过滤算法的 E-Learning 平台个性化推荐研究[J]. 现代计算机，2019（17）：30-33.

[9] Brereton J S，Young K. Establishing social learning in an engineering MOOC：Benefits for diversity and inclusion in engineering education[J]. Sustainability，2022，14（9）：5472.

[10] Castellanos-Reyes D. The dynamics of a MOOC's learner-learner interaction over time：A longitudinal network analysis[J]. Computers in Human Behavior，2021，123：106880.

[11] Son N T，Jaafar J，Aziz I A，et al. Meta-heuristic algorithms for learning path recommender at MOOC[J]. IEEE Access，2021，9：59093-59107.

[12] Campos R，dos Santos R P，Oliveira J. Providing recommendations for communities of learners in MOOCs ecosystems[J]. Expert Systems with Applications，2022，205：117510.

[13] Jordán J，Valero S，Turró C，et al. Using a hybrid recommending system for learning videos in flipped classrooms and MOOCs[J]. Electronics，2021，10（11）：1226.

[14] Khalid A，Lundqvist K，Yates A，et al. Novel online recommendation algorithm for massive open online courses（NoR-MOOCs）[J]. PLoS One，2021，16（1）：e0245485.

[15] Uddin I，Imran A S，Muhammad K，et al. A systematic mapping review on MOOC recommender systems[J]. IEEE

Access，2021，9：118379-118405.
[16] Khalid A，Lundqvist K，Yates A. Recommender systems for MOOCs：A systematic literature survey（January 1，2012-July 12，2019）[J]. International Review of Research in Open and Distributed Learning，2020，21（4）：255-291.
[17] Gong J B，Wang C，Zhao Z Y，et al. Automatic generation of meta-path graph for concept recommendation in MOOCs[J]. Electronics，2021，10（14）：1671.
[18] 阎红灿，王子茹，李伟芳，等. 伴随时间的模糊聚类协同过滤推荐算法[J]. 计算机工程与科学，2021，43（11）：2084-2090.
[19] 徐俊，张政，杜宣萱，等. 基于项目语义的协同过滤冷启动推荐算法研究[J]. 小型微型计算机系统，2021，42（11）：2246-2251.
[20] Chmiel A，Schubert E. Using psychological principles of memory storage and preference to improve music recommendation systems[J]. Leonardo Music Journal，2018，28：77-81.
[21] Wang X H，Jia L Z，Guo L，et al. Multi-aspect heterogeneous information network for MOOC knowledge concept recommendation[J]. Applied Intelligence，2023，53（10）：11951-11965.
[22] 孙传明，周炎，涂燕. 基于混合协同过滤的个性化推荐方法研究[J]. 华中师范大学学报（自然科学版），2020，54（6）：956-962.
[23] Albelbisi N A. Development and validation of the MOOC success scale（MOOC-SS）[J]. Education and Information Technologies，2020，25（5）：4535-4555.
[24] Hao P Y，Li Y L，Bai C. Meta-relationship for course recommendation in MOOCs[J]. Multimedia Systems，2023，29（1）：235-246.
[25] 韩立锋，陈莉. 融合用户属性与项目流行度的用户冷启动推荐模型[J]. 计算机科学，2021，48（2）：114-120.
[26] 黄勃，严非凡，张昊，等. 推荐系统研究进展与应用[J]. 武汉大学学报（理学版），2021，67（6）：503-516.

第 10 章　用户视角的 MOOCs 系统成功模型

10.1　概　　述

MOOCs 质量评价问题日益突出。首先，MOOCs 质量评价仍沿用传统在线网络课程的评价体系与方法，忽略了 MOOCs 的自主性、多样性、开放性和互动性；其次，MOOCs 质量与 MOOCs 平台建设和运行中的各个环节密切相关，因此，有必要集成 MOOCs 教师与学习者双方视角；最后，MOOCs 质量评价多采用专家打分或问卷调查，难以实现对 MOOCs 的教学过程与学习过程进行客观评估，而 MOOCs 平台已积累了大量 MOOCs 数据，可以为 MOOCs 质量评价提供客观数据。

因此，本章集成 MOOCs 教师和学习者视角，结合 MOOCs 平台特征，将 MOOCs 质量评价作为 MOOCs 系统收益，构建 MOOCs 系统成功模型，应用网络挖掘 MOOCs 平台数据进行实证，探索 MOOCs 质量评价影响因素，在理论上为 MOOCs 质量评价提供可操作的理论方法和分析工具，在实践上为 MOOCs 的规范建设和长效发展提供策略指导。

10.2　文　献　综　述

1. MOOCs 质量评价

国内在线课程质量评价研究起步较晚，针对 MOOCs 质量评价的研究相对较少，主要从 MOOCs 用户行为分析、系统影响因素分析和模糊评价方法三个方面分别展开。在 MOOCs 用户行为分析方面，学者基于在线网络课程的评价要素，提出应该按照评价目的选择局部或整体性评价标准，由此构建了 MOOCs 教学过程质量监控评价体系，但未注重 MOOCs 用户行为评价环节的质量控制[1,2]。在 MOOCs 系统影响因素分析方面，学者在定性分析 MOOCs 学习质量影响要素的基础上，应用 k 均值聚类算法将 MOOCs 学习者分类，由此整合 MOOCs 学习者行为数据，通过对影响 MOOCs 学习质量的关键因素进行探讨来评测 MOOCs 质量[3-6]，但未考虑 MOOCs 教师的影响。在模糊评价方法方面，学者采用文献调研法和专家访谈法，构建了 MOOCs 质量评价指标体系，应用模糊综合评价法对 MOOCs 质量进行评价，但评价指标及权重的主观性较强[7-10]。

国外在线课程质量评价研究起步较早，针对MOOCs质量的相关研究较多，主要从质量评价框架、教学设计质量评估和质量评估标准三个方面分别展开。质量评价框架[11]广泛应用于在线课程的质量评价[12]，但未充分考虑MOOCs平台特征[13]。由此需要收集MOOCs学习者数据，用以评价MOOCs质量[14-16]，但大多研究基于已经完成课程的MOOCs学习者体验，缺乏MOOCs质量整体研究[17,18]。在MOOCs情境中，很多MOOCs学习者甚至没有完成课程的意愿[19,20]，为进一步明确MOOCs服务对象和服务目标[21,22]，需要开发更合适的评价指标来理解MOOCs学习者的学习行为[23,24]，但目前尚未形成衡量MOOCs质量的通用标准。

2. E-Learning系统成功研究

在线课程质量的评价不应仅局限于课程本身，应从社会维度和技术维度[25]分析教育模式与教育策略，并且关注课程平台和课程组织。由此，整合平台、组织和行为的信息系统成功模型可用于MOOCs质量研究，但目前仅有研究关注E-Learning系统成功，并且未能与课程质量评价相结合，而MOOCs是不同于E-Learning系统的教学设计和运营模式创新，MOOCs更强调自主性、多样性、开放性和互动性。

现有E-Learning系统成功的研究通常采用问卷调查方法，实证研究E-Learning系统的使用愿意和使用行为的影响因素。首先，从组织文化角度，学者构建了E-Learning系统成功模型，通过问卷调查进行实证研究，发现组织文化对个人和组织的影响有决定性作用[26]。接着，从企业员工角度，学者构建了E-Learning系统成功模型，结合观察和问卷进行实证研究，探讨关键成功因素及其相互关系[27]。在此基础上，学者整合TAM和信息系统成功模型，探讨了质量特征、感知易用性、感知有用性对用户意愿和满意度的影响，感知易用性对E-Learning系统使用的中介作用[28]，以及信息技术（information technology，IT）基础设施服务在E-Learning系统成功方面的作用[29]。

3. 现有研究评述

MOOCs是资源、用户和信息技术三元关系构成的生态体系，信息系统成功模型可有效整合三者的协同关系，但目前主要应用于E-Learning系统研究，尚未应用于MOOCs平台研究。

目前MOOCs质量评价割裂了MOOCs教师与学习者，但MOOCs质量评价与MOOCs运行中的各环节都密切相关，因此，需要集成MOOCs教师与学习者双方视角，以MOOCs系统成功为导向，探索MOOCs质量评价体系。

在数据获取方面，目前MOOCs质量评价方法大多采用传统的专家打分或问卷调查方式，评价指标及其权重主观性较强，而 MOOCs 平台已积累大量客观数据，因此可以通过网络挖掘进行 MOOCs 的客观评价。

10.3 研究假设与模型构建

10.3.1 研究假设

1. MOOCs 平台特征相关假设

开放性、社会认可和信誉度作为 MOOCs 平台的重要特征，是用户参与 MOOCs 平台的首要影响因素。

开放性是指 MOOCs 学习者可以通过多渠道访问、免费获取和传播教育资源[25]。通过 MOOCs 平台提供的信息和服务，MOOCs 教师易于传播知识，MOOCs 学习者易于获取知识。因此，MOOCs 的开放性为 MOOCs 教师和学习者有效共享知识、传播知识、交流知识和获取知识提供了更多便利。社会认可是指社会人士和组织机构（尤其是企业及事业部门）对 MOOCs 的认可（尤其对 MOOCs 学分和 MOOCs 证书的认可）[30]。信誉度是指对 MOOCs 平台影响力及可信度的评价。社会认可度高、值得信赖的 MOOCs 平台通常会为用户提供有质量保证的专业课程。由此，社会认可及信誉度是评估 MOOCs 平台信息质量和服务质量的关键因素[31]。因此，本章提出以下研究假设。

H10.1a MOOCs 平台特征正向影响 MOOCs 学习服务质量。
H10.1b MOOCs 平台特征正向影响 MOOCs 教学服务质量。
H10.2a MOOCs 平台特征正向影响 MOOCs 学习信息质量。
H10.2b MOOCs 平台特征正向影响 MOOCs 教学信息质量。

2. 服务质量和信息质量相关假设

服务质量用于评估用户从信息系统中得到支持的质量。MOOCs 平台可以为 MOOCs 教师提供课程助教服务、教学辅助服务和课程运作服务，有助于 MOOCs 教师开展 MOOCs 教学；与此同时，MOOCs 平台可以为 MOOCs 学习者提供字幕服务和翻译服务，有助于 MOOCs 学习者进行 MOOCs 学习。由此，服务质量对系统使用行为有显著影响，并且会影响作为系统收益的 MOOCs 质量评价[32]。因此，本章提出以下研究假设。

H10.3a MOOCs 学习服务质量正向影响 MOOCs 学习行为。
H10.3b MOOCs 教学服务质量正向影响 MOOCs 教学行为。
H10.4a MOOCs 学习服务质量正向影响 MOOCs 质量评价。
H10.4b MOOCs 教学服务质量正向影响 MOOCs 质量评价。

信息质量代表了信息系统的理想输出，信息质量评估包括系统生成的信息质量及其对用户的有用性评价[33]。MOOCs 平台可以为 MOOCs 学习者提供课程推送信息、专题推送信息和课程开设信息，有利于 MOOCs 学习者开展学习；与此同时，MOOCs 教师可以通过 MOOCs 平台展示课程总学时信息、课程周学时信息和课程难度信息，有利于 MOOCs 教师充分展示课程相关信息和特点。信息质量通常被视为系统使用行为及系统收益的关键影响因素[34]。由此，信息质量会影响作为系统收益的 MOOCs 质量评价。因此，本章提出以下研究假设。

H10.5a MOOCs 学习信息质量正向影响 MOOCs 学习行为。

H10.5b MOOCs 教学信息质量正向影响 MOOCs 教学行为。

H10.6a MOOCs 学习信息质量正向影响 MOOCs 质量评价。

H10.6b MOOCs 教学信息质量正向影响 MOOCs 质量评价。

3. 使用行为相关假设

使用行为是指用户对信息系统的使用及其程度，MOOCs 用户在 MOOCs 平台不仅可以获取和传播 MOOCs 资源，而且可以通过 MOOCs 论坛进行交互讨论[30]。有效开展 MOOCs 教学的关键因素之一是分析 MOOCs 用户行为，包括 MOOCs 学习行为和 MOOCs 教学行为。其中，MOOCs 学习行为包括 MOOCs 学习注册、学习笔记和发帖讨论等，MOOCs 教学行为包括 MOOCs 教学趣味性、教学设计和教学互动。由此，MOOCs 教学行为会直接影响 MOOCs 学习的积极性。因此，本章提出以下研究假设。

H10.7 MOOCs 教学行为正向影响 MOOCs 学习行为。

使用行为对信息系统的产出有直接的关联[32]。在 MOOCs 情境中，MOOCs 评分、评论和学习者关注转化率是对 MOOCs 学习与教学的综合评价。从 MOOCs 教师角度，MOOCs 教师的教学投入是影响 MOOCs 质量的重要因素；从 MOOCs 学习者角度，MOOCs 学习者的持续学习使得 MOOCs 学习者对课程内容有更多的认知，是评价课程质量的依据。因此，本章提出以下研究假设。

H10.8a MOOCs 学习行为正向影响 MOOCs 质量评价。

H10.8b MOOCs 教学行为正向影响 MOOCs 质量评价。

10.3.2 模型构建

本章集成 MOOCs 教师和学习者视角，结合 MOOCs 平台特征，将 MOOCs 质量评价作为 MOOCs 系统收益，构建 MOOCs 系统成功模型，如图 10.1 所示。基于信息技术的成熟与发展，保证系统质量已成为 MOOCs 平台生存发展的必要条件，因此，研究模型重点关注 MOOCs 平台的信息质量和服务质量，分别从 MOOCs 教师和学习者角度，综合考虑MOOCs教学与学习的全周期行为，建立MOOCs平台特征影响MOOCs信息质量和服务质量、MOOCs信息质量和服务质量影响MOOCs使用行为和MOOCs质量评价，以及MOOCs使用行为影响MOOCs质量评价的基本假设。其中，MOOCs服务质量是对MOOCs系统提供服务的评估；MOOCs信息质量是对MOOCs系统提供信息的评估；作为MOOCs系统收益的MOOCs质量评价指标包括MOOCs评分、MOOCs评论和MOOCs学习者关注转化率。

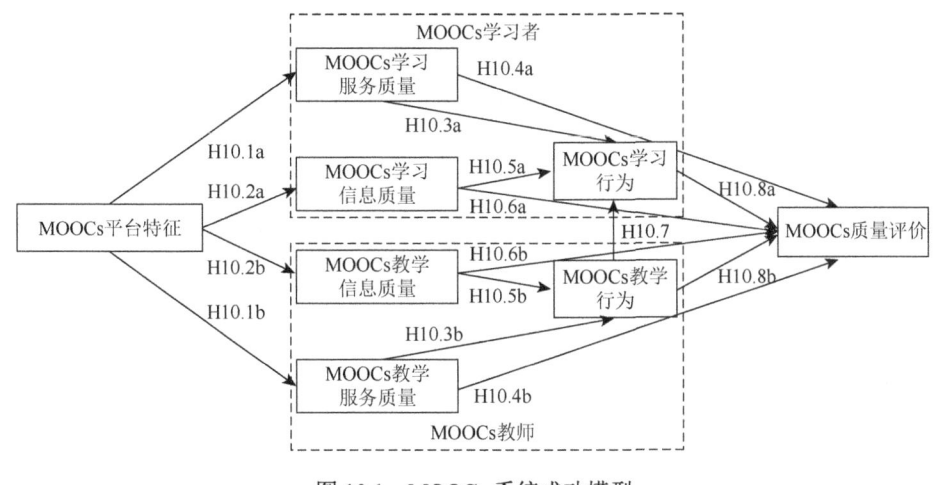

图 10.1 MOOCs 系统成功模型

10.4 实 证 研 究

1. 实证研究对象与测量指标选取

本章选取果壳网旗下的"MOOC学院"作为MOOCs系统成功模型的实证研究对象，原因如下：首先，"MOOC学院"是较大的中文MOOCs学习社区，收录了全球范围内所有主流的MOOCs平台课程；其次，"MOOC学院"为MOOCs用户提供了友好互动的交流平台，已积累了大量MOOCs信息。由此，本章提出模型变量的测量指标如表10.1所示。

表 10.1 模型变量的测量指标

一级变量	二级变量	变量说明
MOOCs 平台特征	信誉度	平台分类
	开放性	免费/混合/收费
	社会认可	合作企业数量

续表

一级变量	二级变量	变量说明
MOOCs 学习服务质量	知识量	知识量评分
	字幕服务	字幕语言数量
	翻译服务	课程语言数量
MOOCs 学习信息质量	课程推送信息	课程推送数量
	专题推送信息	专题推送数量
	课程开设信息	重复开课次数
MOOCs 学习行为	学习注册	课程注册人数
	学习笔记	课程笔记数量
	发帖讨论	发帖数量
MOOCs 教学服务质量	课程助教服务	助教数量
	教学辅助服务	作业和测试数量
	课程运作服务	普通证书/签名认证
MOOCs 教学信息质量	课程总学时信息	总学时/周
	课程周学时信息	周学时/小时
	课程难度信息	难度评分
MOOCs 教学行为	教学趣味性	趣味性评分
	教学设计	课程设计评分
	教学互动	教学互动评分
MOOCs 质量评价	课程评分	课程综合得分
	课程评论	课程评论数
	学习者关注转化率	关注和参与人数比值

2. 数据收集与预处理

首先，采用 Python 编程采集 2018 年 1~3 月 MOOCs 开课次数大于 2 次，并且 MOOCs 学习者达到 1000 个及以上具有一定规模的 MOOCs；接着，剔除指标信息不全的 MOOCs。由此，得到有效的 896 门 MOOCs 数据，这些课程主要来源于 16 个 MOOCs 平台。

MOOCs 平台特征中的信誉度和开放性属于文本指标，其计量规则如表 10.2 所示。第一类和第二类 MOOCs 平台约占 65%，提供免费课程的 MOOCs 平台约占 52%。其中，MOOCs 平台根据其发展年限和知名度分为四类：第一类 MOOCs 平台（Coursera、edX、Udacity）、第二类 MOOCs 平台（中国大学 MOOC、学堂在线、好大学在线）、第三类 MOOCs 平台（ewant、FutureLearn、Open2Study）和其他 MOOCs 平台。

表 10.2 文本指标计量规则

文本指标	计量规则	占比
MOOCs 平台信誉度	4 分（第一类 MOOCs 平台：Coursera，Udacity，edX）	35.42%
	3 分（第二类 MOOCs 平台：中国大学 MOOC，学堂在线，好大学在线）	29.72%
	2 分（第三类 MOOCs 平台：ewant，FutureLearn，Open2Study）	13.30%
	1 分（其他 MOOCs 平台）	21.56%
MOOCs 平台开放性	3 分（免费课程）	52.34%
	2 分（有免费试听的收费课程）	15.52%
	1 分（全部收费）	32.14%

10.5 数据分析

10.5.1 数据的信度与效度分析

由于采用客观数据，指标量级相差较大，需要先进行数据标准化，再利用标准化后的数据进行数据分析。应用 SPSS 软件分析表 10.1 中各指标变量的 α 系数、CR 和 AVE 及因子负荷，8 个结构变量的 α 系数均大于临界值 0.7，CR 均大于临界值 0.7，AVE 均大于临界值 0.5，因子负荷均大于 0.5，因此可以进行路径分析[35]。进一步分析表明，表 10.1 中各指标变量之间具有区分效度[36]。

10.5.2 研究假设检验

利用结构方程模型中的最大似然法，对本章提出的 15 个研究假设进行验证。MOOCs 系统成功模型的路径分析如图 10.2 所示，它反映了结构变量之间的影响方向和影响程度，结构变量下方括号中的值表示被独立结构变量所解释的方差，路径上的系数估值表示结构变量之间的关系强度。其中，MOOCs 平台特征对 MOOCs 学习服务质量、MOOCs 学习信息质量和 MOOCs 教学服务质量的解释力度分别为 16.3%、71.9%和 15.7%，由此说明 MOOCs 平台特征对 MOOCs 学习信息质量有更强的解释力；MOOCs 学习信息质量和 MOOCs 教学行为的组合效用对 MOOCs 学习行为的解释力度为 54.8%；MOOCs 教学信息质量对 MOOCs 教学行为的解释力度为 71.4%；MOOCs 学习服务质量、MOOCs 学习行为和 MOOCs 教学服务质量的组合效用对 MOOCs 质量评价有很强的解释力，解释力度达到 98.9%。

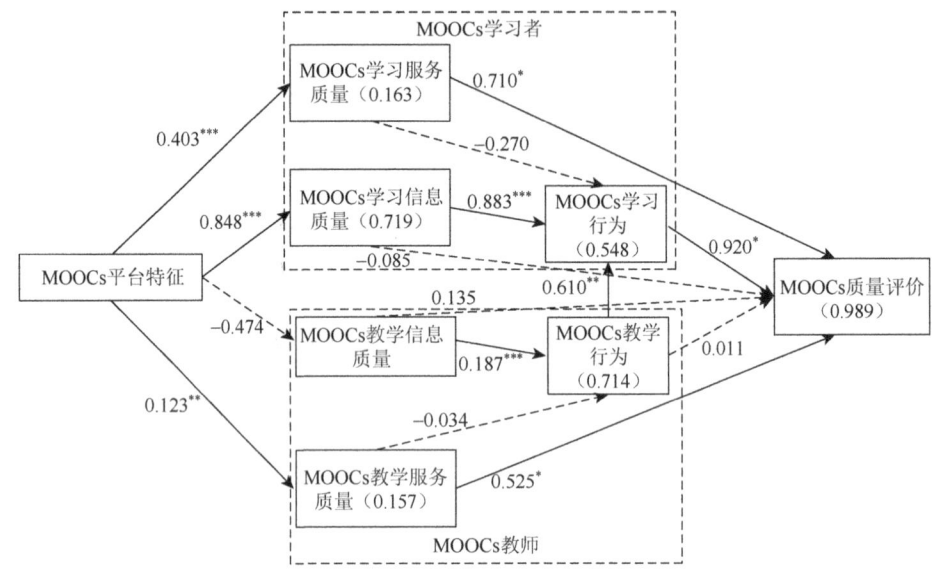

图 10.2　MOOCs 系统成功模型的路径分析

MOOCs 系统成功模型研究假设检验结果（包括研究假设、路径系数及路径显著性）如表 10.3 所示，15 个研究假设中有 9 个研究假设成立。

表 10.3　MOOCs 系统成功模型研究假设检验结果

研究假设	路径系数	p	成立
H10.1a MOOCs 平台特征正向影响 MOOCs 学习服务质量	0.403	$<0.001^{***}$	成立
H10.1b MOOCs 平台特征正向影响 MOOCs 教学服务质量	0.123	$<0.01^{**}$	成立
H10.2a MOOCs 平台特征正向影响 MOOCs 学习信息质量	0.848	$<0.001^{***}$	成立
H10.2b MOOCs 平台特征正向影响 MOOCs 教学信息质量	−0.474	>0.05	不成立
H10.3a MOOCs 学习服务质量正向影响 MOOCs 学习行为	−0.270	>0.05	不成立
H10.3b MOOCs 教学服务质量正向影响 MOOCs 教学行为	−0.034	>0.05	不成立
H10.4a MOOCs 学习服务质量正向影响 MOOCs 质量评价	0.710	$<0.05^{*}$	成立
H10.4b MOOCs 教学服务质量正向影响 MOOCs 质量评价	0.525	$<0.05^{*}$	成立
H10.5a MOOCs 学习信息质量正向影响 MOOCs 学习行为	0.883	$<0.001^{***}$	成立
H10.5b MOOCs 教学信息质量正向影响 MOOCs 教学行为	0.187	$<0.001^{***}$	成立
H10.6a MOOCs 学习信息质量正向影响 MOOCs 质量评价	−0.085	>0.05	不成立
H10.6b MOOCs 教学信息质量正向影响 MOOCs 质量评价	0.135	>0.05	不成立

续表

研究假设	路径系数	p	成立
H10.7 MOOCs 教学行为正向影响 MOOCs 学习行为	0.610	$< 0.01^{**}$	成立
H10.8a MOOCs 学习行为正向影响 MOOCs 质量评价	0.920	$< 0.05^{*}$	成立
H10.8b MOOCs 教学行为正向影响 MOOCs 质量评价	0.011	> 0.05	不成立

1. MOOCs 学习者角度

1) MOOCs 平台特征对 MOOCs 学习服务质量和 MOOCs 学习信息质量的影响

与研究假设一致，MOOCs 平台特征显著正向影响 MOOCs 学习服务质量和 MOOCs 学习信息质量，并且 MOOCs 平台特征对 MOOCs 学习信息质量的影响要大于对 MOOCs 学习服务质量的影响。这说明信誉度、开放性和社会认可较高的 MOOCs 平台通常会提供较高水平的 MOOCs 学习服务和 MOOCs 学习信息（尤其是后者），以保障 MOOCs 学习者的学习质量。

2) MOOCs 学习服务质量和 MOOCs 学习信息质量的影响

与研究假设一致，MOOCs 学习信息质量显著正向影响 MOOCs 学习行为；但与研究假设相反，MOOCs 学习服务质量对 MOOCs 学习行为无显著影响。这说明提高 MOOCs 学习积极性的有效方式是提升 MOOCs 学习信息的价值，这也解释了相对于 MOOCs 学习服务质量，MOOCs 平台更注重学习信息质量的原因。

与研究假设一致，MOOCs 学习服务质量显著正向影响 MOOCs 质量评价，MOOCs 学习行为显著正向影响 MOOCs 质量评价；但与研究假设相反，MOOCs 学习信息质量对 MOOCs 质量评价无显著影响。这说明从 MOOCs 学习者角度，改善 MOOCs 质量评价的直接途径是完善 MOOCs 学习服务，间接途径是通过提高 MOOCs 学习信息的价值以提高 MOOCs 学习者的学习积极性。

由于 MOOCs 学习者参与 MOOCs 学习更看重的是 MOOCs 学习价值，MOOCs 学习者会应用与 MOOCs 直接相关的 MOOCs 学习信息（如课程推送信息、专题推送信息和课程开设信息）开展 MOOCs 学习，以实现自身的 MOOCs 学习目标，根据 MOOCs 学习经历（如学习笔记和发帖讨论）评价 MOOCs 质量；与 MOOCs 不直接相关的 MOOCs 学习服务（如字幕服务和翻译服务）已经成为 MOOCs 平台的基本配置，因此对 MOOCs 学习者开展 MOOCs 学习没有直接影响，但会直接影响 MOOCs 学习者对 MOOCs 质量的评价。

2. MOOCs 教师角度

1) MOOCs 平台特征对 MOOCs 教学服务质量和 MOOCs 教学信息质量的影响

与研究假设相一致，MOOCs平台特征会正向影响MOOCs教学服务质量，这说明具有信誉度、开放性和社会认可的MOOCs平台通常会提供较高水平的MOOCs教学服务，便于MOOCs教师完成教学任务。但与研究假设相反，MOOCs平台特征对MOOCs教学信息质量无显著影响，这是由于目前各大MOOCs平台为MOOCs教师提供的教学信息形式较单一，主要是MOOCs教学信息的展示。

2）MOOCs教学服务质量和MOOCs教学信息质量的影响

与研究假设一致，MOOCs教学信息质量显著正向影响MOOCs教学行为；但与研究假设相反，MOOCs教学服务质量对MOOCs教学行为无显著影响。这说明提高MOOCs教学积极性的有效方式是提升MOOCs教学信息的价值。

与研究假设一致，MOOCs教学服务质量显著正向影响MOOCs质量评价，MOOCs教学行为显著正向影响MOOCs学习行为；但与研究假设相反，MOOCs教学行为对MOOCs质量评价无显著影响，MOOCs教学信息质量对MOOCs质量评价无显著影响。这说明从MOOCs教师角度，改善MOOCs质量评价的直接途径是完善MOOCs教学服务，间接途径是通过提高MOOCs教学信息质量进而提高MOOCs教学积极性，由此影响MOOCs学习者的学习积极性。

由于MOOCs教师参与MOOCs教学的重点在于实现MOOCs的教学价值，MOOCs教师会展示与MOOCs直接相关的教学信息（如课程总学时信息、课程周学时信息和课程难度信息），在此基础上开展MOOCs教学的课程创新、课程设计和教学互动，实现MOOCs教学目标，从而吸引MOOCs学习者积极参与MOOCs学习，进而影响MOOCs质量评价；与MOOCs不直接相关的MOOCs教学服务（如课程助教服务和教学辅助服务）已经成为MOOCs平台的基本配置，由此对于MOOCs教学行为没有直接影响，但会直接影响MOOCs学习者对MOOCs质量的评价。

10.6　研究总结与未来研究方向

10.6.1　研究结论

首先，与研究假设一致，MOOCs信息质量显著正向影响MOOCs用户行为，MOOCs学习行为显著影响MOOCs质量评价；与研究假设不一致，MOOCs信息质量对MOOCs质量评价无显著影响，MOOCs教学行为对MOOCs质量评价无显著影响。这是由于从MOOCs学习者角度，MOOCs平台提供的MOOCs学习信息质量越高，越能促进MOOCs学习者积极参与MOOCs学习，实现MOOCs学习目标，由此影响MOOCs学习者对MOOCs质量的评价；从MOOCs教师角度，

MOOCs 平台提供的 MOOCs 教学信息质量越高，越能促进 MOOCs 教师积极投身教学，特别地，MOOCs 教学信息质量能够通过 MOOCs 教学行为对 MOOCs 学习行为产生间接影响，即 MOOCs 教学行为是 MOOCs 教学信息质量与 MOOCs 学习行为之间的桥梁，因此，MOOCs 教学行为会通过 MOOCs 学习者的学习体验而影响 MOOCs 质量评价。

其次，与研究假设不一致，MOOCs 服务质量对 MOOCs 用户行为无显著影响。这是由于 MOOCs 学习行为和 MOOCs 教学行为分别取决于与 MOOCs 直接相关的 MOOCs 学习信息质量和 MOOCs 教学信息质量；与 MOOCs 不直接相关的 MOOCs 学习服务质量与 MOOCs 教学服务质量作为 MOOCs 平台提供的基本 MOOCs 学习与 MOOCs 教学配置，不能影响 MOOCs 学习行为和 MOOCs 教学行为，但会直接影响 MOOCs 学习者对 MOOCs 质量的评价。

10.6.2 研究启示

首先，本章将 MOOCs 平台特征（包括信誉度、开放性和社会认可）作为影响 MOOCs 信息质量和 MOOCs 服务质量的独立变量。在直接影响方面，研究结果表明 MOOCs 平台特征显著正向影响 MOOCs 学习服务质量、MOOCs 学习信息质量和 MOOCs 教学服务质量，但对 MOOCs 教学信息质量无显著影响，并且 MOOCs 平台特征对 MOOCs 学习服务质量的影响要强于 MOOCs 教学服务质量。在间接影响方面，MOOCs 平台特征分别通过 MOOCs 学习服务质量和 MOOCs 教学服务质量进而影响 MOOCs 质量评价；MOOCs 平台特征通过 MOOCs 学习信息质量影响 MOOCs 学习行为，进而影响 MOOCs 质量评价。与此同时，相对于 MOOCs 教师，MOOCs 平台侧重为 MOOCs 学习者提供 MOOCs 学习服务和 MOOCs 学习信息。因此，建议 MOOCs 平台在提升信息质量和服务质量的基础上，充分挖掘 MOOCs 学习者学习行为数据，为 MOOCs 教师提供深入的教学诊断信息，一方面可以提高 MOOCs 平台的差异化竞争能力，另一方面可以为 MOOCs 教师提供个性化的 MOOCs 教学信息。

其次，本章提出 MOOCs 信息质量和 MOOCs 服务质量分别影响 MOOCs 用户行为，以及 MOOCs 信息质量和 MOOCs 服务质量分别影响 MOOCs 质量评价的研究假设，研究结果表明，MOOCs 服务质量作为 MOOCs 平台基本配置直接影响 MOOCs 质量评价，但不影响 MOOCs 用户行为；MOOCs 信息质量需要通过 MOOCs 学习者的学习体验进而对 MOOCs 质量评价产生影响。因此，建议 MOOCs 平台在加强 MOOCs 服务建设的基础上，提升 MOOCs 信息质量，强化 MOOCs 学习与 MOOCs 教学体验，由此提高 MOOCs 学习者的学习积极性和 MOOCs 教师的教学积极性。

最后，本章强调通过MOOCs用户行为影响MOOCs质量评价的重要性，研究结果表明MOOCs学习行为可以对MOOCs质量评价产生直接影响，而MOOCs教学行为需通过MOOCs学习行为对MOOCs质量评价产生间接影响。因此，建议MOOCs教师加强MOOCs教学投入，增进MOOCs学习者与MOOCs教师之间的互动，以提升MOOCs学习者的学习积极性。

10.6.3 研究局限与研究展望

本章构建了MOOCs系统成功模型测量指标，并且采取数据挖掘方式获取了结构变量的测量数据，应用结构方程模型进行了MOOCs质量评价影响因素的假设检验，虽然测量数据及其权重客观，但测量指标的合理性及有效性有待进一步完善。此外，本章采用时间横截面数据，鉴于MOOCs平台特征及MOOCs用户行为具有动态性，纵向研究可以更深入地了解用户行为的发展，因此如果要加深对模型中变量之间的相互关系或因果关系的了解，纵向研究设计是未来的研究方向。

参 考 文 献

[1] 刘路，刘志民，罗英姿. 欧洲MOOC教育质量评价方法及启示[J]. 开放教育研究，2015，21（5）：57-65.

[2] 谢宾，施秋萍，刘洋，等. MOOC教学过程质量监控评价体系的构建与研究[J]. 教育教学论坛，2016（32）：242-245.

[3] 吴冰. 慕课讨论区反馈对学习者学习进度的影响研究[J]. 高教发展与评估，2021，37（4）：33-43，108-109.

[4] 吴冰，杜宁. Web挖掘基于信息系统成功模型的MOOCs质量评价影响因素[J]. 教育进展，2019，9（4）：454-465.

[5] 王珂珂. 基于库伯体验学习理论的MOOC质量影响因素分析[J]. 成人教育，2016，36（9）：1-5.

[6] 李青，刘娜. MOOC质量保证体系研究[J]. 开放教育研究，2015，21（5）：66-73.

[7] 李加军，张楚珊，陈春丽. 基于模糊综合评价法的MOOC教学质量评价研究[J]. 当代继续教育，2016，34（2）：50-54，66.

[8] 邱均平，欧玉芳. 慕课质量评价指标体系构建及应用研究[J]. 高教发展与评估，2015，31（5）：72-81，100.

[9] 童小素，贾小军. MOOC质量评价体系的构建探究[J]. 中国远程教育，2017（5）：63-71，80.

[10] 刘娜. 基于学习者视角的MOOC课程质量评价方法研究与实践[D]. 北京：北京邮电大学，2016.

[11] Shattuck K, Zimmerman W A, Adair D. Continuous improvement of the QM rubric and review processes: Scholarship of integration and application[J]. Internet Learning，2014，3（1）：25-34.

[12] Rieber L P. Participation patterns in a massive open online course（MOOC）about statistics[J]. British Journal of Educational Technology，2017，48（6）：1295-1304.

[13] Bustamante-León M, Herrera P, Domínguez-Granda L, et al. The personalized and inclusive MOOC: Using learning characteristics and quality principles in instructional design[J]. Sustainability，2022，14（22）：15121.

[14] Ma L, Pahlevan Sharif S, Ray A, et al. Investigating the relationships between MOOC consumers' perceived quality, emotional experiences, and intention to recommend: An NLP-based approach[J]. Online Information

Review, 2023, 47 (3): 582-603.

[15] Shang S S, Wenfei L. Understanding the impact of quality elements on MOOCs continuance intention[J]. Education and Information Technologies, 2022, 27 (8): 10949-10976.

[16] Watson S L, Watson W R, Yu J H, et al. Learner profiles of attitudinal learning in a MOOC: An explanatory sequential mixed methods study[J]. Computers & Education, 2017, 114: 274-285.

[17] Sunar A S, White S, Abdullah N A, et al. How learners' interactions sustain engagement: A MOOC case study [J]. IEEE Transactions on Learning Technologies, 2017, 10 (4): 475-487.

[18] Bai X C, Hossain M N, Kumar N, et al. Effect of perceived fear, quality, and self-determination on learners? Retention intention on MOOCs[J]. Psychology Research and Behavior Management, 2022, 15: 2843-2857.

[19] Maloshonok N, Terentev E. The impact of visual design and response formats on data quality in a web survey of MOOC students[J]. Computers in Human Behavior, 2016, 62: 506-515.

[20] Chen O, Woolcott G, Sweller J. Using cognitive load theory to structure computer-based learning including MOOCs[J]. Journal of Computer Assisted Learning, 2017, 33 (4): 293-305.

[21] Lerís D, Sein-Echaluce M L, Hernández M, et al. Validation of indicators for implementing an adaptive platform for MOOCs[J]. Computers in Human Behavior, 2017, 72: 783-795.

[22] Shah V, Murthy S, Warriem J, et al. Learner-centric MOOC model: A pedagogical design model towards active learner participation and higher completion rates[J]. Etr&D-Educational Technology Research and Development, 2022, 70 (1): 263-288.

[23] Moore R L, Wang C. Influence of learner motivational dispositions on MOOC completion[J]. Journal of Computing in Higher Education, 2021, 33 (1): 121-134.

[24] Littenberg-Tobias J, Reich J. Evaluating access, quality, and equity in online learning: A case study of a MOOC-based blended professional degree program[J]. The Internet and Higher Education, 2020, 47: 100759.

[25] Wu B, Chen X H. Continuance intention to use MOOCs: Integrating the technology acceptance model (TAM) and task technology fit (TTF) model[J]. Computers in Human Behavior, 2017, 67: 221-232.

[26] Albelbisi N A. The role of quality factors in supporting self-regulated learning (SRL) skills in MOOC environment[J]. Education and Information Technologies, 2019, 24 (2): 1681-1698.

[27] Negre C A, Diego A R, Cornejo C T. MOOC quality as a challenge for language teaching in digital environments[J]. Circulo de Linguistica Aplicada a la Comunicacion, 2018, 76: 49-66.

[28] Lazarus F C, Suryasen R. Academic library MOOC services and success scale[J]. Education and Information Technologies, 2022, 27 (5): 5825-5855.

[29] Albelbisi N A, Al-Adwan A S, Habibi A. Self-regulated learning and satisfaction: A key determinants of MOOC success[J]. Education and Information Technologies, 2021, 26 (3): 3459-3481.

[30] Aparicio M, Oliveira T, Bacao F, et al. Gamification: A key determinant of massive open online course (MOOC) success[J]. Information & Management, 2019, 56 (1): 39-54.

[31] Arquero J L, Romero-Frías E, Del Barrio-García S. The impact of flow, satisfaction and reputation on loyalty to MOOCs: The moderating role of extrinsic motivation[J]. Technology Pedagogy and Education, 2022, 31 (4): 399-415.

[32] Petter S, McLean E R. A meta-analytic assessment of the deLone and McLean IS success model: An examination of IS success at the individual level[J]. Information & Management, 2009, 46 (3): 159-166.

[33] Lee D, Watson S L, Watson W R. The influence of successful MOOC learners' self-regulated learning strategies,

self-efficacy, and task value on their perceived effectiveness of a massive open online course[J]. International Review of Research in Open and Distributed Learning, 2020, 21 (3): 81-98.

[34] Suh H, Chung S, Choi J. An empirical analysis of a maturity model to assess information system success: A firm-level perspective[J]. Behaviour & Information Technology, 2017, 36 (8): 792-808.

[35] Uanhoro J O. Hierarchical covariance estimation approach to meta-analytic structural equation modeling[J]. Structural Equation Modeling-A Multidisciplinary Journal, 2023, 30 (4): 532-546.

[36] Nagase M, Kano Y. Identifiability of nonrecursive structural equation models[J]. Statistics & Probability Letters, 2017, 122: 109-117.

第11章　MOOCs网络口碑对课程注册量与完成量的影响研究

11.1　概　　述

MOOCs是一种自我驱动型的互联网教育模式[1]。这种教育模式一方面给予MOOCs学习者自主的时间与课程安排,为个性化学习提供了可能,另一方面存在MOOCs较高的注册量与较低的完成量之间的鲜明对比,成为影响MOOCs平台学习成效的主要问题[2]。

MOOCs平台设有MOOCs学习论坛和MOOCs评论论坛,社交学习是MOOCs平台的特性[3]。在MOOCs学习论坛,MOOCs学习者之间,以及MOOCs学习者与MOOCs教师之间可以交流互动；在MOOCs评论论坛,越来越多的MOOCs学习者愿意主动分享MOOCs学习体验,并且倾向搜索其他MOOCs学习者分享的学习体验。

提供在线教育的MOOCs平台虽然与提供在线商务的电子商务平台有着本质的区别,但MOOCs平台与电子商务平台都提供在线评论功能,因此都会通过网络口碑（electronic word of mouth, eWOM）对各自的受众群体产生影响。电子商务平台的在线评论功能已经成为消费者获取产品信息、减少产品不确定性的重要来源,由此消费者越来越依赖网络口碑来做出购买决策[4]。同样,MOOCs平台的课程评论功能成为MOOCs学习者获取课程信息、减少选课不确定性的重要来源,MOOCs学习者通过MOOCs网络口碑评估MOOCs质量,从而做出MOOCs注册和学习的决策。

在电子商务领域,网络口碑对消费者购买行为的研究表明,网络口碑对商品销量产生巨大影响[5]。在MOOCs情境,随着MOOCs的国际化发展,全球范围内MOOCs用户持续增多,很多研究从MOOCs学习者的学习动机和MOOCs平台的课程设置方面探讨MOOCs学习者的学习行为[6],但尚缺乏MOOCs网络口碑对MOOCs注册和MOOCs学习的影响的研究。因此,有必要从网络口碑角度,探究MOOCs网络口碑对MOOCs注册量与MOOCs完成量的影响机理,为提高MOOCs平台的网络教育成效提供理论基础。

11.2 文献综述

1. 网络口碑

1）电子商务领域的网络口碑

口碑是影响消费者行为的重要因素之一[7]，相对于卖家的宣传，消费者通常更信任来自其他消费者的信息，由此，消费者作为口碑发布者使得口碑的可信度更高[8]。随着电子商务日趋成熟，各大电商平台纷纷推出在线评论功能，消费者不仅可以从互联网获取信息，而且可以发表评论，与其他消费者相互交流信息，由此形成了商品的网络口碑[9]。

网络口碑的研究源于互联网信息交换所引起的商业机遇和挑战[10]。根据网络口碑的使用行为，可以将消费者分为主动消费者与被动消费者，其中，主动消费者是指通过互联网与其他消费者分享有关商品和服务的评论或意见，被动消费者是指通过互联网搜索其他消费者发布的评论或意见[11]。关于网络口碑的相关研究[12]可以分为两类：网络口碑的发布动机研究和网络口碑的影响研究。

在网络口碑的发布动机研究方面，社交利益动机对消费者发布网络口碑的动机影响最大[9]；在此基础上，可以从人际关系需求和社会心理学视角探讨网络口碑传播动机[13]；基于社会交易理论的实验研究发现，消费者为获得好评奖励所需付出的努力程度负向影响消费者的好评意愿[14]。此外，经济回报和社会回报对消费者发布在线评论的信息特征（包括评论评分、评论深度和评论有用性）有显著影响[15]。由于消费者在购买过程中对同一产品的预期评估和经验评估之间会存在差异，预期评估和经验评估之间差异越大，消费者发表评论的可能性越大，近似服从 U 形分布[16]。

以网络口碑发布者个人资料图片为研究对象，学者研究发现网络口碑发布者个人资料图片可以显著提高消费者对评论有用性的评估[17]。进一步，学者对于在线评论有用性的研究发现，评论内容和写作风格，以及评论者的专业性和非匿名性均会影响在线评论的有用性[18]。

作为近 10 年来的研究热点，网络口碑是一种以互联网为载体，由用户产生并对其他用户的决策行为产生影响的信息，并且网络口碑研究已延伸到教育领域。

2）教育领域的网络口碑

在教育领域的相关文献中，声誉是与网络口碑相近的研究热点，网络口碑可以看作移动互联网时代的声誉[19]。教育领域网络口碑的研究主要集中在两个方面：声誉影响力与声誉管理。

学者对教育领域声誉影响力的相关研究发现，教师的声誉对学生的选课决策存在正向影响，教师的声誉越好，学生的选课意向越大[20]；大学声誉对学生选择大学的决策过程有显著正向影响[21]，学生更愿意选择声誉好的大学；此外，大学的声誉会对大学的形象产生积极影响，大学的形象又会对学生的忠诚度和满意度产生积极影响[22]。大学声誉是由大学精神、大学行为、学校基础设施和社会贡献等因素引起的大脑中的认知结果和情绪反应，声誉管理已经成为大学发展的新课题。现代大学具有社会嵌入性，不再是一个封闭的群体，声誉管理在大学建设中显得尤为重要[23]。

随着 MOOCs 平台受众的增多，作为在线教育平台，MOOCs 评论信息与 MOOCs 学习信息构成了 MOOCs 网络口碑，MOOCs 网络口碑是影响 MOOCs 学习者自主学习决策的重要信息来源。由于信息不对称普遍存在，MOOCs 网络口碑对 MOOCs 学习者选课和学习行为的影响尤为重要，但目前对 MOOCs 网络口碑及其影响的研究很少。

2. 信息不对称理论

信息不对称理论是指在市场经济活动中，各类人员对有关信息的了解是有差异的，市场中卖方比买方更了解有关商品的各种信息，掌握更多信息的一方可以通过向信息贫乏的一方传递信息而在市场中获益[24]。随着互联网飞速发展，网络口碑在很大程度上减小了生产者与消费者之间的信息不对称，已经成为消费者选择商品的重要参考[25]。

在信息不对称情境中，消费者在感知风险后，会倾向将某种线索作为判断商品价值的依据，来降低自身的感知风险[26]。线索分为内部线索与外部线索，其中，内部线索是指商品本身固有的一些信息，不受外界因素的影响；外部线索是指商品的附加信息，会随着时间改变。消费者在对商品的价值进行判断时，当商品的内部线索很难获取或者内部线索不多时，消费者更倾向依赖商品的外部线索，将易于获取的商品网络口碑信息作为外部线索[27]，如商品销量、商品评分和在线评论信息。消费者通过追随绝大多数人的信息来减少信息不对称，降低感知风险，并最终影响购买决策。由此，线索给消费者带来的感知价值分为预示价值和信心价值。

群体规模、群体认可和群体内部关系是影响网络口碑传播的重要因素[28]。在线评论数量代表了商品流行的群体规模，在网络口碑传播中发挥着知晓效应；在线评分效价反映了群体对商品的认可度，在网络口碑传播中发挥着说服效应[29]。群体内部关系分为强关系与弱关系[30]，强关系侧重影响力和信任感，衡量了口碑传播的深度，网络口碑在强关系群体中的传播速度更快；弱关系侧重规模，衡量了口碑传播的广度，群体内部存在着多个小群体，弱关系是这些小群体之间的桥梁，在口碑的传播过程中发挥着桥接作用。由此，强弱关系衡量了口碑传播的效果。

3. 现有研究评述

MOOCs 作为一种体验性产品，MOOCs 学习者很难通过课程基本信息（如时长和材料数量）来衡量课程质量，因此，潜在 MOOCs 学习者会通过 MOOCs 网络口碑信息来选择合适的课程进行学习。MOOCs 平台提供了 MOOCs 评论论坛（用于展示 MOOCs 评论和评分）与 MOOCs 学习论坛（用于 MOOCs 学习和交流），从而形成 MOOCs 网络口碑。电子商务平台中，网络口碑作为一种外部线索，可以对消费者购买意愿产生显著正向影响，与之类似，MOOCs 平台中作为课程外部线索的 MOOCs 网络口碑也会对 MOOCs 学习者的注册决策、学习决策，以及课程完成决策产生影响。

在电子商务领域，学者对网络口碑的影响已有大量的深入研究，虽然网络口碑影响研究已延伸到教育领域，但在 MOOCs 情境中，仍缺乏对信息不对称情形下 MOOCs 网络口碑的研究。因此，本章基于信息不对称理论，从 MOOCs 评论论坛的群体规模和群体认可，以及 MOOCs 学习论坛的群体内部关系出发，研究 MOOCs 网络口碑对 MOOCs 注册量和完成量的影响机理。

11.3 研究假设与模型构建

11.3.1 研究假设

1. MOOCs 在线评论数量的影响

在网络口碑中，在线评论建立在信息分享的基础上，使产品起到了广而告之的知晓作用，代表了网络口碑的互动效果和传播广度。研究发现，在线评论数量越多，表明产品受到越多人的关注，消费者传递这个产品口碑的热情越高，潜在消费者知晓产品的可能性也就越大，从而可能导致产品销量的增加[29]。

学者在电子商务领域的研究发现在线评论数量对软件的下载量、电影票房、餐饮销量存在显著正向影响[31-33]。进一步，学者研究了在线评论数量对商品销量的影响，发现无论是搜索类商品还是体验类商品，在线评论数量对商品销量存在正向影响[34]。

由于信息不对称，对 MOOCs 不了解的 MOOCs 学习者会追随其他 MOOCs 学习者在 MOOCs 评论论坛发布的课程评论数量信息，以降低对 MOOCs 的不确定性，由此选择适合的 MOOCs 进行注册和深入学习。因此，本章提出以下研究假设。

H11.1 MOOCs 在线评论数量正向影响 MOOCs 注册量。

H11.2 MOOCs 在线评论数量正向影响 MOOCs 完成量。

2. MOOCs 在线评分效价的影响

在线评分效价是指消费者对消费商品的评价，使用在线评分的均值或好评比例来衡量[35]。在线评分效价为消费者提供了有关产品质量的信息，并影响消费者的行为意愿。在线评分效价的影响力主要体现在其说服效应，若某商品的在线评分较高或者好评比例较大，就能够影响潜在消费者对该商品的看法，进而最终说服潜在消费者购买该商品[36]。学者对在线评分效价影响销量的研究发现，在线评分效价对电影票房、图书销量和软件下载量存在显著影响[29, 31, 36]。

由于信息不对称，对 MOOCs 不了解的 MOOCs 学习者也会追随其他 MOOCs 学习者在 MOOCs 评论论坛发布的课程评分信息，以降低对 MOOCs 的不确定性，由此选择合适的 MOOCs 进行注册和深入学习。因此，本章提出以下研究假设。

H11.3 MOOCs 在线评分效价正向影响 MOOCs 注册量。

H11.4 MOOCs 在线评分效价正向影响 MOOCs 完成量。

3. MOOCs 在线评论发布者的影响

从在线评论发布者可信度角度，学者研究了在线评论发布者可信度对产品销量的影响。在线评论发布者可信度包括在线评论发布者的积极性、参与度、经验、声誉、能力和社交性，研究发现，可信度高的在线评论发布者能够提高用户决策购买量，并且可以通过增强用户活跃度间接提高产品销量[37, 38]。

学者以全球民宿短租公寓预订平台爱彼迎（airbnb）为研究对象，发现高质量的评论会使得在线评论发布者更值得信赖，进而会影响其他消费者之后的决策行为[39]，并且在线评论发布者的可信度会通过感知风险的中介作用对其他消费者的信息采纳产生影响，进而影响其他消费者的购买决策[40]。由此，网络口碑发布者的可信度会对网络口碑产生影响，拥有较高可信度和专业性的评论可以使得网络口碑拥有更高的说服力，进而对产品销量产生积极影响。

若 MOOCs 学习者完成了课程的所有课时，并通过了最终测试，就成为所注册学习课程的完成者，否则，为未完成者。在 Coursera 平台的 MOOCs 评论论坛，根据在线评论发布者是否完成课程，将在线评论划分为完成者评论与未完成者评论。由于完成者对课程接触时间更久、了解更全面，相对于未完成者，完成者发布的课程评论的可信度和专业性更高。因此，本章提出以下研究假设。

H11.5 MOOCs 完成者在线评论数量对 MOOCs 注册量的影响强于未完成者在线评论数量的影响。

H11.6 MOOCs 完成者在线评论数量对 MOOCs 完成量的影响强于未完成者在线评论数量的影响。

H11.7 MOOCs 完成者在线评分效价对 MOOCs 注册量的影响强于未完成者在

线评分效价的影响。

H11.8 MOOCs完成者在线评分效价对MOOCs完成量的影响强于未完成者在线评分效价的影响。

4. MOOCs学习论坛的影响

MOOCs学习者注册课程后进入MOOCs学习阶段,可以参与MOOCs学习论坛。MOOCs学习论坛为MOOCs学习者提供了重要的学习和交流平台,成为MOOCs网络口碑的重要组成部分。

助教是MOOCs学习论坛的信息维护者,负责为MOOCs学习者答疑解惑,在MOOCs学习论坛中具有较强的可信度和影响力,反映了MOOCs学习论坛群体内部的强关系;MOOCs学习论坛中背景差异较大的MOOCs学习者构成多个小群体,反映了MOOCs学习论坛群体内部的弱关系。由此,群体内部的强弱关系衡量了网络口碑传播的效果。本章选取助教数量来衡量MOOCs学习论坛中网络口碑的强关系,选取发帖数量来衡量MOOCs学习论坛中网络口碑的弱关系。MOOCs的网络口碑越好,MOOCs学习者学习的持续性越强,MOOCs完成率也就越高[41]。因此,本章提出以下研究假设。

H11.9 MOOCs学习论坛发帖数量正向影响MOOCs完成量。

H11.10 MOOCs学习论坛助教数量正向影响MOOCs完成量。

11.3.2 模型构建

根据以上研究假设,构建网络口碑对MOOCs注册量与完成量影响的研究模型,如图11.1所示。群体规模(包括MOOCs评论论坛中评论数量和发布群体)

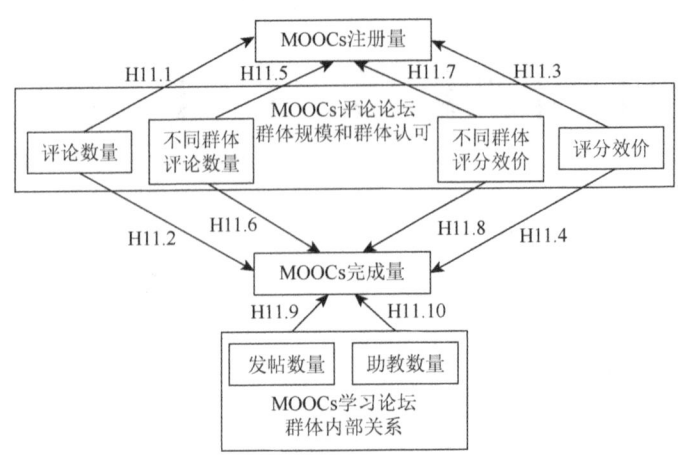

图11.1 网络口碑对MOOCs注册量与完成量影响研究模型

和群体认可（包括 MOOCs 评论论坛中评分效价和发布群体）影响 MOOCs 注册量与完成量，群体内部关系（包括 MOOCs 学习论坛中发帖数量和助教数量）影响 MOOCs 注册量与完成量。

11.4 数据获取及变量定义

11.4.1 数据获取

本章选取国际知名 Coursera 平台的 MOOCs 作为研究对象，获取 2018 年 11 月～2019 年 8 月 Coursera 平台上 68486 门 MOOCs 基本信息、MOOCs 评论论坛信息和 MOOCs 学习论坛信息，以半个月为 1 个时间维度，共获得 20 个时间维度的数据。

对获取的 MOOCs 数据进行如下预处理：首先，删除空值和不全的原始数据；其次，获取课程基本信息，本章将课程的时长定义为周时长，课程的材料数量定义为课程中有助于 MOOCs 学习者学习课程的资源数量，包括视频数量和阅读材料数量，由此得到课程基本信息在每个时间维度的数据汇总；再次，分别计算 MOOCs 课程完成者与未完成者对课程评分的加权平均值，取值范围为[1, 5]；最后，由于在不同时间维度 Coursera 平台上开放的课程不完全一样，而且 Coursera 平台会陆续开放新的课程，这意味着在原始数据中不能保证每个课程在每个周期性的数据中都出现过，原始数据是一个非平衡面板数据，需要将非平衡面板数据转换为平衡面板数据[42,43]。经过对原始数据的预处理，得到 43480 个平衡面板数据，20 个时间维度中每个时间维度均有 2174 个课程样本。

11.4.2 变量定义

研究变量的定义及其描述如表 11.1 所示。研究变量分为三类：因变量、自变量和控制变量。因变量包括 MOOCs 注册量与 MOOCs 完成量，自变量包括 MOOCs 评论论坛中的相关变量与 MOOCs 学习论坛中的相关变量。

表 11.1 研究变量的定义及其描述

变量类型	变量名称	变量符号	变量描述
因变量	MOOCs 注册量	$LnAllNum_{ij}$	课程 i 在 j 时间的注册量
	MOOCs 完成量	$LnComNum_{ij}$	课程 i 在 j 时间的完成量

续表

变量类型	变量名称	变量符号	变量描述
自变量	课程评分效价	$RaVal_{ij}$	课程 i 在 j 时间评分的加权平均值
	完成者评分效价	$ComRaVal_{ij}$	课程 i 在 j 时间的完成者评分的加权平均值
	未完成者评分效价	$UnfRaVal_{ij}$	课程 i 在 j 时间的未完成者评分的加权平均值
	课程评论数量	$LnCmNum_{ij}$	课程 i 在 j 时间的评论数量
	完成者评论数量	$LnComCmNum_{ij}$	课程 i 在 j 时间的完成者评论数量
	未完成者评论数量	$LnUnfCmNum_{ij}$	课程 i 在 j 时间的未完成者评论数量
	学习论坛发帖数量	$LnPostsNum_{ij}$	课程 i 在 j 时间的学习论坛发帖数量
	学习论坛助教数量	$LnAssiNum_{ij}$	课程 i 在 j 时间的学习论坛助教数量
控制变量	课程时长	$LnTime_{ij}$	课程 i 在 j 时间的时长
	课程材料数量	$LnMaNum_{ij}$	课程 i 在 j 时间的材料数量

MOOCs 评论论坛中相关变量包括评论数量与评分效价，分别用于衡量群体规模和群体认可；考虑网络口碑发布者的可信度，将 MOOCs 评论论坛群体分为完成者与未完成者，分别探讨完成者评论数量和评分效价，以及未完成者评论数量和评分效价。

MOOCs 学习论坛中相关变量包括发帖数量与助教数量，分别用于衡量MOOCs 学习论坛群体内部弱关系和强关系。

考虑可能存在潜在异质性影响的其他变量[35]，引入与 MOOCs 性质相关的两个变量作为控制变量，包括在各时间维度的课程时长、在各时间维度的课程材料数量。

11.5 计量模型建立及数据分析

11.5.1 多重共线性检验

针对因变量 MOOCs 注册量和 MOOCs 完成量，运用 Stata 软件分别计算 H11.1~H11.4，以及 H11.9 和 H11.10 所涉及变量的 VIF，所有变量的 VIF 均远小于 10，表明变量之间不存在多重共线性。

11.5.2 计量模型构建

本章所采用的 43480 个平衡面板数据为大样本面板数据，在计量研究中处理面板数据的模型主要有两种：固定效应模型和随机效应模型。应用 Stata 软件分别对 MOOCs 注册量和 MOOCs 完成量所涉及的变量进行豪斯曼检验[44]，p 均小于 0.01，因此，应该选取固定效应模型建立计量模型。

首先，仅加入控制变量，包括课程材料数量与课程时长，构建如下 MOOCs 注册量和 MOOCs 完成量的固定效应模型：

$$\begin{aligned} \text{LnAllNum}_{ij} &= \alpha_0 + \alpha_1 \text{LnMaNum}_{ij} + \alpha_2 \text{LnTime}_{ij} + \mu_i + \varepsilon_{ij} \\ \text{LnComNum}_{ij} &= \alpha_0 + \alpha_1 \text{LnMaNum}_{ij} + \alpha_2 \text{LnTime}_{ij} + \mu_i + \varepsilon_{ij} \end{aligned} \quad (11.1)$$

其中，$i=1,2,\cdots,N$ 代表课程；$j=1,2,\cdots,M$ 代表时间；μ_i 为固定效应，以 MOOCs 个体为单位；α_0 为截距项；ε_{ij} 为残差。

其次，根据 H11.1～H11.4，以及 H11.9 和 H11.10，在固定效应模型（11.1）的基础上，增加自变量，包括课程评论数量、课程评分效价、学习论坛发帖数量和助教数量，构建如下 MOOCs 注册量和 MOOCs 完成量的固定效应模型：

$$\begin{aligned} \text{LnAllNum}_{ij} =\ & \alpha_0 + \alpha_1 \text{LnMaNum}_{ij} + \alpha_2 \text{LnTime}_{ij} + \alpha_3 \text{RaVal}_{ij} \\ & + \alpha_4 \text{LnCmNum}_{ij} + \mu_i + \varepsilon_{ij} \\ \text{LnComNum}_{ij} =\ & \alpha_0 + \alpha_1 \text{LnMaNum}_{ij} + \alpha_2 \text{LnTime}_{ij} + \alpha_3 \text{RaVal}_{ij} \\ & + \alpha_4 \text{LnCmNum}_{ij} + \alpha_5 \text{LnPostsNum}_{ij} + \alpha_6 \text{LnAssiNum}_{ij} \\ & + \mu_i + \varepsilon_{ij} \end{aligned} \quad (11.2)$$

最后，根据 H11.5～H11.8，在固定效应模型（11.1）的基础上，增加自变量，包括完成者评论数量和评分效价、未完成者评论数量和评分效价、学习论坛发帖数量和助教数量，构建如下 MOOCs 注册量和 MOOCs 完成量的固定效应模型：

$$\begin{aligned} \text{LnAllNum}_{ij} =\ & \alpha_0 + \alpha_1 \text{LnMaNum}_{ij} + \alpha_2 \text{LnTime}_{ij} + \alpha_3 \text{ComRaVal}_{ij} + \alpha_4 \text{UnfRaVal}_{ij} \\ & + \alpha_5 \text{LnComCmNum}_{ij} + \alpha_6 \text{LnUnfCmNum}_{ij} + \mu_i + \varepsilon_{ij} \\ \text{LnComNum}_{ij} =\ & \alpha_0 + \alpha_1 \text{LnMaNum}_{ij} + \alpha_2 \text{LnTime}_{ij} + \alpha_3 \text{ComRaVal}_{ij} + \alpha_4 \text{UnfRaVal}_{ij} \\ & + \alpha_5 \text{LnComCmNum}_{ij} + \alpha_6 \text{LnUnfCmNum}_{ij} + \alpha_7 \text{LnPostsNum}_{ij} \\ & + \alpha_8 \text{LnAssiNum}_{ij} + \mu_i + \varepsilon_{ij} \end{aligned}$$

$$(11.3)$$

11.5.3 计量模型结果分析

应用 Stata 软件将 20 个时间维度的数据分别代入 MOOCs 注册量和 MOOCs 完成量的计量模型，采用逐步回归方法进行分析，三个模型的逐步回归的分析结果如表 11.2 所示。

表 11.2　模型逐步回归结果

项目	模型（11.1） MOOCs注册量	模型（11.1） MOOCs完成量	模型（11.2） MOOCs注册量	模型（11.2） MOOCs完成量	模型（11.3） MOOCs注册量	模型（11.3） MOOCs完成量
课程材料数量	0.613*** (10.58)	0.650*** (9.61)	0.176*** (6.21)	0.125*** (3.21)	0.162*** (6.32)	0.101*** (3.02)
课程时长	0.398*** (25.70)	0.419*** (23.16)	0.150*** (19.53)	0.138*** (14.44)	0.121*** (16.40)	0.085*** (9.67)
课程评论数量			0.740*** (334.63)	0.775*** (225.98)		
课程评分效价			0.272*** (19.53)	0.410*** (21.39)		
完成者评论数量					0.471*** (182.83)	0.581*** (171.04)
未完成者评论数量					0.291*** (94.79)	0.220*** (54.20)
完成者评分效价					0.166*** (15.04)	0.310*** (22.35)
未完成者评分效价					0.155*** (16.31)	0.130*** (10.05)
学习论坛发帖数量			0.051*** (26.94)		0.036*** (21.60)	
学习论坛助教数量			−0.003 (−0.74)		−0.006 (−1.51)	
R^2	0.0014	0.0014	0.9144	0.8612	0.9047	0.8222

***$p<0.001$

11.5.4　模型稳健性检验

为检验分析结果的可信性，对模型（11.2）和模型（11.3）进行稳健性检验。分组回归是一种常用的稳健性检验方法，本章从MOOCs样本数据随机选取11个学科大类中的商务、数学与逻辑及健康3个类别进行分组回归，对MOOCs注册量模型和MOOCs完成量模型分别进行稳健性检验。检验结果如表11.3和表11.4所示，MOOCs注册量模型和MOOCs完成量模型均显著。其中，控制变量中课程时长与之前的分析结果基本保持一致，而课程材料数量对MOOCs注册量和MOOCs完成量均无显著影响，这表明在11个学科大类中，课程材料数量对MOOCs注册量和MOOCs完成量的影响存在差异；与此同时，所有自变量的回归系数正负值、显著性、相对大小都与之前的分析保持一致。因此，计量模型的分析结果是可信的。

表 11.3　MOOCs 注册量模型稳健性检验结果

项目	商务	数学与逻辑	健康
课程材料数量	0.048（0.56）	0.407（0.96）	0.098（1.50）
课程时长	0.056***（4.13）	0.174***（2.75）	0.202***（7.71）
课程评分效价	0.319***（10.97）	0.559***（4.56）	0.593***（13.01）
完成者评分效价	0.244***（8.15）	0.446***（5.83）	0.391***（10.90）
未完成者评分效价	0.134***（6.72）	0.286***（4.83）	0.261***（8.20）
课程评论数量	0.713***（150.67）	0.676***（50.69）	0.623***（94.09）
完成者评论数量	0.444***（93.96）	0.495***（31.48）	0.386***（56.35）
未完成者评论数量	0.286***（47.99）	0.222***（13.09）	0.241***（33.54）

***$p<0.001$

表 11.4　MOOCs 完成量模型稳健性检验结果

项目	商务	数学与逻辑	健康
课程材料数量	0.172（1.64）	0.839（1.51）	0.082（1.09）
课程时长	0.071***（4.29）	0.079（0.98）	0.101***（2.71）
课程评分效价	0.337***（8.17）	0.989***（4.89）	1.062***（16.09）
完成者评分效价	0.394***（9.99）	0.834***（8.01）	0.627***（11.94）
未完成者评分效价	0.179***（6.92）	0.554***（4.64）	0.180***（4.32）
课程评论数量	0.691***（92.86）	0.727***（24.97）	0.621***（55.28）
完成者评论数量	0.491***（75.64）	0.563***（20.62）	0.467***（44.51）
未完成者评论数量	0.222***（27.25）	0.131***（3.99）	0.173***（15.90）
学习论坛发帖数量	0.064***（16.57）	0.029**（2.33）	0.031***（5.31）
学习论坛助教数量	−0.053***（−6.35）	−0.022（−1.07）	−0.072***（−5.73）

**$p<0.01$
***$p<0.001$

11.6　研究总结与未来研究方向

11.6.1　研究结论

随着互联网的发展，越来越多的消费者通过网络搜索相关产品的口碑信息，大量研究表明，网络口碑会对商品销量产生重要影响。与此类似，MOOCs 以互联网为载体，每门课程在开设期间都形成了网络口碑，进而对 MOOCs 注册量和 MOOCs 完成量产生影响。本章主要探讨了 MOOCs 网络口碑对 MOOCs 注册量与

MOOCs 完成量的影响，选取国际知名 Coursera 平台作为研究对象，获取研究数据，构建计量模型。研究假设总结如表 11.5 所示。10 个研究假设中只有 1 个研究假设不成立，由此可以得到以下结论。

表 11.5 研究假设总结

研究假设	内容	成立情况
H11.1	MOOCs 在线评论数量正向影响 MOOCs 注册量	成立
H11.2	MOOCs 在线评论数量正向影响 MOOCs 完成量	成立
H11.3	MOOCs 在线评分效价正向影响 MOOCs 注册量	成立
H11.4	MOOCs 在线评分效价正向影响 MOOCs 完成量	成立
H11.5	MOOCs 完成者在线评论数量对 MOOCs 注册量的影响强于未完成者在线评论数量的影响	成立
H11.6	MOOCs 完成者在线评论数量对 MOOCs 完成量的影响强于未完成者在线评论数量的影响	成立
H11.7	MOOCs 完成者在线评分效价对 MOOCs 注册量的影响强于未完成者在线评分效价的影响	成立
H11.8	MOOCs 完成者在线评分效价对 MOOCs 完成量的影响强于未完成者在线评分效价的影响	成立
H11.9	MOOCs 学习论坛发帖数量正向影响 MOOCs 完成量	成立
H11.10	MOOCs 学习论坛助教数量正向影响 MOOCs 完成量	不成立

首先，MOOCs 在线评论数量对 MOOCs 注册量和 MOOCs 完成量均存在正向影响，这表明 MOOCs 在线评论数量具有知晓效应：某课程的在线评论数量越多，表明这门课程的受众群体规模越大，知晓效应越强，受到很多 MOOCs 学习者的关注，并且 MOOCs 学习者传递 MOOCs 网络口碑的热情很高，潜在 MOOCs 学习者知晓这门课程的可能性也就越大，从而引起 MOOCs 注册量增加，进而由于知晓效应促进 MOOCs 学习者完成课程。

其次，MOOCs 在线评分效价对 MOOCs 注册量和 MOOCs 完成量均存在正向影响，这表明 MOOCs 在线评分效价具有说服效应：某课程具有越高的在线评分效价，表明这门课程的群体认可度越高，说服效应越强，这一方面能够引起潜在 MOOCs 学习者态度的转变，从而说服潜在 MOOCs 学习者注册该课程，另一方面能够使已经注册的 MOOCs 学习者相信这门课程学有所得，从而说服已经注册的 MOOCs 学习者完成这门课程，最终使 MOOCs 注册量和 MOOCs 完成量均有提升。

再次，相对 MOOCs 未完成者的影响，MOOCs 完成者的在线评论数量和在线评分效价对 MOOCs 注册量和 MOOCs 完成量的影响更强，这表明潜在 MOOCs

学习者获取 MOOCs 网络口碑信息时，会考虑网络口碑发布者的可信度，并且更信任来自 MOOCs 完成者的网络口碑信息。这是由于 MOOCs 完成者和未完成者是不同的网络口碑发布者群体，相对于 MOOCs 未完成者，MOOCs 完成者对课程接触时间更长，课程了解和课程体验更全面，因此 MOOCs 完成者的课程评论和课程评分信息更可信，潜在 MOOCs 学习者更倾向相信来自 MOOCs 完成者的课程评论和课程评分信息，由此 MOOCs 完成者口碑的影响力强于未完成者口碑的影响力。

最后，MOOCs 学习论坛发帖数量对 MOOCs 完成量存在正向影响，表明 MOOCs 学习论坛内部的 MOOCs 学习者交流越多，学习热情就越高涨，进而可以通过弱关系更有效地传播 MOOCs 网络口碑，带动更多的 MOOCs 学习者完成课程。但 MOOCs 学习论坛助教数量对 MOOCs 完成量不存在显著正向影响，这说明助教只有在 MOOCs 学习论坛中积极参与答疑解惑，才能真正发挥强关系的影响。

11.6.2 研究启示

1. 理论启示

MOOCs 平台课程完成量低是影响其课程成效的主要问题，已有众多学者从 MOOCs 学习者的学习动机和 MOOCs 平台的课程设置等多个角度对这一问题展开研究，但从 MOOCs 网络口碑的角度对此进行探讨研究的很少，并且有关网络口碑的研究中大多以电子商务平台为研究对象。因此，本章从 MOOCs 网络口碑出发，以 MOOCs 平台为研究对象，探讨来自 MOOCs 评论论坛和 MOOCs 学习论坛的 MOOCs 网络口碑对 MOOCs 注册量与 MOOCs 完成量的影响，既丰富了 MOOCs 的研究领域，也拓展了网络口碑的研究领域。

本章运用计量模型对 Coursera 平台的课程数据进行分析，研究结果表明 MOOCs 评论论坛的评论数量与评分效价对 MOOCs 注册量与 MOOCs 完成量均存在显著正向影响，从而证实了 MOOCs 评论论坛的评论数量和评分效价存在的知晓效应与说服效应，由此为 MOOCs 网络口碑的深入研究提供了理论基础。

此外，在 MOOCs 情境中，MOOCs 平台不仅提供了 MOOCs 评论论坛，而且提供了 MOOCs 学习论坛，MOOCs 学习论坛为 MOOCs 学习者与教师提供了一个重要的交流平台，有利于营造良好的在线学习环境。因此，本章引入 MOOCs 学习论坛的发帖数量和助教数量来衡量群体内部关系，研究证实了 MOOCs 学习论坛的发帖数量对 MOOCs 完成量有显著正向影响，但助教数量对 MOOCs 完成量无显著影响，由此从 MOOCs 平台群体内部关系角度拓展了 MOOCs 网络口碑的研究思路。

2. 实践启示

1）对 MOOCs 平台的建议

MOOCs 评论数量对 MOOCs 注册量与 MOOCs 完成量均有显著正向影响，并且 MOOCs 完成者相对于 MOOCs 未完成者有更高的知晓效应。因此，建议 MOOCs 平台对课程评论设置相应的奖励机制，鼓励 MOOCs 学习者（尤其是 MOOCs 完成者）发表评论信息，MOOCs 平台可以依据评论内容的有效性，给予参与课程评论的 MOOCs 学习者一定的等级经验奖励，提高 MOOCs 学习者评论课程的积极性，推动更多的 MOOCs 学习者发表课程评论。

作为衡量 MOOCs 学习论坛中群体内部弱关系的指标，发帖数量对 MOOCs 完成量有显著正向影响，体现了网络口碑的传播广度。因此，建议 MOOCs 平台鼓励 MOOCs 学习者积极参与 MOOCs 学习论坛，一方面可以加强 MOOCs 学习论坛中的社交学习，另一方面可以使 MOOCs 学习者的发帖内容及时得到关注与回复，促进 MOOCs 学习者在 MOOCs 学习论坛进行探讨与交流，提高学习积极性，增强 MOOCs 学习论坛中 MOOCs 学习者的信任感，进而推动更多的 MOOCs 学习者完成课程。

2）对 MOOCs 提供方的建议

MOOCs 评分效价对 MOOCs 注册量与 MOOCs 完成量均有显著正向影响，并且 MOOCs 完成者相对于 MOOCs 未完成者有更高的说服效应；此外，课程材料数量和课程时长对 MOOCs 注册量与 MOOCs 完成量均有显著正向影响。在 MOOCs 平台中，课程材料数量和课程时长是 MOOCs 内容的表现形式，MOOCs 评分效价是 MOOCs 质量的直观反馈。MOOCs 注册量和 MOOCs 完成量归根结底受到 MOOCs 质量的影响。因此，建议 MOOCs 提供方在不断丰富课程内容、完善教学计划及合理设置学时的基础上，有效提高 MOOCs 质量。

MOOCs 学习论坛助教数量对 MOOCs 完成量无显著影响。因此，建议 MOOCs 提供方重视助教数量，加强对 MOOCs 学习论坛的助教管理，督促助教在 MOOCs 学习论坛中与 MOOCs 学习者积极交流与互动，通过及时回复 MOOCs 学习者提问，在 MOOCs 学习论坛中充分发挥助教作为群体内部强关系的影响力。

11.6.3 研究局限与研究展望

首先，本章选取了国际知名 Coursera 平台作为研究对象，由此，将研究对象多样化，探讨不同 MOOCs 平台上的网络口碑影响力是否一致是未来进一步的研究方向。其次，在 MOOCs 评论论坛数据和 MOOCs 学习论坛数据中，本章分别使用了评论数量和发帖数量，由此，对评论文本和发帖文本的深度解析是未来进一步的研究方向。

参 考 文 献

[1] 吴冰，吴灿灿. 中外 MOOCs 文献比较研究[J]. 教育进展，2019, 9（3）: 375-387.

[2] Rai L, Deng C R. Influencing factors of success and failure in MOOC and general analysis of learner behavior[J]. International Journal of Information and Education Technology, 2016, 6（4）: 262-268.

[3] Wu B, Chen X H. Continuance intention to use MOOCs: Integrating the technology acceptance model（TAM）and task technology fit（TTF）model[J]. Computers in Human Behavior, 2017, 67: 221-232.

[4] Shen W Q, Hu Y J, Ulmer J R. Competing for attention: An empirical study of online reviewers' strategic behavior[J]. MIS Quarterly, 2015, 39（3）: 683-696.

[5] Liu Y, Feng J, Liao X W. When online reviews meet sales volume information: Is more or accurate information always better?[J]. Information Systems Research, 2017, 28（4）: 723-743.

[6] Terras M M, Ramsay J. Massive open online courses（MOOCs）: Insights and challenges from a psychological perspective[J]. British Journal of Educational Technology, 2015, 46（3）: 472-487.

[7] Pai C H, Ko K M, Santos T. A study of the effect of service recovery on customer loyalty based on marketing word of mouth in tourism industry[J]. Revista de Cercetare SI Interventie Sociala, 2019, 64: 74-84.

[8] Bae G, Kim H J. Relation between early e-WOM and average TV ratings[J]. Asia Pacific Journal of Marketing and Logistics, 2019, 32（1）: 135-148.

[9] Yusuf A S, Che Hussin A R, Busalim A H. Influence of e-WOM engagement on consumer purchase intention in social commerce[J]. Journal of Services Marketing, 2018, 32（4）: 493-504.

[10] Hsu C L, Lin J C C. Understanding the user satisfaction and loyalty of customer service chatbots[J]. Journal of Retailing and Consumer Services, 2023, 71: 103211.

[11] Cohen A, Shimony U, Nachmias R, et al. Active learners' characterization in MOOC forums and their generated knowledge[J]. British Journal of Educational Technology, 2019, 50（1）: 177-198.

[12] Kalinić Z, Marinković V, Djordjevic A, et al. What drives customer satisfaction and word of mouth in mobile commerce services? A UTAUT2-based analytical approach[J]. Journal of Enterprise Information Management, 2020, 33（1）: 71-94.

[13] Wu B, Li P. Influence of MOOCs eWOM on the number of registrations and completions[J]. IEEE Access, 2020, 8: 158826-158838.

[14] 曾慧，郝辽钢，于贞朋. 好评奖励能改变消费者的在线评论吗？——奖励计划在网络口碑中的影响研究[J]. 管理评论，2018, 30（2）: 117-126.

[15] 付东普，王刊良. 评论回报对在线产品评论的影响研究——社会关系视角[J]. 管理科学学报，2015, 18（11）: 1-12.

[16] Ho Y C C, Wu J J, Tan Y. Disconfirmation effect on online rating behavior: A structural model[J]. Information Systems Research, 2017, 28（3）: 626-642.

[17] Karimi S, Wang F. Online review helpfulness: Impact of reviewer profile image[J]. Decision Support Systems, 2017, 96: 39-48.

[18] Siering M, Muntermann J, Rajagopalan B. Explaining and predicting online review helpfulness: The role of content and reviewer-related signals[J]. Decision Support Systems, 2018, 108: 1-12.

[19] Sipilä J, Herold K, Tarkiainen A, et al. The influence of word-of-mouth on attitudinal ambivalence during the higher education decision-making process[J]. Journal of Business Research, 2017, 80: 176-187.

[20] Brown C L, Kosovich S M. The impact of professor reputation and section attributes on student course selection[J]. Research in Higher Education, 2015, 56 (5): 496-509.

[21] García-Rodríguez F J, Gutiérrez-Taño D. Loyalty to higher education institutions and the relationship with reputation: An integrated model with multi-stakeholder approach[J]. Journal of Marketing for Higher Education, 2021: 1-23.

[22] Foroudi P, Yu Q L, Gupta S, et al. Enhancing university brand image and reputation through customer value co-creation behaviour[J]. Technological Forecasting and Social Change, 2019, 138: 218-227.

[23] Christensen T, Gornitzka Å. Reputation management in complex environments: A comparative study of university organizations[J]. Higher Education Policy, 2017, 30 (1): 123-140.

[24] Auster S, Gottardi P. Competing mechanisms in markets for lemons[J]. Theoretical Economics, 2019, 14 (3): 927-970.

[25] Marriott H R, Williams M D. Exploring consumers perceived risk and trust for mobile shopping: A theoretical framework and empirical study[J]. Journal of Retailing and Consumer Services, 2018, 42: 133-146.

[26] Rosillo-Díaz E, Blanco-Encomienda F J, Crespo-Almendros E. A cross-cultural analysis of perceived product quality, perceived risk and purchase intention in e-commerce platforms[J]. Journal of Enterprise Information Management, 2020, 33 (1): 139-160.

[27] Kukar-Kinney M, Xia L. The effectiveness of number of deals purchased in influencing consumers' response to daily deal promotions: A cue utilization approach[J]. Journal of Business Research, 2017, 79: 189-197.

[28] Le A, Do B R, Azizah N, et al. Forces affecting perception of product comments on social-WOM: An interactive, relational communication perspective[J]. Journal of Consumer Behaviour, 2018, 17 (4): 393-406.

[29] Maduku D K, Mpinganjira M, Rana N P, et al. Assessing customer passion, commitment, and word-of-mouth intentions in digital assistant usage: The moderating role of technology anxiety[J]. Journal of Retailing and Consumer Services, 2023, 71: 103208.

[30] Dubois D, Bonezzi A, de Angelis M. Sharing with friends versus strangers: How interpersonal closeness influences word-of-mouth valence[J]. Journal of Marketing Research, 2016, 53 (5): 712-727.

[31] Boccali F, Mariani M M, Visani F, et al. Innovative value-based price assessment in data-rich environments: Leveraging online review analytics through data envelopment analysis to empower managers and entrepreneurs[J]. Technological Forecasting and Social Change, 2022, 182: 121807.

[32] Lipizzi C, Iandoli L, Marquez J E R. Combining structure, content and meaning in online social networks: The analysis of public's early reaction in social media to newly launched movies[J]. Technological Forecasting and Social Change, 2016, 109: 35-49.

[33] Ren J, Yeoh W, Ee M S, et al. Online consumer reviews and sales: Examining the chicken-egg relationships[J]. Journal of the Association for Information Science and Technology, 2018, 69 (3): 449-460.

[34] Alzate M, Arce-Urriza M, Cebollada J. Online reviews and product sales: The role of review visibility[J]. Journal of Theoretical and Applied Electronic Commerce Research, 2021, 16 (4): 638-669.

[35] 谢光明, 邱冬冬, 蒋玉石. 基于内生性考虑的网络口碑离散度变异系数特征研究[J]. 管理评论, 2018, 30 (4): 94-105.

[36] Schneider F M, Domahidi E, Dietrich F. What is important when we evaluate movies? Insights from computational analysis of online reviews[J]. Media and Communication, 2020, 8 (3): 153-163.

[37] Zhou W Q, Duan W J. Do professional reviews affect online user choices through user reviews? An empirical study[J]. Journal of Management Information Systems, 2016, 33 (1): 202-228.

[38] Banerjee S, Bhattacharyya S, Bose I. Whose online reviews to trust? Understanding reviewer trustworthiness and its impact on business[J]. Decision Support Systems, 2017, 96: 17-26.

[39] Ert E, Fleischer A, Magen N. Trust and reputation in the sharing economy: The role of personal photos in Airbnb[J]. Tourism Management, 2016, 55: 62-73.

[40] Hussain S, Song X, Niu B. Consumers' motivational involvement in eWOM for information adoption: The mediating role of organizational motives[J]. Frontiers in Psychology, 2019, 10: 3055.

[41] Kim R, Song H D. Examining the influence of teaching presence and task-technology fit on continuance intention to use MOOCs[J]. Asia-Pacific Education Researcher, 2022, 31 (4): 395-408.

[42] Hu N, Pavlou P A, Zhang J. On self-selection biases in online product reviews[J]. MIS Quarterly, 2017, 41 (2): 449-471.

[43] Greene W H. Econometric Analysis [M]. New York: Pearson, 2018.

[44] Whang Y J. Topics in advanced econometrics: Estimation testing, and specification of cross-section and time series models[J]. Econometric Theory, 1998, 14 (3): 369-374.

第 12 章　基于模糊集定性比较分析的 MOOCs 热门课程形成路径研究

12.1　概　　述

2020 年初，受新冠疫情的影响，国内外高校纷纷停课或推迟开学，学生转而进行线上学习，MOOCs 平台为学生自主学习提供了便利，这使得 MOOCs 平台的课程参与人数急剧增加，平均每门课程的学习人数比疫情前增长 78.86%[1, 2]。

MOOCs 作为一种新的课程教学模式，借助互联网技术打破了学习的时空限制，实现了学习方式的网络化和开放化，颠覆了传统的课堂教学模式，方便和快捷地满足了 MOOCs 学习者的需求[3]，推进了教育公平的实现。但 MOOCs 目前也存在不完善之处，最为突出的问题之一是课程质量参差不齐。

课程质量会影响 MOOCs 学习者的学习体验。研究表明，MOOCs 平台的课程质量越高，授课风格越受 MOOCs 学习者欢迎，学习者越可能坚持学习[4]。MOOCs 平台上通常有"热门课程""高分课程""受欢迎课程"等代表高质量课程的列表，但目前对高质量课程形成机制的相关研究缺乏。

本章首先将 MOOCs 热门课程定义为在 MOOCs 平台上注册人数多的高评分课程；接着，针对 MOOCs 平台课程特征，从课程安排、师资配置和学习者评论三个方面选取研究变量，构建研究模型；最后，选取国际知名 Coursera 平台的 MOOCs 作为实证研究对象，考虑多因素综合的整体性影响，采用模糊集定性比较分析方法对课程案例进行研究，分析 MOOCs 热门课程的形成是哪些变量组合的结果，并且对比疫情前后变量组合的异同点，以发现变量组合和 MOOCs 热门课程形成之间的复杂性因果关系，从而深入探究 MOOCs 热门课程的形成机制，为提升 MOOCs 平台的课程质量、更好地满足众多 MOOCs 学习者的学习需求提供理论依据和参考建议。

12.2　文　献　综　述

1. MOOCs 质量相关研究

MOOCs 作为在线教育的一种形式，具有四个典型的特征：海量的用户、免费注册、网络接入和完整的课程学习体验[5]。近年来 MOOCs 平台的课程数量增长迅速，MOOCs 用户规模不断扩大，MOOCs 质量仍然是在线教育模式的核心因素，MOOCs 平台的课程质量极大地影响 MOOCs 学习者对课程有效性的感知和学习过程的体验，从而影响 MOOCs 学习者的持续学习意愿[6]。因此，构建 MOOCs 质量评价体系，保证 MOOCs 质量和规范，成为促进 MOOCs 发展的研究重点。

2002 年教育部教育信息化技术标准化委员会发布了教育信息化技术标准 CELTS-22.1《网络课程评价规范》，从课程内容、教学设计、界面设计和教学技术四个维度来构建网络课程评价指标体系[7]。在此基础上，2015 年教育部发布了《教育部关于加强高等学校在线开放课程建设应用与管理的意见》，提出在线课程评价的四个方面：教学资源、教学设计、教学评价和团队支持。与此同时，美国质量至上（Quality Matters）和欧洲远程教育大学联合会（European Association of Distance Teaching Universities）也提出了在线教育质量标准。致力于在线教育质量标准研发及培训工作的美国 Quality Matters 提出了在线教育质量评价标准，主要包括课程概述、学习目标、评估和测试、学习材料、学习者互动与参与、课程技术、学习者支持和可访问性[8]。欧洲远程教育大学联合会专门针对 MOOCs 的开放性、媒体支持和多样性提出了开放教育质量标签[9]。MOOCs 质量评价涵盖开放程度、学习者规模、多媒体使用、交流、合作程度、学习途径、质量保证、鼓励学习者反思、评价水平、正式或非正式、多样性和自主性 12 个维度[10, 11]。

在此基础上，学者对 MOOCs 质量的影响要素[12-14]和 MOOCs 完成率的影响因素[15-17]展开了深入研究。

在 MOOCs 质量的影响要素研究方面，获取相关研究数据的方式包括问卷调查、学习者行为和课程论坛数据抓取，进行数据分析的方法主要包括数理统计、文本挖掘和机器学习。从 MOOCs 学习者体验视角出发，学者研究了 MOOCs 学习内容的质量、MOOCs 学习交互的质量、MOOCs 学习支持的质量、MOOCs 学习期望的质量及 MOOCs 学习感知的质量五个要素之间的关系，发现 MOOCs 质量不仅对 MOOCs 学习者满意度有显著影响，而且对 MOOCs 学习者完成课程有显著预测作用。

在 MOOCs 完成率的影响因素研究方面，学者主要采取内容分析和结构方程模型对来自问卷调查和访谈的数据进行分析，研究发现感知易用性能增强感知有用性，从而对 MOOCs 学习者的满意度产生显著影响，并且师生互动对 MOOCs 学习者的满意度和学习积极性有显著影响。由此，学者采用文本挖掘、隐狄利克雷分布（latent Dirichlet allocation，LDA）模型和多元线性回归等方法深入分析了 MOOCs 评论文本情感[18, 19]，预测了 MOOCs 学习者的学习行为。

2. MOOCs 质量研究评述

目前 MOOCs 质量研究的焦点是以 MOOCs 质量评价体系为基础，探究

MOOCs 质量的影响因素，主要包括 MOOCs 内容、MOOCs 教师、MOOCs 学习者和 MOOCs 平台，研究发现，MOOCs 质量会影响 MOOCs 学习者的满意度和学习行为。

高质量 MOOCs 热门课程的形成可能存在多元并发的组合影响因素，以因果关系为主的定量回归分析方法难以深入分析变量组合的复杂性因果关系。因此，本章将采用模糊集定性比较分析方法[20, 21]，基于整体的视角与组态的思维，系统处理 MOOCs 热门课程出现的各种复杂案例情形，通过案例研究进一步分析变量组合对形成 MOOCs 热门课程的影响。为 MOOCs 热门课程的形成机制研究提供定性和定量相结合的研究方法不仅有助于构建合理的 MOOCs 质量评价体系，而且为改善 MOOCs 质量、提高 MOOCs 学习者满意度、提升 MOOCs 完成率提供了理论依据。

3. 定性比较分析方法的应用

定性比较分析方法用于分析某种现象的相关条件如何组合以形成特定的结果，在探索因果关系上具有优越性，有利于进行复杂社会问题的研究，因此广泛应用于社会科学领域，如传播研究领域和商业研究领域[22-26]。

在传播研究领域，应用定性比较分析方法，通过对网络公共事件中产生的网络流行语的微观传播机制进行研究，找出网络流行语的传播路径，有利于了解网络流行语的形成机制，从而对网络言论进行引导[27]。学者采用定性比较分析谣言传播机制，研究发现事件类型、传播主体、传播媒介、信息受众和信息干预是突发事件中网络谣言传播的五个必要条件，以上条件的不同组合将会产生不同的谣言结果[28]。由此，定性比较分析方法在传播领域的研究有利于了解网络舆论的形成要素。

在商业研究领域，采用定性比较分析可以研究如何提升市场营销的绩效[29]，其中，模糊集定性比较分析方法被广泛用于分析咨询工作和客户满意度之间的关系，以及如何获得高价值的咨询回报。由此，模糊集定性比较分析方法可确定产生高额咨询费用的相关条件组合，有利于促进商业咨询业务的发展[30]。

将定性比较分析方法应用于 MOOCs 热门课程形成机制研究，通过整合案例和前因变量，不仅能够对特定案例进行解释，而且能更深入地分析导致案例结果的原因组合及其特性，但目前尚缺乏在 MOOCs 领域的定性比较分析研究。因此，本章采用模糊集定性比较分析方法探索并比较疫情前后不同变量组合对形成 MOOCs 热门课程的影响，深入挖掘 MOOCs 热门课程的形成机制。

12.3 模型构建

MOOCs 内容、MOOCs 教师和 MOOCs 学习者是 MOOCs 平台的三个要素[5]。

其中，MOOCs 内容通过 MOOCs 安排展现，MOOCs 教师配备 MOOCs 师资，MOOCs 学习者通过 MOOCs 评论与评分提供课程反馈。因此，基于教学设计、声誉机制和口碑效应，本章分别从 MOOCs 安排、MOOCs 师资配备和 MOOCs 学习者评论三个方面选取研究变量，构建 MOOCs 热门课程定性比较分析研究模型，采用组态思维，分析不同变量组合下 MOOCs 热门课程形成的复杂性因果关系。MOOCs 热门课程定性比较分析研究模型如图 12.1 所示。

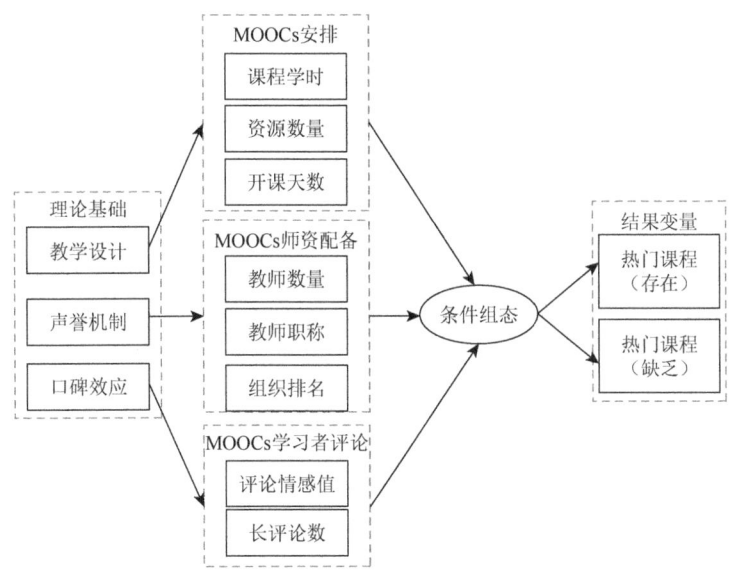

图 12.1　MOOCs 热门课程定性比较分析研究模型

12.3.1　MOOCs 安排对 MOOCs 热门课程形成的影响

根据 MOOCs 教学模式和 MOOCs 学习者行为，MOOCs 教学设计可以划分为五种类型：基于行为主义、基于认知主义、基于建构主义、基于社会建构主义和基于关联主义。其中，基于行为主义和基于认知主义是目前 MOOCs 教师普遍采用的教学设计方式[3]。由此，基于 MOOCs 教学设计[31]，MOOCs 安排体现了课程内容的合理性、丰富程度和持续性，从而影响 MOOCs 能否成为热门课程。因此，本章选取课程学时、资源数量和开课天数作为 MOOCs 安排维度的研究变量。

1. 课程学时

MOOCs 学时是 MOOCs 安排中关于学时安排的重要组成部分，表示 MOOCs 开课方为 MOOCs 学习者提供的课程学习时间，是课程学习需要投入的时间成本，体现了 MOOCs 设计的合理性。

针对 MOOCs 学习者的访谈显示，学习 MOOCs 视频所需的时间会影响 MOOCs 学习者持续学习的意愿[15]；针对 MOOCs 完成率的回归统计发现，MOOCs 完成率和 MOOCs 学时具有相关性，MOOCs 学时越长，完成率越低[32, 33]；此外，针对欧美高校的研究发现，MOOCs 时间过长、MOOCs 难度过高或者过低、MOOCs 内容缺乏趣味性及 MOOCs 学习成果含金量低都会降低 MOOCs 完成率[34]。因此，MOOCs 学时会对 MOOCs 热门课程的形成产生影响。

2. 资源数量

MOOCs 资源数量是 MOOCs 安排中关于资源安排的重要组成部分，表示 MOOCs 开课方为 MOOCs 学习者提供的文字资料、课程视频和课程测试等课程资源数量的总和，是 MOOCs 学习者接触的第一手资料，体现了 MOOCs 设计的丰富性。

实证研究表明，为 MOOCs 学习者提供充足的教学资源有助于 MOOCs 学习者完成课程学习，这是由于丰富的 MOOCs 资源使得 MOOCs 学习者对课程的感知有用性和满意度显著提升[12, 13]。由此，体现 MOOCs 设计丰富性的 MOOCs 资源数量越多，MOOCs 学习者可以获得的学习资源越丰富，更易受到 MOOCs 学习者关注，进而引起 MOOCs 学习者的学习兴趣。因此，MOOCs 资源数量会对 MOOCs 热门课程的形成产生影响。

3. 开课天数

MOOCs 开课天数是 MOOCs 安排中关于开课安排的重要组成部分，表示 MOOCs 开课方自首次开课至今的天数，是课程在 MOOCs 平台上存续的时间，开课天数越大，表明该课程累积的 MOOCs 学习者数量可能越多，体现了 MOOCs 设计的持续性[31]。

MOOCs 需要进行定期更新和审查，以确保 MOOCs 质量，MOOCs 学习者根据每期 MOOCs 的开课与结束日期注册课程和学习课程。MOOCs 开课天数说明了课程在 MOOCs 平台存续的历史，MOOCs 开课天数越大，MOOCs 学习者可能越多，由此，MOOCs 可能通过累积效应而成为 MOOCs 热门课程。因此，MOOCs 开课天数会对 MOOCs 热门课程的形成产生影响。

12.3.2　MOOCs 师资配备对 MOOCs 热门课程形成的影响

MOOCs 教师负责课程设计、教学互动及疑问解答等工作，关系到课程的整体教学水平。由此，为 MOOCs 配备数量充足的专业 MOOCs 师资对 MOOCs 热门课程的形成起到了重要作用。MOOCs 开课方的声誉是通过历史记录和行为特征而逐渐积累的无形资产，展现了 MOOCs 利益相关者对 MOOCs 开课方整体的认知、评价和情感，体现了 MOOCs 开课方的综合价值[6]。由此，声誉是 MOOCs 开课方本身形象的展示，表明开课方获得社会认可的程度及社会资源的能力，尤其在信息不对称情况下，良好的声誉对 MOOCs 的推广起到促进作用[35]。

基于声誉理论，MOOCs 师资配备体现了师资的规模、专业性和知名度，从而影响 MOOCs 能否成为热门课程。因此，本章选取教师数量、教师职称和组织排名作为 MOOCs 师资配备维度的研究变量。

1. 教师数量

MOOCs 教师数量是 MOOCs 师资配备中关于数量配备的重要组成部分，表示 MOOCs 开课方授课师资的人数，体现了 MOOCs 师资配备的规模。

在 MOOCs 教学模式中，MOOCs 教师的角色发生了转变，从传统的课程教学授课者变成了课程教学合作者，由此，MOOCs 教师通过与 MOOCs 学习者互动合作，帮助 MOOCs 学习者完成课程学习[36]。实证研究表明，MOOCs 教师与 MOOCs 学习者的互动及 MOOCs 教师对 MOOCs 学习者的回复显著影响 MOOCs 学习者的满意度[17,37]，并且影响 MOOCs 学习者持续学习的意愿。由此，体现 MOOCs 师资配备规模的 MOOCs 教师数量越充足，MOOCs 学习者获得的教学支持就越多，进而直接影响 MOOCs 学习者的学习体验。因此，MOOCs 教师数量会对 MOOCs 热门课程的形成产生影响。

2. 教师职称

MOOCs 教师职称是 MOOCs 师资配备中关于资质配备的重要组成部分，表示 MOOCs 开课方授课师资的职称，体现了 MOOCs 师资配备的专业性。

教师职称是教师在研究专业领域得到的外部声誉和专业认可，代表了教师的个人能力及其在教学领域所具备的专业知识和技能，MOOCs 师资的职称越高，意味着 MOOCs 师资的专业知识越多、学术地位越高。在 MOOCs 平台中，MOOCs 学习者通过浏览课程信息，可以获得 MOOCs 师资的职称信息。实证研究表明，MOOCs 教师的知识素养会影响 MOOCs 学习者的感知有用性和满意度体验[15,36]。因此，MOOCs 教师职称会对 MOOCs 热门课程的形成产生影响。

3. 组织排名

MOOCs 组织排名是 MOOCs 师资配备中关于师资所在组织资质的重要组成部分，表示 MOOCs 师资所在组织的排名，体现了 MOOCs 开课组织的社会知名度。

组织排名是师资所在组织声誉的综合体现，代表了组织在社会中的地位和获得的认可，是师资所在组织的整体形象展示。目前 MOOCs 开课方主要来源于世界各地的知名校企，校企所属专业领域的知名度在一定程度上会影响 MOOCs 质量及 MOOCs 学习者持续学习的意愿[35]。因此，MOOCs 组织排名会对 MOOCs 热门课程的形成产生影响。

12.3.3　MOOCs 学习者评论对 MOOCs 热门课程形成的影响

口碑效应是指消费者对消费体验感到满足，随后对外进行宣传，从而对品牌口碑产生影响。若产品满足消费者的需求，并为消费者带来了良好的体验，则会形成正面口碑，反之，则会产生负面口碑[1,38]。在互联网时代，信息技术使得用户更容易发表对产品和服务的评价，并且随着网络用户规模的增大，网络口碑效应的影响力也在持续增强。

MOOCs 平台具有非常完善的课程信息展示页面，与此同时，MOOCs 学习者会根据自身的学习体验对课程进行评分和评价，形成 MOOCs 网络口碑，成为其他 MOOCs 学习者了解课程信息的重要渠道。其他 MOOCs 学习者可以查看课程评分、评价内容和评价时间，以及课程当前的注册人数，通过 MOOCs 网络口碑感知 MOOCs 质量[18,39]。基于网络口碑效应，MOOCs 学习者评论展现 MOOCs 学习者对课程评价的观点、态度和积极性，从而影响 MOOCs 能否成为热门课程。因此，在 MOOCs 学习者评论维度，本章选取评论情感值和长评论数作为研究变量。

1. 评论情感值

MOOCs 学习者对课程评论的情感值通过课程评论文本展现，由此体现出 MOOCs 学习者对课程评论的观点和态度[18]。

MOOCs 学习者在 MOOCs 平台，根据 MOOCs 学习体验对课程进行评分和评价。其中，MOOCs 评论文本包含了 MOOCs 学习者对课程内容及其学习体验的观点和态度。由此，MOOCs 评论文本通过 MOOCs 网络口碑效应，向其他 MOOCs 学习者传递有关课程质量的正面或者负面信息，进而影响其他 MOOCs 学习者的学习选择[40]。因此，MOOCs 评论情感值会对 MOOCs 热门课程的形成产生影响。

2. 长评论数

MOOCs 学习者对课程做出的长评论数表示 MOOCs 学习者对课程进行评论的所有长文本数量，体现了 MOOCs 学习者进行课程评论的积极性。

针对电影评论的研究发现，不同长度的评论文本所包含的情感值和内容存在差别，短文本评论更倾向表达情感，对于电影内容关注较少[41]；长文本评论更关注电影内容本身,并且情感词多为积极词或者中性词[42]。此外,针对在线社区中评论文本的研究发现,通常情况下,评论文本越长,其内容越充实[43]。由此,MOOCs学习者发布的不同长度的课程评论文本,通过 MOOCs 网络口碑效应,对其他 MOOCs 学习者的学习选择所产生的影响也不同。因此,MOOCs 长评论数会对 MOOCs 热门课程的形成产生影响。

12.4 定性比较分析

12.4.1 数据收集与研究案例筛选

1. 数据收集

本章选择国际知名 Coursera 平台作为研究对象,综合考虑 2020 年新冠疫情发生与流行的时间点,以及国内外高校学期设置的时间点,选取 2020 年 3 月 1 日作为时间分界线,将数据分成疫情前(2015 年 8 月 7 日～2020 年 3 月 1 日)和疫情后(2020 年 3 月 1 日～2020 年 10 月 15 日)两个数据集。通过 Python 编程获取 Coursera 平台中 839094 条课程评论数据,其中,疫情后的课程评论数据为 425380 条。由此可见,疫情期间 MOOCs 学习者的课程评论数量急剧增多。

2. 研究案例筛选

定性比较分析方法最早应用在针对宏观问题的研究,如国家、经济体、地区等政治、经济研究,该类问题的案例数量有限,主要是几个到几十个案例的小样本。随着定性比较分析方法在社会科学领域的广泛应用,研究问题的案例数量发展到中等样本,以及超过 100 个案例的大样本[44-46]。大样本定性比较分析的变量一般控制在 10 个以内。

基于定性比较分析方法对研究案例的筛选主要有两大标准[44-46]:一是案例整体的充分同质性,定性比较分析的每个案例必须有相似的背景和特征,本章的研究对象是 Coursera 平台提供的 MOOCs,每个案例有相似的平台背景和特征,案例整体具有同质性;二是案例内部的最大多样性,在案例中尽可能体现内部差异,并且包含可能出现的结果,Coursera 平台的 MOOCs 涵盖 11 个学科大类,既存在受到 MOOCs 学习者推崇的热门课程,也存在不受 MOOCs 学习者关注的非热门课程,本章从 Coursera 平台筛选出现以上两种结果的各类课程作为研究案例,以保证案例内部的最大多样性。

MOOCs 热门课程具有课程评分高和参与人数多两大基本特征。由此,根据二八原则筛选热门课程(正面结果)和非热门课程(负面结果):热门课程的评分不低于其所在专业前 20%的课程,并且注册学习人数不低于其所在专业前 20%的课程;非热门课程的评分低于其所在专业前 80%的课程,并且注册学习人数低于其所在专业前 80%的课程。

按照以上标准进行筛选,疫情前的课程样本中热门课程数量为 202 门,非热门课程数量为 70 门,总课程数量为 272 门;疫情后的课程样本中热门课程数量为 190 门,非热门课程数量为 71 门,总课程数量为 261 门。

12.4.2 数据预处理

1. 变量定义

根据图 12.1 所示的研究模型,对 MOOCs 安排、MOOCs 师资配备和 MOOCs 学习者评论三个维度中,作为案例前因条件的 8 个研究变量的解释说明如表 12.1 所示。其中,MOOCs 学习者评论文本的分析步骤如下:首先,以课程为单位,获取来自 Coursera 平台的 MOOCs 学习者评论文本,并对课程评论文本进行数据清洗,统计评论文本长度超过 140 字的评论数[42];接着,对评论文本进行预处理,通过分句、分词将评论文本转化成短语,并对短语进行词性标注;最后,计算评论情感值[47,48],将每门课程获得的所有评论文本情感值均值作为该课程的评论情感值。本章采用 Python 的 textblob 包计算评论情感值,评论情感值取值范围为[−1, 1]。

表 12.1 研究变量的解释说明

属性特征	变量含义	每门 MOOC 量化规则
MOOCs 安排	课程学时	课程学时的小时数
	资源数量	课程视频、文字资料等所有资源的数量之和
	开课天数	自初次开课至今的天数
MOOCs 师资配备	教师数量	授课教师数量
	教师职称	按职称体系升序赋值,职称越高,赋值越大,多名教师取赋值的均值
	组织排名	开课院校参照 2020 年 QS 世界大学排名;开课企业参照福布斯 2020 全球企业 500 强榜单排名
MOOCs 学习者评论	评论情感值	评论文本情感值的均值
	长评论数	评论文本长度超过 140 字的评论数

注:QS 指夸夸雷利·西蒙兹公司(Quacquarelli Symonds),是英国一家专门负责教育及升学就业的组织

2. 变量描述性统计

根据以上研究案例的筛选和变量的确定,疫情前的 272 个研究案例和疫情后的 261 个研究案例的研究变量的描述性分析结果如表 12.2 所示。

表 12.2　疫情前后案例的研究变量描述性分析

变量	最小值 疫情前	最小值 疫情后	最大值 疫情前	最大值 疫情后	均值 疫情前	均值 疫情后	标准差 疫情前	标准差 疫情后
课程学时/小时	2	2	90	81	21.64	19.83	15.140	13.38
资源数量/个	10	4	449	449	85.36	77.97	56.345	51.20
开课天数/天	21	36	1667	1884	978.79	1015.33	502.78	601.52
教师数量/个	1	1	10	22	1.76	1.85	1.305	1.87
教师职称	1	1	7	9	4.87	4.85	1.514	1.54
组织排名	1	1	600	443	128.55	129.72	116.21	106.49
评论情感值	−0.39	−0.40	0.55	0.56	0.25	0.24	0.19	0.20
长评论数/条	0	0	1897	2996	83.63	105.45	183.80	347.35
课程评分/分	1.00	1.00	5.00	4.99	4.37	4.37	0.93	0.91
课程注册人数/人	2	2	5100	10000	275.95	330.49	579.29	1081.60

从 MOOCs 安排、MOOCs 师资配备和 MOOCs 学习者评论三个维度来看，疫情前后相关研究变量的分布差异不大。总体上，疫情前后课程注册人数、开课天数、长评论数和组织排名的标准差均较大，说明这些变量在不同课程之间差异性大，样本数据具有代表性。

为了避免条件变量之间存在多重共线性，将热门课程作为因变量，将研究模型中的 8 个变量作为自变量，对疫情前后的条件变量进行多重共线性检验。各变量容差均大于 0.3，VIF 均大于 1 且小于 3，因此自变量之间不存在多重共线性[49]。

12.4.3　校准模糊集

Coursera 平台的 MOOCs 案例变量数据为数值类型，适合采用直接校准法，通过数值间距来表示不同案例之间的优劣。由此，本章使用 fsQCA3.0 软件自带的数据校准功能，对除组织排名外的其余 7 个研究变量确定三个定性锚点，设定按升序排列的上四分位数值为完全隶属点阈值、中四分位数为交叉点阈值、下四分位数为完全不隶属点阈值[50, 51]。对于组织排名，开课院校依据 2020 年 QS 世界大学排名，开课企业依据福布斯 2020 全球企业 500 强榜单排名，设定排名 50 为完全隶属点阈值、排名 100 为交叉点阈值、排名 500 为完全不隶属点阈值。由此，各研究变量进行直接校准的三个定性锚点如表 12.3 所示。

表 12.3 研究变量定性锚点

变量类型	变量名称	疫情前 完全隶属点	疫情前 交叉点	疫情前 完全不隶属点	疫情后 完全隶属点	疫情后 交叉点	疫情后 完全不隶属点
前因变量	课程学时	26	17.5	12	23	17	11
	资源数量	96	71	54	92	68	45
	开课天数	1411.75	1140.5	498	1548	1095	399
	教师数量	2	1	0	2	1	0
	教师职称	6	5.5	4	6	5	4
	组织排名	50	100	500	50	100	500
	评论情感值	0.41	0.34	0.05	0.43	0.30	0.025
	长评论数	75.25	32.5	5	65	26	3
结果变量	课程评分	4.89	4.86	3.55	4.84	4.70	4.44
	课程注册人数	106.5	36	12	84	28	8

根据对 MOOCs 热门课程的定义，MOOCs 热门课程应该同时满足评分高和注册人数多两个特征。因此，本章对结果变量课程评分和课程注册人数进行校准后的隶属值做"逻辑与"运算，将运算结果定义为 MOOCs 热门课程结果变量隶属值。

12.4.4 必要性检验

本章的必要性检验采用 fsQCA3.0 软件，通过计算变量的一致性，确认变量是不是形成 MOOCs 热门课程的必要条件，也就是结果变量在多大程度上是变量组合的子集，计算公式如下：

$$C(Y_i \leqslant X_i) = \frac{\sum [\min(X_i, Y_i)]}{\sum (Y_i)} \quad (12.1)$$

其中，X_i 为变量组合的隶属值，根据模糊集的"与""或""非"运算规则，得到变量组合的隶属值；Y_i 为结果变量的隶属值，当结果变量的隶属值均小于或等于变量组合的隶属值时，一致性为 1.0，当变量组合的隶属值明显小于结果变量的隶属值时，一致性小于 0.50。

针对疫情前后的 MOOCs 案例分别进行必要性检验，一致性均小于 0.9，说明不存在形成 MOOCs 热门课程的单个必要条件[46-48]。

12.4.5 真值表分析

构建真值表是定性比较分析过程中探索条件变量组合和案例结果变量之间复

杂性因果关系的关键步骤。真值表是指将条件变量组合通过表格的形式进行展示，0 代表该条件变量不存在，1 代表该条件变量存在，真值表的行数为 2N，其中，N 为条件变量数量。

本章通过 fsQCA3.0 软件计算真值表，实现模糊集与组态之间的转换，展示某种结果变量所对应的条件变量组合。在真值表中会产生五种类型的组态：①结果为 1 的 1 组态；②结果为 0 的 0 组态；③结果不确定的无关组态；④结果既为 1 也为 0 的矛盾组态；⑤在实际案例中不存在，但是在逻辑上存在的逻辑余项[47]。

12.4.6 模糊集定性比较分析结果

1. 疫情前热门课程形成路径

对疫情前的 MOOCs 数据集进行模糊集定性比较分析，分析结果如表 12.4 所示，形成热门课程和非热门课程分别有四种配置和三种配置，热门课程配置和非热门课程配置的总体一致性分别为 0.90 和 0.84，均大于设定的阈值[48]。

表 12.4 疫情前 MOOCs 热门课程模糊集定性比较分析结果

条件变量	热门课程				非热门课程		
	P_1	P_2	P_3	P_4	N_1	N_2	N_3
课程学时	⊗		⊗	⊗			⊗
资源数量	•	•		•	⊗		
开课天数	•		•	•	⊗	⊗	⊗
教师数量	•	•	•	•	⊗	⊗	⊗
教师职称	•					⊗	
组织排名		⊗			⊗	⊗	⊗
评论情感值	⊗	⊗	⊗		⊗	⊗	⊗
长评论数	●	●	●	●	⊗	⊗	⊗
一致性	0.94	0.94	0.94	0.93	0.86	0.89	0.92
原始覆盖率	0.55	0.363	0.323	0.325	0.43	0.41	0.42
唯一覆盖率	0.31	0.03	0.02	0.01	0.02	0.01	0.203
总体一致性		0.90				0.84	
总体覆盖率		0.69				0.63	

注：●表示核心条件，核心条件代表该条件既在中间解中出现，又在简约解中出现；•表示辅助条件，辅助条件代表该条件只在中间解中出现；⊗表示核心条件缺失；⊗表示辅助条件缺失

第一，在所有的配置中，长评论数对于 MOOCs 热门课程的形成至关重要。尽管其他要素对于形成 MOOCs 热门课程属于边缘性条件，并且与 MOOCs 热门课程形成的因果关联性相对较低，但这些要素能够与长评论数相辅相成，共同作用以形成 MOOCs 热门课程。

第二，在形成 MOOCs 热门课程的四种配置中，P_1 配置的原始覆盖率最大，表明 P_1 配置与 MOOCs 热门课程的形成最为相关。此外，与 P_1 配置的唯一覆盖率（0.31）相比，P_2、P_3 和 P_4 配置的唯一覆盖率均不大于 0.03，这意味着这些配置大多与其他配置重叠。因此，P_1 配置是形成 MOOCs 热门课程的最重要途径，当组织排名和评论情感值条件变量不存在时，其他配置可以考虑向 P_1 配置调整；课程学时和开课天数（P_2 配置）、资源数量（P_3 配置）或教师职称（P_4 配置）与 MOOCs 热门课程形成都是不相关的，这意味着这四个要素之间存在替代效应。由此说明，MOOCs 热门课程可以通过质量要素的协同配置而形成。

第三，作为辅助条件的教师数量和作为核心条件的长评论数在所有 MOOCs 热门课程的配置中都存在，这表明长评论数充足的 MOOCs 配以充裕的 MOOCs 教师，就能成为 MOOCs 热门课程。

第四，出乎意料的是，课程学时、组织排名和评论情感值与 MOOCs 热门课程的形成无关。这可能是由于 Coursera 平台上的 MOOCs 大多由具有较高声誉的组织机构提供，这些知名的组织机构有能力设置合理的课程学时，并且 Coursera 平台上的 MOOCs 学习者更偏好在 MOOCs 评论论坛发表具有积极情感的长评论，供其他 MOOCs 学习者参考。

第五，根据形成 MOOCs 非热门课程的三种配置，如果缺乏三个核心条件（包括开课天数、评论情感值和长评论数），通常会导致 MOOCs 成为非热门课程。类似地，缺失两个辅助条件（包括教师数量和组织排名）也与 MOOCs 成为非热门课程有关联。此外，课程学时（N_1、N_2 配置）、资源数量（N_2、N_3 配置）和教师职称（N_1、N_3 配置）与 MOOCs 非热门课程形成都没有关联。值得注意的是，尽管组织排名和评论情感值与 MOOCs 热门课程形成无关，但组织排名和评论情感值缺失与 MOOCs 非热门课程形成有关。由此，MOOCs 开课方的声誉及课程的网络口碑效应对 MOOCs 的长期可持续发展具有重要意义。

2. 疫情后热门课程形成路径

对疫情后的 MOOCs 热门课程进行模糊集定性比较分析，分析结果如表 12.5 所示，共产生了形成热门课程的四种配置、形成非热门课程的一种配置，热门课程配置和非热门课程配置的总体一致性分别为 0.92 和 0.89，均大于设定的阈值。

表 12.5　疫情后 MOOCs 热门课程模糊集定性比较分析结果

条件变量	热门课程				非热门课程
	P_1	P_2	P_3	P_4	N_1
课程学时	⊗		•	•	
资源数量	•	•	⊗	•	⊗
开课天数	•			•	
教师数量	•	•	•		⊗
教师职称		●	●	●	⊗
组织排名	⊗	⊗	⊗		⊗
评论情感值		⊗			⊗
长评论数	●	●	●	●	⊗
一致性	0.91	0.92	0.90	0.89	0.87
原始覆盖率	0.15	0.27	0.18	0.45	0.47
唯一覆盖率	0.04	0.07	0.05	0.31	0.07
总体一致性	0.92				0.89
总体覆盖率	0.71				0.69

注：●表示核心条件，核心条件代表该条件既在中间解中出现，又在简约解中出现；•表示辅助条件，辅助条件代表该条件只在中间解中出现；⊗表示核心条件缺失；⊗表示辅助条件缺失

首先，与疫情前类似，疫情后的长评论数与 MOOCs 热门课程形成的因果关系高于其他质量要素；在热门课程形成的四种配置中，长评论数是核心条件，教师数量是辅助条件。其他质量要素在 MOOCs 热门课程形成的四种配置中的作用各不相同，资源数量在 P_1、P_2 和 P_4 配置中作为辅助条件，组织排名在 P_1、P_2 和 P_3 配置中作为辅助条件缺失，开课天数在 P_1 和 P_4 配置中作为辅助条件，教师职称在 P_2、P_3 和 P_4 配置中作为核心条件。由此，MOOCs 学习者通过课程长评论数所传递的 MOOCs 网络口碑效应和数量充裕的 MOOCs 教师的共同作用对 MOOCs 热门课程形成所产生的影响在疫情前后没有发生改变。

其次，充足长评论数的 MOOCs 配以充裕的 MOOCs 教师仍然能形成 MOOCs 热门课程。与疫情前类似，疫情后的组织排名和评论情感值在 MOOCs 热门课程形成的配置中缺失。与此同时，课程学时作为辅助条件出现在 MOOCs 热门课程形成的两种配置中，教师职称作为核心条件出现在 MOOCs 热门课程形成的三种配置中，由此，疫情后的课程学时和教师职称比疫情前更重要。这是由于大多数大学转向在线教学，需要设置更合理的课程学时来匹配在线教学，并且 MOOCs 学习者更倾向将教师职称作为判断 MOOCs 教师知识和专业能力水平的重要指标。

最后，MOOCs 非热门课程形成只存在一种配置（N_1 配置）。与疫情前相比，疫情后的在 MOOCs 非热门课程形成的核心条件缺失中，资源数量取代了开课天数，教师职称新增为核心条件缺失；与此同时，疫情后的与 MOOCs 非热门课程形成相关的两个辅助条件缺失与疫情前相同，但是开课天数与 MOOCs 非热门课程的形成无关。这意味着疫情后的资源数量和教师职称的重要性得到了强化，开课天数的影响则被削弱了。这是由于 MOOCs 学习者不仅倾向选择由高职称 MOOCs 教师授课的课程（包括新课程），而且倾向选择具有丰富教学资源的 MOOCs，以满足疫情后的在线学习需求。

12.5 研究结论

12.5.1 疫情前后 MOOCs 热门课程形成机制

将疫情前后 MOOCs 热门课程的形成配置加以总结，如表 12.6 所示，各有四种配置可以解释 MOOCs 热门课程的形成机制，这些配置中的质量要素有细微差别。

表 12.6 疫情前后 MOOCs 热门课程的形成配置总结

条件变量	疫情前 P_1	疫情前 P_2	疫情前 P_3	疫情前 P_4	疫情后 P_1	疫情后 P_2	疫情后 P_3	疫情后 P_4
课程学时（h）	~h		~h	~h	~h		h	h
资源数量（r）	r	r		r	r	r	~r	r
开课天数（d）	d		d	d	d			d
教师数量（t）	t	t	t	t	t	t	t	t
教师职称（p）	p	p	p		P	P	P	P
组织排名（o）		~o			~o	~o	~o	
评论情感值（s）		~s	~s	~s		~s		
长评论数（l）	L	L	L	L	L	L	L	L

注：大写字母表示核心条件，小写字母表示辅助条件，~表示否定，空白表示无关

研究发现，疫情前后 MOOCs 热门课程的形成机理如下：首先，MOOCs 质量要素之间存在联结的因果关系，即八个 MOOCs 质量要素之间存在相互依存关系，不应过度强调单一质量要素的作用；其次，MOOCs 质量要素之间存在等价的因果关系，即通过八个 MOOCs 质量要素的不同组合，有多种途径形成 MOOCs 热门课程；最后，MOOCs 质量要素之间存在非对称的因果关系，即在 MOOCs 热门课程与 MOOCs 非热门课程中，八个 MOOCs 质量要素的组合不同。此外，MOOCs

热门课程中一个质量要素的缺失不一定会导致其成为 MOOCs 非热门课程,例如,疫情后的开课天数在 MOOCs 热门课程形成的配置中是辅助条件,但对于 MOOCs 非热门课程的形成无足轻重。

由于 MOOCs 质量要素之间存在联结的因果关系、等价的因果关系和非对称的因果关系,一个质量要素的微小变化可能引发 MOOCs 热门课程的整体配置和后续结果发生根本性变化。因此,MOOCs 质量要素的单独变化不一定能将 MOOCs 转变为热门课程,但 MOOCs 质量要素的结构性转变可能将 MOOCs 转变成热门课程。由此,为了将非热门课程转变为热门课程,对于不具备热门课程配置的 MOOCs,应该通过重新配置所有质量要素来实现转变,而不是改变单个质量要素。

12.5.2 疫情前 MOOCs 热门课程形成机制

研究表明,疫情前,在所有 MOOCs 热门课程形成的配置中,长评论数是核心条件,教师数量是辅助条件。然而,仅有这两个 MOOCs 质量要素对形成热门课程来说仍是不够的,还需要其余质量要素(包括资源数量、开课天数和教师职称)中至少两个质量要素作为形成 MOOCs 热门课程的辅助条件。这说明有足够长评论数的 MOOCs,配以数量充足的 MOOCs 师资,再配以其他质量要素,就可以形成 MOOCs 热门课程。

长评论数的重要性可能是由于 MOOCs 学习者通常在利他、客观和热情的价值观驱使下,根据学习经历发布 MOOCs 评论。由此,MOOCs 教师和潜在的 MOOCs 学习者都能够获得充分的课程评论信息。这些课程评论信息一方面可以帮助 MOOCs 教师改进 MOOCs 教学,另一方面可以帮助潜在的 MOOCs 学习者对是否参加课程学习做出决策。

此外,课程学时和资源数量之间存在替代关系。这是由于 MOOCs 资源的存在可以替代 MOOCs 学习者对课程学时的需求,反之亦然。因此,为了形成 MOOCs 热门课程,在课程质量要素配置中应以长评论数形成的 MOOCs 网络口碑效应为核心,配以充足的 MOOCs 师资,并且在资源数量、开课天数和教师职称三个质量要素中至少具备两个质量要素的基础上,在资源数量或课程学时中进行有针对性的选择。

12.5.3 疫情后 MOOCs 热门课程形成机制

研究表明,疫情后,分别作为核心条件和辅助条件的长评论数和教师数量仍然很重要,并且与资源数量、开课天数和教师职称相辅相成,MOOCs 才能像疫情前一样成为热门课程。

但是与疫情前不同,疫情后的课程学时和资源数量之间的替代关系不存在。

值得注意的是，由于至少有三种配置作为额外的核心条件，教师职称在形成 MOOCs 热门课程方面发挥了更大的主导作用。这是由于通过网络口碑传递的课程声誉是衡量 MOOCs 成功的重要标准，但课程声誉的提高通常需要经过一段时间的积累。由此，当疫情后转向在线教学时，教师职称可以作为 MOOCs 质量的保证，以赢得 MOOCs 的声誉。

因此，在疫情流行的非正常情况下，除了充足的 MOOCs 教师，以及长评论数传递的 MOOCs 网络口碑效应，教师职称也成为形成 MOOCs 热门课程的核心条件。与此同时，在课程学时、资源数量和开课天数中进行选择性配置，作为形成 MOOCs 热门课程的辅助条件。

12.5.4　稳健性检验

要验证模糊集定性比较分析方法对解决方案的有效性，可以采用一致性度量，检测一种配置在多大程度上产生了一致性结果。

由于 0.75 的一致性阈值表示良好的一致性[23]，本章在构建真值表时将一致性阈值从 0.70 提高到 0.75 并进行了额外的分析，以进行稳健性检验。选择疫情前的课程数据进行分析，该数据集涵盖了疫情前的正常情况，分析结果表明，形成 MOOCs 热门课程的配置与表 12.4 所示的配置是同构的，只是在覆盖率方面有轻微的差异。由此说明，虽然调整了一致性阈值，但形成 MOOCs 热门课程的配置仍然显示出一定的稳定性。

12.6　研究启示与未来研究方向

12.6.1　理论启示

1. 采用组态思维研究

目前针对 MOOCs 质量的研究主要通过统计分析，研究质量要素对 MOOCs 质量的积极影响或消极影响，但缺乏对 MOOCs 质量要素组合与 MOOCs 质量结果之间因果关系的研究。MOOCs 热门课程的形成是 MOOCs 安排、MOOCs 师资配备和 MOOCs 学习者评论多维度和多因素共同作用的结果，因此，本章采用组态思维，将每个课程案例中质量要素的组合看作一个组态，分析不同组态中条件的配置与课程质量结果的关系，从而得到形成 MOOCs 热门课程配置中不同质量要素的组合。

2. 整合定性研究和定量研究的优势

目前针对 MOOCs 质量的研究主要采用定性或定量的方法。本章采用模糊集定性比较分析方法，整合了定性研究和定量研究的优势。从定性研究的维度，模糊集将研究变量转化为集合的不同隶属类别；从定量研究的维度，隶属值代表了研究变量在集合中的隶属程度。由此，既能够通过案例研究其中的异同点，又能够通过定量分析量化研究指标。

3. 热门课程形成机制研究

目前针对 MOOCs 质量的研究主要关注哪些因素会影响课程质量，但缺乏对 MOOCs 热门课程形成机制的研究。本章首先定义 MOOCs 平台的热门课程为注册人数多且评分高的 MOOCs。接着，选取 MOOCs 质量要素作为研究变量，构建 MOOCs 热门课程定性比较分析研究模型。最后，选取 Coursera 平台 MOOCs 作为研究对象，采用模糊集定性比较分析方法探索 MOOCs 热门课程的形成机制，并且对比分析疫情前后的异同，为提升 MOOCs 平台的课程质量、吸引 MOOCs 学习者持续学习提供理论依据。

12.6.2 实践启示

1. 对 MOOCs 提供方的建议

根据疫情前后 MOOCs 热门课程的形成路径，MOOCs 提供方应重点关注 MOOCs 质量要素的整体配置。这是由于 MOOCs 热门课程的形成取决于最初的质量条件和质量要素配置，在特定的时间，特定的质量要素配置可能比其他配置更有意义。

疫情后，MOOCs 提供方应确保为 MOOCs 学习者提供丰富多样的教学资源，同时配置数量充足的 MOOCs 教师持续开课，以确保课程设计、课程教学和师生互动的稳定开展。与此同时，由于 MOOCs 学习者更加关注 MOOCs 教师在其专业领域的资质，教师职称发挥了更重要的作用，由高职称 MOOCs 教师所开设的课程更容易得到 MOOCs 学习者的认可和好评。因此，MOOCs 提供方在保证数量充足的 MOOCs 教师的前提下，还应配备高职称 MOOCs 教师。

此外，根据疫情后 MOOCs 热门课程的形成路径，MOOCs 师资所在组织声誉度的主导作用进一步加强。因此，MOOCs 提供方应加强自身的建设，通过提升自身的知名度和社会声誉，推进 MOOCs 受到 MOOCs 学习者的喜爱而成为热门课程，从而形成良性循环。

2. 对 MOOCs 学习者的建议

MOOCs 热门课程的形成机制也使得 MOOCs 学习者以更实际的方式理解自己的课程选择。由课程长评论数传递的 MOOCs 网络口碑作为 MOOCs 热门课程形成的前因条件，在疫情前后都在其中发挥了主导作用。因此，MOOCs 学习者应积极参与课程评论，尽量撰写在 140 字以上、内容翔实的课程评论文本，充分表达真实的课程学习经历和学习体验，一方面可以为其他 MOOCs 学习者提供有参考价值的课程信息，另一方面可以为 MOOCs 教师持续改进课程提供有效的信息支持。尤其对首次开课的 MOOCs，首期课程结束后，MOOCs 学习者的评分和评论成为之后 MOOCs 学习者和 MOOCs 教师获取有价值课程信息的重要来源。

3. 对 MOOCs 平台的建议

MOOCs 平台应加强对 MOOCs 的审核，关注其能否为 MOOCs 学习者提供充足的教学资源，以及能否持续开课。由此，MOOCs 平台可以根据不同学科的特点，为 MOOCs 安排、MOOCs 师资配备和 MOOCs 学习者评论三个维度涵盖的质量要素设置相应的权重，从而为不同学科类别 MOOCs 的检索排序与推荐提供可操作的依据。

鉴于长评论数的重要性，MOOCs 平台可以鼓励 MOOCs 学习者对所学课程进行评论。例如，MOOCs 平台可设置积分奖励制度，鼓励 MOOCs 学习者发布 140 字以上课程评论，以获得积分并兑换课程证书的优惠券，从而激励 MOOCs 学习者在 MOOCs 评论论坛积极撰写有价值的课程评论信息。针对 MOOCs 学习者的评论，MOOCs 评论论坛还可以增加对课程评论的回复功能，通过对 MOOCs 学习者的评论做出回应，加强 MOOCs 学习者、MOOCs 提供方和 MOOCs 平台之间的进一步交流与沟通。

此外，MOOCs 平台可以在每期课程结束后，收集 MOOCs 学习者的学习行为数据和评论数据，通过数据挖掘技术，分析 MOOCs 学习者课程评论中指出的课程缺陷和不足之处，反馈给 MOOCs 提供方，从而提升 MOOCs 平台的整体课程质量。

12.6.3 研究局限与研究展望

首先，本章对 MOOCs 学习者的评论文本挖掘集中在评论情感值和长评论数两个变量，缺乏对评论文本更深入的分析。在未来的研究中，可以进一步对课程评论文本中所涉及的课程设计和课程教学相关内容进行文本挖掘，以获取课程评论中更全面的信息。

其次，Coursera 平台的课程以英文课程为主。在未来的研究中，可以选取中文 MOOCs 平台，对比中英文语境下 MOOCs 热门课程的形成路径，为 MOOCs 平台建设提供借鉴。

参 考 文 献

[1] Wu B, Wang Y F. Formation mechanism of popular courses on MOOC platforms: A configurational approach[J]. Computers & Education, 2022, 191（12）: 104629.

[2] Pinto J D, Quintana C, Quintana R M. Exemplifying computational thinking scenarios in the age of COVID-19: Examining the pandemic's effects in a project-based MOOC[J]. Computing in Science & Engineering, 2020, 22（6）: 97-102.

[3] 吴冰, 吴灿灿. 中外 MOOCs 文献比较研究[J]. 教育进展, 2019, 9（3）: 375-387.

[4] Albelbisi N A, Al-Adwan A S, Habibi A. Self-regulated learning and satisfaction: A key determinants of MOOC success [J]. Education and Information Technologies, 2021, 26（3）: 3459-3481.

[5] 吴冰, 杜宁. Web 挖掘基于信息系统成功模型的 MOOCs 质量评价影响因素[J]. 教育进展, 2019, 9（4）: 454-465.

[6] Al-Mekhlafi A B A, Othman I, Kineber A F, et al. Modeling the impact of massive open online courses（MOOC）implementation factors on continuance intention of students: PLS-SEM approach[J]. Sustainability, 2022, 14（9）: 5342.

[7] 教育部教育信息化技术标准化委员会. 网络课程评价规范[EB/OL]. （2002-06-07）[2024-04-01]. https://wenku.baidu.com/view/3462e96aab956bec0975f46527d3240c8447a195.html?_wkts_=1711269780447&needWelcomeRecommand=1.

[8] Bustamante-León M, Herrera P, Domínguez-Granda L, et al. The personalized and inclusive MOOC: Using learning characteristics and quality principles in instructional design[J]. Sustainability, 2022, 14（22）: 15121.

[9] Albelbisi N A. The role of quality factors in supporting self-regulated learning（SRL）skills in MOOC environment[J]. Education and Information Technologies, 2019, 24（2）: 1681-1698.

[10] Albelbisi N A. Development and validation of the MOOC success scale（MOOC-SS）[J]. Education and Information Technologies, 2020, 25（5）: 4535-4555.

[11] Duart J, Roig-Vila R, Mengual-Andrés S, et al. The pedagogical quality of MOOCs based on a systematic review of JCR and Scopus publications（2013-2015）[J]. Revista Espanola de Pedagogia, 2017, 75（266）: 29-46.

[12] Jung E, Kim D, Yoon M, et al. The influence of instructional design on learner control, sense of achievement, and perceived effectiveness in a supersize MOOC course[J]. Computers & Education, 2019, 128: 377-388.

[13] Aparicio M, Oliveira T, Bacao F, et al. Gamification: A key determinant of massive open online course（MOOC）success[J]. Information & Management, 2019, 56（1）: 39-54.

[14] Hew K F, Hu X, Qiao C, et al. What predicts student satisfaction with MOOCs: A gradient boosting trees supervised machine learning and sentiment analysis approach[J]. Computers & Education, 2020, 145: 1-16.

[15] El Said G R. Understanding how learners use massive open online courses and why they drop out: Thematic Analysis of an interview study in a developing country[J]. Journal of Educational Computing Research, 2017, 55（5）: 724-752.

[16] 吴华君, 葛文双, 何聚厚. 教师支持对 MOOC 课程持续学习意愿的影响研究——基于 S-O-R 和 TAM 的视角[J]. 现代远距离教育, 2020（3）: 89-96.

[17] Goshtasbpour F, Swinnerton B, Morris N P. Look who's talking: Exploring instructors' contributions to massive open online courses[J]. British Journal of Educational Technology, 2020, 51（1）: 228-244.

[18] Lundqvist K, Liyanagunawardena T, Starkey L. Evaluation of student feedback within a MOOC using sentiment analysis and target groups[J]. International Review of Research in Open and Distributed Learning, 2020, 21（3）: 141-156.

[19] 赵帅, 黄晓婷, 卢晓东. 情感指数对 MOOC 学生成绩的预测研究[J]. 中国大学教学, 2019（5）: 66-71.

[20] 张明, 杜运周. 组织与管理研究中 QCA 方法的应用: 定位、策略和方向[J]. 管理学报, 2019, 16（9）: 1312-1323.

[21] 杜运周, 贾良定. 组态视角与定性比较分析（QCA）: 管理学研究的一条新道路[J]. 管理世界, 2017（6）: 155-167.

[22] 邓胜利, 付少雄. 定性比较分析（QCA）在图书情报学中的应用——以网络社区健康信息搜寻影响因素研究为例[J]. 情报理论与实践, 2017, 40（12）: 23-28, 11.

[23] 黄荣贵. 专栏导语: 作为一种研究路径的定性比较分析: 揭开复杂因果关系的面纱[J]. 公共行政评论, 2019, 12（4）: 62-64.

[24] 张卫国. 我国高校科研生产率提升路径研究——基于 31 个省份的模糊集定性比较分析[J]. 中国高教研究, 2019（7）: 78-84.

[25] 荆丰, 丁海恩. 在线政务服务能力的生成路径研究——基于对全球 155 个国家的模糊集定性比较分析[J]. 电子政务, 2020（7）: 111-120.

[26] 杜运周, 刘秋辰, 程建青. 什么样的营商环境生态产生城市高创业活跃度?——基于制度组态的分析[J]. 管理世界, 2020, 36（9）: 141-155.

[27] 周俊, 王敏. 网络流行语传播的微观影响机制研究——基于 12 例公共事件的清晰集定性比较分析[J]. 国际新闻界, 2016, 38（4）: 26-46.

[28] 苏宏元, 黄晓曦. 突发事件中网络谣言的传播机制——基于清晰集定性比较分析[J]. 当代传播, 2018（1）: 64-67, 71.

[29] Johansson T, Kask J. Configurations of business strategy and marketing channels for e-commerce and traditional retail formats: A qualitative comparison analysis（QCA）in sporting goods retailing[J]. Journal of Retailing and Consumer Services, 2017, 34: 326-333.

[30] Lassala C, Carmona P, Momparler A. Alternative paths to high consulting fees: A fuzzy-set analysis[J]. Journal of Business Research, 2016, 69（4）: 1367-1371.

[31] Badali M, Hatami J, Farrokhnia M, et al. The effects of using Merrill's first principles of instruction on learning and satisfaction in MOOC[J]. Innovations in Education and Teaching International, 2022, 59（2）: 216-225.

[32] 王宇. 慕课低完成率问题的归因与解法[J]. 现代教育技术, 2018, 28（9）: 80-85.

[33] Gupta K P, Maurya H. Adoption, completion and continuance of MOOCs: A longitudinal study of students' behavioural intentions[J]. Behaviour & Information Technology, 2022, 41（3）: 611-628.

[34] 刘路, 刘志民. 欧美高校的 MOOC 实践困境及启示[J]. 教育学术月刊, 2017（1）: 98-104.

[35] Wu B, Chen W. Factors affecting MOOC teacher effectiveness from the perspective of professional capital[J]. Behaviour & Information Technology, 2023, 42（5）: 498-513.

[36] Wu B, Zhou Y N. The impact of MOOC instructor group diversity on review volume and rating-coursera specialization as an example[J]. IEEE Access, 2020, 8: 111974-111986.

[37] Wu B. Influence of MOOC learners discussion forum social interactions on online reviews of MOOC[J]. Education and Information Technologies, 2021, 26（3）: 3483-3496.

[38] Lee S, Choeh J Y. The impact of online review helpfulness and word of mouth communication on box office

performance predictions[J]. Humanities & Social Sciences Communications，2020，7（1）：84.

[39] Pozón-López I，Kalinic Z，Higueras-Castillo E，et al. A multi-analytical approach to modeling of customer satisfaction and intention to use in massive open online courses（MOOC）[J]. Interactive Learning Environments，2020，28（8）：1003-1021.

[40] Wu B，Li P. Influence of MOOCs eWOM on the number of registrations and completions[J]. IEEE Access，2020，8：158826-158838.

[41] 张旭，侯光明. 双口碑效应下新产品扩散研究——以电影为例[J]. 中国管理科学，2018，26（10）：79-88.

[42] 王军，李子舰，刘潇蔓. 不同文本长度的体验型产品在线评论时间序列研究——以电影评论为例[J]. 图书情报工作，2019，63（16）：103-111.

[43] Eryilmaz E，Thoms B，Ahmed Z，et al. Effects of recommendations on message quality and community formation in online conversations[J]. Education and Information Technologies，2021，26（1）：49-68.

[44] 查尔斯·C. 拉金. 重新设计社会科学研究[M]. 杜运周，等，译. 北京：机械工业出版社，2019.

[45] 伯努瓦·里豪克斯，查尔斯·C. 拉金. QCA 设计原理与应用——超越定性与定量研究的新方法[M]. 杜运周，李永发，等，译. 北京：机械工业出版社，2017.

[46] Park Y，Mithas S. Organized complexity of digital business strategy：A configurational perspective[J]. MIS Quarterly，2020，44（1）：85-127.

[47] 朱琳琳，徐健. 网络评论情感分析关键技术及应用研究[J]. 情报理论与实践，2017，40（1）：121-126，131.

[48] 李涵昱，钱力，周鹏飞. 面向商品评论文本的情感分析与挖掘[J]. 情报科学，2017，35（1）：51-55，61.

[49] Greene W H. Econometric Analysis[M]. New York：Pearson，2018.

[50] Mattke J，Maier C，Reis L，et al. Herd behavior in social media：The role of Facebook likes，strength of ties，and expertise[J]. Information & Management，2020，57（8）：103370.

[51] Huarng K H，Yu T H K. The impact of surge pricing on customer retention[J]. Journal of Business Research，2020，120：175-180.

第13章 本书总结及进一步研究方向

13.1 本书总结

在分析国内外 MOOCs 研究的基础上，本书构建了活动理论视角的 MOOCs 系统研究体系，采用自然科学和社会科学的学科交叉方法，综合运用系统科学、知识管理、信息科学、认知科学和社会科学，研究了处在特定社会环境中的 MOOCs 教学活动要素，以及这些活动要素之间的相互关系，为 MOOCs 可持续的建设与发展提供理论依据与实践指导。

本书所做的主要研究工作及研究创新总结为以下五点。

1. 基于活动理论的 MOOCs 系统概念模型

随着 MOOCs 在全球的快速发展，目前对 MOOCs 缺乏系统全面的研究框架。因此，本书基于活动理论视角，构建了 MOOCs 系统概念框架，将 MOOCs 教学活动系统分为核心成分和次要成分，并且核心成分与次要成分相互关联，以实现 MOOCs 价值。其中，MOOCs 教学活动系统的核心成分包括 MOOCs 主体、MOOCs 共同体和 MOOCs 客体；MOOCs 教学活动系统的次要成分包括 MOOCs 规则、MOOCs 分工和 MOOC 工具。由此，在规则制约和分工协作的 MOOCs 教学活动中，MOOCs 学习者构成活动主体，MOOCs 教师构成活动共同体，MOOCs 服务构成活动工具，MOOCs 质量构成活动客体。

2. MOOCs 使用行为意愿二阶段研究

在 MOOCs 采纳阶段，目前对 MOOCs 采纳行为意愿的研究受限于研究样本，可能出现研究结果不一致的情形。因此，本书采用元分析，整合 TAM 和 TPB，增加 MOOCs 学习者内在动机的度量，同时考虑 MOOCs 学习者的文化背景，构建了 MOOCs 采纳行为意愿研究模型，研究作为 MOOCs 主体的 MOOCs 学习者的 MOOCs 采纳行为意愿。

在 MOOCs 持续使用阶段，目前 MOOCs 持续使用意愿的研究缺乏将 MOOCs 采纳和 MOOCs 效用进行集成。因此，本书整合 TAM、TTF 模型、MOOCs 特征和社会动机，构建了 MOOCs 持续使用意愿研究模型，以确定与 MOOCs 采纳和 MOOCs 效用这两个阶段相关的影响因素是否以及在多大程度上影响 MOOCs 持续使用意愿，由此全面理解作为 MOOCs 主体的 MOOCs 学习者的 MOOCs 持续使用意愿。

3. MOOCs 教师的多样性与效能研究

MOOCs 教师是 MOOCs 的重要组成部分，但目前对 MOOCs 教师的定量研究缺乏。因此，本书从教师群体多样性和教师效能两个方面分别研究作为 MOOCs 共同体的 MOOCs 教师。

首先，将 MOOCs 专项课程教师持续开课时长多样性和教师授课领域多样性作为教师群体多样性，将 MOOCs 专项课程的评论量和评分作为教师群体多样性的效标，构建带有时间变量的多层线性模型，选取国际知名 Coursera 平台专项课程教师群体进行实证，研究 MOOCs 教师群体多样性对教学协作的影响及其随时间变化的趋势，以充分理解 MOOCs 教师群体多样性的价值。其次，将 MOOCs 教师获得的课程评价和互动评价作为教师效能，基于 MOOCs 教师专业资本（包括社会资本、决策资本和人力资本）视角，结合社会交换理论，将精品授课比例和授课学科分类分别作为调节变量和控制变量，构建多元回归模型，采集中国大学 MOOC 平台的相关数据，定量分析 MOOCs 教师效能的影响因素，为提升 MOOCs 教师效能提供理论依据。

4. MOOCs 工具的多层次分析

MOOCs 教学活动需要多层次的 MOOCs 工具提供支持，但现有研究对 MOOCs 工具缺乏多层次分析。因此，本书从 MOOCs 学习论坛反馈对学习进度的影响、MOOCs 学习论坛参与对课程评论的影响、MOOCs 学习论坛知识扩散影响机理及 MOOCs 个性化混合推荐四个方面研究作为 MOOCs 工具的 MOOCs 学习论坛、MOOCs 评论论坛及 MOOCs 个性化推荐算法。

首先，目前缺乏从 MOOCs 学习者视角对 MOOCs 学习者学习进度影响因素的研究，本书基于社会认知理论，研究 MOOCs 学习论坛反馈对 MOOCs 学习者学习进度的影响，以推进 MOOCs 学习者的学习进程。其次，目前缺乏整合 MOOCs 学习论坛和 MOOCs 评论论坛对课程评论影响因素的研究，本书整合 MOOCs 论坛，基于自我决定理论，研究 MOOCs 学习者在 MOOCs 评论论坛的课程评论长度影响因素，以提高 MOOCs 学习者参与课程评论的自主性。再次，目前缺乏对 MOOCs 学习论坛知识扩散影响机理的研究，本书应用指数随机图模型，从 MOOCs 学习论坛中知识扩散网络结构、节点属性及其交互进行多维度建模与仿真，全面揭示 MOOCs 学习论坛中知识扩散网络形成的社会化过程和内在机理。最后，目前 MOOCs 推荐研究注重挖掘 MOOCs 学习者的课程评分，缺乏对 MOOCs 学习者偏好和多维能力的关注，本书基于心理测量学中的多维项目反应理论和艾宾浩斯遗忘曲线，根据 MOOCs 学习者的课程评分、课程属性和课程特质，提出基于 MOOCs 学习者动态偏好和多维能力的 MOOCs 个性化混合推荐算法，以提升 MOOCs 学习者的学习体验。

5. MOOCs 质量评价的多维度研究

国内外对 MOOCs 质量评价的研究仍主要采用传统的在线网络课程评价方式，本书从 MOOCs 系统成功模型、MOOCs 网络口碑及 MOOCs 热门课程三个维度研究作为 MOOCs 客体的 MOOCs 质量。

首先，本书将 MOOCs 教师和 MOOCs 学习者视角整合为 MOOCs 用户视角，结合 MOOCs 平台特征，将 MOOCs 质量评价作为 MOOCs 系统收益，构建 MOOCs 系统成功模型，选取果壳网旗下的"MOOC 学院"作为实证研究对象，探索 MOOCs 质量评价体系。其次，目前缺乏对 MOOCs 网络口碑影响机理的研究，本书基于信息不对称理论，从 MOOCs 评论论坛的群体规模和群体认可，以及 MOOCs 学习论坛的群体内部关系出发，研究 MOOCs 网络口碑对 MOOCs 注册量和 MOOCs 完成量的影响机理，有助于推广与传播优质的 MOOCs，以及推进 MOOCs 学习者的学习进程。最后，目前缺乏对 MOOCs 热门课程形成机制的研究，本书基于 MOOCs 教学设计、声誉机制和口碑效应，从 MOOCs 安排、MOOCs 师资配备和 MOOCs 学习者评论三个维度选取研究变量，构建 MOOCs 热门课程定性比较分析研究模型，以探究 MOOCs 热门课程的形成机理。

13.2　进一步研究方向

本书基于活动理论构建 MOOCs 教学活动的系统性概念框架，对处在特定社会环境中的 MOOCs 教学活动要素，以及这些活动要素之间的相互关系方面作了深入的研究与探索，并取得了一定的研究成果，但基于 MOOCs 教学活动要素，以及活动要素之间的相互关系的动态复杂性，有待进一步研究以下四个方面的问题。

1. 文化背景对 MOOCs 学习者行为意愿的调节作用

目前在 MOOCs 采纳行为意愿与 MOOCs 持续使用意愿的研究方面，由于可纳入元分析的文献数量有限，尤其是不同文化背景下的文献数量不平衡，文化亚组分析结果不理想。未来可以关注文化背景对 MOOCs 采纳行为意愿与 MOOCs 持续使用意愿的调节作用。

2. 多平台的 MOOCs 教师研究

为进一步推广 MOOCs 专项课程教师群体多样性的研究场景，除了国际知名 Coursera 平台，未来可以关注更多的 MOOCs 平台。与此同时，为了完善中国大学平台 MOOC 平台中 MOOCs 教师效能的衡量指标，未来可以将线上数据和线下数据相结合，并且通过进一步收集相关数据，拓展对多平台 MOOCs 教师的纵向研究，在此基础上开展多平台 MOOCs 教师群体多样性及教师效能的对比研究。

3. MOOCs 工具的深入探究

本书以 Coursera 平台 MOOCs 热门课程"机器学习"课程学习论坛和评论论坛为实证研究对象，研究了 MOOCs 学习论坛反馈对学习进度的影响、MOOCs 学习论坛参与对课程评论的影响，以及 MOOCs 学习论坛知识扩散影响机理；以 Coursera 平台作为实验对象，研究了基于 MOOCs 学习者动态偏好和多维能力的 MOOCs 个性化混合推荐算法。但 MOOCs 论坛中学习者的可观测行为是由学习者的隐藏参与状态所决定的，未来可以深入探讨 MOOCs 论坛中学习者可观测行为和隐藏参与状态及其对课程论坛繁荣度的影响。

4. 提升 MOOCs 质量评价的有效性

本书构建了用户视角的 MOOCs 系统成功模型及其测量指标，并且采取数据挖掘方式获取了结构变量的测量数据，虽然测量数据及其权重客观，但测量指标的合理性及有效性有待进一步完善。此外，考虑 MOOCs 平台特征及 MOOCs 用户行为的动态性，未来可以进行纵向研究设计，以更深入地了解用户行为的发展，以及模型中变量之间的相互关系或因果关系。

本书选取 Coursera 平台作为研究对象，研究了 MOOCs 网络口碑对 MOOCs 注册量与 MOOCs 完成量的影响，并通过模糊集定性比较分析方法研究了 MOOCs 热门课程形成路径。未来可以选取不同的 MOOCs 平台数据进行比较分析，并且深入挖掘 MOOCs 评论论坛中的文本信息，以获取更全面的课程交流与课程反馈信息。